深港澳金融科技师一级考试专用教材

战略性新兴产业通识

主　编　黄　伟
副主编　叶力瑛
参　编　张　义　陈　琨　陈思奇　蔡小芳
胡大宁　叶　秦　杨顺堂　何　钊
童　乐　冯力慧　宋文静　李永胜

机械工业出版社

近年来，我国强调要把战略性新兴产业摆在突出位置。战略性新兴产业的发展离不开科技的创新和成果转换效率的提高。本书旨在介绍战略性新兴产业的定义分类、发展历程、产业情况、未来趋势及挑战等知识，并就战略性新兴产业与粤港澳大湾区的融合发展、前景与挑战进行专项探讨分析。

本书第一章对战略性新兴产业进行了综述，第二章至第八章分别介绍了新一代信息技术产业、生物产业、数字经济产业、新能源产业、新材料产业、高端装备制造产业、海洋经济产业，第九章对粤港澳大湾区科技与产业发展进行了展望。

本书可作为深港澳金融科技师一级考试的专用教材，也可作为从事或有志于从事金融科技的人员、金融机构相关业务部门工作者以及希望了解金融科技相关理论知识及实际应用的读者的学习参考用书。

图书在版编目（CIP）数据

战略性新兴产业通识/黄伟主编．—北京：机械工业出版社，2020.8 (2023.1 重印)

深港澳金融科技师一级考试专用教材

ISBN 978-7-111-66620-2

Ⅰ.①战… Ⅱ.①黄… Ⅲ.①新兴产业-资格考试-自学参考资料 Ⅳ.①F269.24

中国版本图书馆 CIP 数据核字（2020）第 183367 号

机械工业出版社（北京市百万庄大街 22 号 邮政编码 100037）
策划编辑：裴 泱 责任编辑：裴 泱
责任校对：王 欣 肖 琳 封面设计：鞠 杨
责任印制：刘 媛
涿州市般润文化传播有限公司印刷
2023 年 1 月第 1 版第 4 次印刷
169mm×239mm · 16.5 印张 · 321 千字
标准书号：ISBN 978-7-111-66620-2
定价：59.00 元

电话服务 网络服务
客服电话：010-88361066 机 工 官 网：www.cmpbook.com
010-88379833 机 工 官 博：weibo.com/cmp1952
010-68326294 金 书 网：www.golden-book.com
封底无防伪标均为盗版 机工教育服务网：www.cmpedu.com

编写说明

2019年2月，中共中央、国务院印发的《粤港澳大湾区发展规划纲要》明确提出，将香港、澳门、广州、深圳作为区域发展的核心引擎；支持深圳推进深港金融市场互联互通和深澳特色金融合作，开展科技金融试点，加强金融科技载体建设。金融科技是粤港澳大湾区跻身世界级湾区的引擎推动力，人才是推动金融创新的第一载体和核心要素。为响应国家发展大湾区金融科技战略部署，紧扣科技革命与金融市场发展的时代脉搏，持续增进大湾区金融科技领域的交流协作，助力大湾区建成具有国际影响力的金融科技"高地"，深圳市地方金融监督管理局经与香港金融管理局、澳门金融管理局充分协商，在借鉴特许金融分析师（CFA）和注册会计师（CPA）资格考试体系的基础上，依托行业协会、高等院校和科研院所，在三地推行"深港澳金融科技师"专才计划（以下简称专才计划），建立"考试、培训、认定"为一体的金融科技人才培养机制，并确定了政府支持，市场主导；国际化标准，复合型培养；海纳百川，开放共享；考培分离，与时俱进四项原则。

为了使专才计划更具科学性和现实性，由深圳市地方金融监督管理局牵头，深圳市金融科技协会、资本市场学院等相关单位参与，成立了金融科技师综合统筹工作小组。2019年4月，工作小组走访了平安集团、腾讯集团、招商银行、微众银行、金证科技等金融科技龙头企业，就金融科技的应用现状、岗位设置、人才招聘现状和培养需求等进行了深入的调研。调研结果显示：目前企业对金融科技人才的需求呈现爆炸式增长趋势，企业招聘到的金融科技有关人员不能满足岗位对人才的需求，人才供需矛盾非常突出。由于金融科技是一个新兴的交叉领域，对知识复合性的要求较高，而目前高等院校的金融科技人才培养又跟不上市场需求的增长，相关专业毕业生不熟悉国内金融科技的发展现状，不了解金融产品与技术的发展趋势，加入企业第一年基本无法进入角色，因此，各家企业十分注重内部培训，企业与高校合作成立研究院并共同开发培训课程，自主培养金融科技人才逐渐成为常态。但是，企业培养金融科技人才的成本高、周期长，已经成为制约行业发展的瓶颈。

工作小组本着解决实际问题的精神，在总结调研成果的基础上，组织专家对项目可行性和实施方案进行反复论证，最终达成以下共识。

专才计划分为金融科技师培训项目（简称培训项目）和金融科技师考试项目（简称考试项目）两个子项目。其中，培训项目根据当下金融场景需求和技术发展前沿设计课程和教材，不定期开展线下培训，并有计划地开展长期线上培训。考试项目则是培训项目的进一步延伸，目的是建立一套科学的人才选拔认定机制。考试共分为三级，考核难度和综合程度逐级加大：一级考试为通识性考核，区分单项考试科目，以掌握基本概念和理解简单场景应用为目标，大致为本科课程难度；二级考试为专业性考核，按技术类型和业务类型区分考试科目，重点考查金融科技技术原理、技术瓶颈和技术缺陷、金融业务逻辑、业务痛点、监管合规等专业问题，以达到本科或硕士学历且具备一定金融科技工作经验的水平为通过原则；三级考试为综合性考核，不区分考试科目，考查在全场景中综合应用金融科技的能力，考核标准对标资深金融科技产品经理或项目经理。考试项目重点体现权威性、稀缺性、实践性、综合性和持续性特点：①权威性。三地政府相关部门及行业协会定期或不定期组织权威专家进行培训指导。②稀缺性。控制每一级考试的通过率，使三级考试总通过率在10%以下，以确保培养人才的质量。③实践性。专才计划为二级考生提供相应场景和数据，以考查考生的实践操作能力。④综合性。作为职业考试，考查的不仅仅是知识学习，更侧重考查考生的自主学习能力、团队协作能力、职业操守与伦理道德、风险防控意识等综合素质。⑤持续性。专才计划将通过行业协会为学员提供终身学习的机会。

基于以上共识，工作小组成立了教材编写委员会（简称编委会）和考试命题委员会，分别开展教材编写工作和考试组织工作。编委会根据一级考试的要求，规划了这套“深港澳金融科技师一级考试专用教材”。在教材编写启动时，编委会组织专家、学者对本套教材的内容定位、编写思想、突出特色进行了深入研讨，力求本套教材在确保较高编写水平的基础上，适应深港澳金融科技师一级考试的要求，做到针对性强，适应面广，专业内容丰富。编委会组织了来自北京大学、哈尔滨工业大学（深圳）、南方科技大学、武汉大学、山东大学、中国信息通信研究院、全国金融标准化技术委员会、深圳市前海创新研究院、上海交通大学上海高级金融学院、深圳国家高技术产业创新中心等高校、行业组织和科研院所的二十几位专家带领的上百人的团队，进行教材的编撰工作。此外，平安集团、微众银行、微众税银、基石资本、招商金科等企业为本套教材的编写提供了资金支持和大量实践案例，深圳市地方金融监督管理局工作人员为编委会联系专家、汇总资料、协调场地等，承担了大部分组织协调工作。在此衷心地感谢以上单位、组织和个人为本套教材编写及专才计划顺利实施做出的贡献。

2019 年 8 月 18 日，正值本套教材初稿完成之时，传来了中共中央、国务院发布《关于支持深圳建设中国特色社会主义先行示范区的意见》这一令人振奋的消息。该意见中明确指出“支持在深圳开展数字货币研究与移动支付等创新应用”，这为金融科技在深圳未来的发展指明了战略方向。

“长风破浪会有时，直挂云帆济沧海。”在此，我们衷心希望本套教材能够为粤港澳大湾区乃至全国有志于从事金融科技事业的人员提供帮助。

编委会

本书特邀指导专家

侍乐媛　　北京大学工业工程与管理系教授、系主任

王凭慧　　南方科技大学创新创业学院教授

胡伟科　　深圳市高新投集团有限公司发展研究中心总经理

前言

建设粤港澳大湾区，既是新时代推动形成全面开放新格局的新尝试，也是推动“一国两制”事业发展的新实践。根据《粤港澳大湾区发展规划纲要》，大湾区要建成充满活力的世界城市群、国际科技创新中心、“一带一路”建设的重要支撑、内地与港澳深度合作示范区，成为高质量发展的典范。

《国务院关于加快培育和发展战略性新兴产业的决定》指出，战略性新兴产业是引导未来经济社会发展的重要力量，发展战略性新兴产业已成为世界主要国家抢占新一轮经济和科技发展制高点的重大战略。根据国家统计局2018年的定义，战略性新兴产业是以重大技术突破和重大发展需求为基础，对经济社会全局和长远发展具有重大引领带动作用，知识技术密集、物质资源消耗少、成长潜力大、综合效益好的产业。争夺时代制高点，把握发展主动权，需要我们坚持创新引领，发展战略性新兴产业，培育壮大新动能，加快构建产业体系新支柱，以推动我国科技、经济、社会不断发展。因此，研究战略性新兴产业对我国整体发展的影响意义重大。

为了使广大金融科技以及相关行业从业人员了解并掌握战略性新兴产业的定义分类、发展历程、产业情况、未来趋势及挑战等知识，以便他们在未来金融科技与产业的结合方向上，能够侧重国家的战略产业，更好地服务于国家战略，我们组织相关领导、高校学者、业界专家、社会企业家及研究人员共同编写了本书。本书根据各部委和各地地方政府关于培育和发展战略性新兴产业的理念和规划，系统介绍了新一代信息技术产业、生物产业、数字经济产业、新能源产业、新材料产业、高端装备制造产业、海洋经济产业的产业定义和分类、产业发展历程、产业发展情况和产业发展趋势及挑战。为了使读者更好地理解和更深入地了解各产业所依赖的相关重要技术知识，本书特意编写了相关附录，供读者学习参考。附录A～G分别对应第二～八章的内容。此外，本书对战略性新兴产业与粤港澳大湾区的融合发展、前景与挑战进行了专项探讨分析，以帮助金融科技从业人员把握粤港澳大湾区的发展机遇，助力粤港澳大湾区的发展。本书注重知识结构的基础性、严谨性及完整性，确保产业及技术内容的普适性及前沿性。通过本书，读者除了可以全面地掌握战略性新兴产业的前沿信息与知识，还将提升其科技创新视野及思维。

教育部长江学者、特聘教授黄伟博士担任本书主编，他从产业布局和技术介绍两方面系统地进行设计，搭建内容框架，并提供编写大纲，同时对本书的编写提供大量的指导，严格审阅本书细节，对编写质量进行最终把关。南方科技大学商学院叶力瑛博士担任副主编，参与并统筹全书的撰写工作。南方科技大学商学院蔡小芳博士、深圳市前景科技创新系统研究院院长张义协助本书的具体撰写工作。本书编写团队主要成员有南方科技大学的叶力瑛博士、蔡小芳博士、陈琨博士、陈思奇博士、胡大宁博士、叶秦总会计师，以及深圳市前景科技创新系统研究院的杨顺堂、何钊、童乐、冯力慧、宋文静、李永胜。第一章由杨顺堂、陈思奇、叶秦、蔡小芳编写，第二章由李永胜和陈思奇编写，第三章由李永胜和叶秦编写，第四章由李永胜和胡大宁编写，第五章由何钊和蔡小芳编写，第六章由童乐和叶秦编写，第七章由冯力慧和蔡小芳编写，第八章由叶力瑛、蔡小芳和李永胜编写，第九章由宋文静和叶力瑛编写，附录A由陈思奇编写，附录B由叶秦编写，附录C由胡大宁编写，附录D由蔡小芳编写，附录E由叶秦编写，附录F由蔡小芳编写，附录G由叶力瑛和蔡小芳编写。全书由叶力瑛、陈琨、胡大宁、蔡小芳统稿。感谢南方科技大学商学院黄心怡、张志倩、龚霄、董思晨，深圳市前景科技创新系统研究院的史向军博士、魏峰、曾章杰、仓炜烨、何晓伟，以及西安交通大学的戎宇霆和陶文杰为本书的资料收集与整理做出的贡献。

感谢深圳市地方金融监督管理局与资本市场学院多次协调，确保本书编写工作顺利进行。感谢南方科技大学商学院支持编者承担了本书的全部组织与编写工作，感谢深圳市前景科技创新系统研究院通力合作与协助相关编写工作。感谢深圳市国家高技术产业创新中心提供了丰富的参考资料。此外，本书还邀请了北京大学工业工程与管理系系主任侍乐媛教授、南方科技大学创新创业学院王凭慧教授、深圳市高新投集团有限公司发展研究中心总经理胡伟科作为本书的特邀指导专家，他们对本书的专业定义、产业与技术方向、内容安排都提供了宝贵的意见和建议，在此对各位领导和专家表示深深的敬意和感谢。

本书在编写过程中，广泛参考了大量国内外书籍和文献资料，在此我们谨向有关机构和作者表示衷心的感谢。

由于金融科技是一门尚在发展中的交叉学科，战略性新兴产业的相关内容也在不断发展变化中，加之编者学识有限，书中难免有不妥和错漏之处，敬请广大读者予以指正。

编　者

学习大纲

学习目的

本课程的学习目的在于了解掌握战略性新兴产业概念的形成和发展、国家相关政策支持、七大战略性新兴产业的定义分类、发展历程、发展情况、发展趋势及挑战等知识，了解粤港澳大湾区对于战略性新兴产业的相关政策及国家对粤港澳大湾区的科技产业的战略布局。

学习内容及学习目标

学习内容	学习目标
第一章 战略性新兴产业综述	1. 了解战略性新兴产业概念的形成和发展 2. 掌握战略性新兴产业的概念、分类和重要意义 3. 了解我国战略性新兴产业在“十二五”期间取得的发展成就 4. 掌握广东省、深圳市战略性新兴产业“十三五”规划对产业的定位和发展方向，以及采取的措施 5. 了解金融科技对战略性新兴产业的支持
第二章 新一代信息技术产业	1. 了解新一代信息技术产业的定义和分类 2. 熟悉新一代信息技术产业的发展历程和发展情况 3. 掌握新一代信息技术产业的发展趋势及挑战
第三章 生物产业	1. 了解生物产业的定义和分类 2. 熟悉生物产业的发展历程和发展情况 3. 掌握生物产业的发展趋势及挑战
第四章 数字经济产业	1. 了解数字经济产业的定义和分类 2. 熟悉数字经济产业的发展历程和发展情况 3. 掌握数字经济产业的发展趋势及挑战
第五章 新能源产业	1. 了解新能源产业的定义和分类 2. 熟悉新能源产业的发展历程和发展情况 3. 掌握新能源产业的发展趋势及挑战

（续）

学习内容	学习目标
第六章 新材料产业	1. 了解新材料产业的定义和分类 2. 熟悉新材料产业的发展历程和发展情况 3. 掌握新材料产业的发展趋势及挑战
第七章 高端装备 制造产业	1. 了解高端装备制造产业的定义和分类 2. 熟悉高端装备制造产业的发展历程和发展情况 3. 掌握高端装备制造产业的发展趋势及挑战
第八章 海洋经济产业	1. 了解海洋经济产业的定义和分类 2. 熟悉海洋经济产业的发展历程和发展情况 3. 掌握海洋经济产业的发展趋势及挑战
第九章 粤港澳大湾区科技 与产业发展前瞻	1. 了解粤港澳大湾区的国家战略政策 2. 熟悉粤港澳大湾区区域科技产业布局 3. 掌握粤港澳大湾区科技与产业的融合发展以及未来的科技前瞻

目　录

第一章

战略性新兴产业综述

【学习目标】

1. 了解战略性新兴产业概念的形成和发展；

2. 掌握战略性新兴产业的概念、分类和重要意义；

3. 了解我国战略性新兴产业在“十二五”期间取得的发展成就；

4. 掌握广东省、深圳市战略性新兴产业“十三五”规划对产业的定位和发展方向，以及采取的措施；

5. 了解金融科技对战略性新兴产业的支持。

【导入案例】

战略性新兴产业推介会

2019 年 8 月 28 日，南京市溧水区人民政府在深圳市举办战略性新兴产业推介会。会上签约了 14 个重大项目，投资总额达 394.8 亿元。此次推介会举办正值深圳“建设中国特色社会主义先行示范区”的关键期，对于加强南京深圳两地交流合作、加快实施创新驱动发展战略、构建现代化产业体系具有十分重要的意义。推介会上的签约项目主要涉及高端制造业、健康产业、新材料、电子信息、智慧农业等新兴产业，其中 50 亿元以上项目 3 个。其中，创维集团将再一次在溧水区扩大投资，签约了年产 200 万台高端智能冰箱工厂创维三期扩建项目，总投资达 5 亿元，重点致力于产品智能化升级、精细化提升和中高端拓展。战略性新兴产业代表新一轮科技革命和产业变革的方向，是培育发展新动能、获取未来竞争新优势的关键领域。

第一节 战略性新兴产业概念的形成和发展

战略性新兴产业是一个复合概念，具有战略产业和新兴产业的共同特征，既要符合国家发展的战略性需求，又要能够对社会经济的发展起到重要的带动和引领作用。发展战略性新兴产业已成为世界主要国家抢占新一轮经济和科技发展制高点的重大战略之一。

一、世界上战略性新兴产业概念的形成

新旧产业的更新换代是经济持续繁荣的关键。从世界发达国家和地区产业演进的历程来看，这些国家和地区在不同的经济发展阶段，都确定了不同的主导产业和新兴产业。

2008 年全球金融危机的巨大冲击导致世界格局发生重大变化，加速了国际分工体系的调整。许多国家为了应对金融危机的重创，纷纷提出战略转型，把对科技创新的投资作为新时期的投资重点，加强创新，积极培育新能源、新一代信息技术、生物等战略性新兴产业，积极抢占未来经济和科技的制高点。

2009 年 9 月，美国总统行政办公室颁布的《美国创新战略：促进可持续增长和提供优良的工作机会》指出，创新是促使美国经济复苏的强大动力，美国经济在企稳回升的初期，经济工作重点要从拯救经济转向促使经济复苏，强调以加强创新和投资为核心，重建支撑美国经济持续增长的新基础。

英国政府在《建设英国的未来》中提出，要为未来投资，就要从当下开始着手建设“明天的经济”。要以建设世界级的现代化基础设施为支撑，大力发展低碳经济、生物产业、数字经济和先进制造，确保英国的世界领先地位。

日本在工业化初期将纺织、食品、钢铁、电力等确定为未来发展的重点产业；进入工业化中期后，又及时地确定了造船、石油化工、汽车、家用电器、运输机械、一般机械和电气机械等作为重点扶持产业；石油危机后，日本减少了对能耗高、污染大的产业的扶持，转而发展计算机、电子、新材料、新能源等产业；进入 21 世纪以后，日本加大了信息通信、物流、节能和新能源开发、环保、新制造技术、生物工程、宇宙航空、海洋开发等新兴产业的投入。2009 年 12 月日本内阁府制定了《面向灿烂辉煌的日本新成长战略》，提出要充分发挥日本的优势，发展环境与能源、健康（包括医疗、护理、医药）两大产业。并提出了到 2020 年在上述领域要分别创造 50 万亿日元和 45 万亿日元的新市场，实现 140 万人和 280 万人的就业岗位的目标。

韩国在《新增长动力规划及发展战略》中提出，重点发展能源与环境、新一代运输装备、新兴信息技术产业、生物产业、产业融合、知识服务六大产业及太阳能电池、海洋生物燃料、绿色汽车等22个重点方向。

从世界各国对战略性新兴产业的重视中可看出，虽然其早期规模较小，却代表着未来的发展方向，因此许多国家都会进行政策扶持和引导，以推动经济快速增长。我国现在也非常重视战略性新兴产业的发展，出台了一系列的引导及保障措施，以大力发展未来科技，积极布局未来产业，从而达到国际领先水平。

二、我国战略性新兴产业的提出

2009年9月，国务院组织召开战略性新兴产业座谈会，47名中国科学院院士、中国工程院院士、高校和科研院所教授、专家、企业和行业协会负责人参加了此次会议，就新一代信息技术、高端装备、新材料等有关产业的战略方向、技术路线、发展布局、科研攻关和政策支撑等问题进行了交流与讨论。

2010年2月，国家发展和改革委员会（简称发改委）牵头成立加快培育战略性新兴产业研究小组，成员包括发改委、科学技术部（简称科技部）、工业和信息化部（简称工信部）、财政部等20个部委或单位的负责人。

2010年3月，全国人民代表大会通过《关于2009年国民经济和社会发展计划执行情况与2010年国民经济和社会发展计划草案的报告》，旗帜鲜明地提出了培育战略性新兴产业。该报告要求：①抓紧研究制定《国务院关于加快培育战略性新兴产业的决定》；②编制《战略性新兴产业发展“十二五”规划》；③启动一批标志性重大专项工程，从2010年开始，国家在新能源、节能环保、新材料、生物医药、生物育种、信息、新能源汽车、航空航天、海洋等战略性新兴产业领域，启动实施一批促进作用强、市场前景好的重大工程和计划。

2010年10月，国务院出台《国务院关于加快培育和发展战略性新兴产业的决定》。该文件指出，战略性新兴产业是引导未来经济社会发展的重要力量，发展战略性新兴产业已成为世界主要国家抢占新一轮经济和科技发展制高点的重大战略。并确立了节能环保、新一代信息技术、生物、高端装备制造、新能源、新材料、新能源汽车等七大产业为战略性新兴产业。

2012年5月30日，国务院讨论通过《“十二五”国家战略性新兴产业发展规划》，提出了七大战略性新兴产业的重点发展方向和主要任务。

2016年11月29日，《“十三五”国家战略性新兴产业发展规划》发布并开始实施。该文件指出，战略性新兴产业代表新一轮科技革命和产业变革的方向，是培育发展新动能、获取未来竞争新优势的关键领域。要把战略性新兴产业摆在经济社会发展更加突出的位置，紧紧把握全球新一轮科技革命和产业变革的重大机遇，按照加快供给侧结构性改革的部署要求，以创新驱动、壮大规模、引领升级为核心，构建现代产业体系，培育发展新动能，推进改革攻坚，提升创新能力，深化国际合作，加快发展壮大新一代信息技术、高端装备、新材料、生物、新能源汽车、新能源、节能环保、数字创意等战略性新兴产业，促进更广领域新技术、新产品、新业态、新模式蓬勃发展，建设制造强国，发展现代服务业，推动产业迈向中高端，有力支撑全面建成小康社会。

根据国家统计局2018年11月26日发布的《战略性新兴产业分类（2018）》对战略性新兴产业的定义："战略性新兴产业是以重大技术突破和重大发展需求为基础，对经济社会全局和长远发展具有重大引领带动作用，知识技术密集、物质资源消耗少、成长潜力大、综合效益好的产业。包括新一代信息技术产业、高端装备制造产业、新材料产业、生物产业、新能源汽车产业、新能源产业、节能环保产业、数字创意产业、相关服务业等九大领域。"

科学技术是第一生产力，创新驱动发展是时代主旋律。我们需要坚持创新引领，发展战略性新兴产业，培育壮大新动能，加快构建产业体系新支柱。这将成为推动我国科技、经济、社会不断发展的源泉。因此，学习、研究并助力战略性新兴产业对我国整体发展意义重大。

第二节　战略性新兴产业"十二五"规划的实施

一、国家战略性新兴产业"十二五"规划的实施

《"十三五"国家战略性新兴产业发展规划》中总结了"十二五"期间我国取得的优异成绩："'十二五'期间，我国节能环保、新一代信息技术、生物、高端装备制造、新能源、新材料和新能源汽车等战略性新兴产业快速发展。2015年，战略性新兴产业增加值占国内生产总值比重达到8%，产业创新能力和盈利能力明显提升。新一代信息技术、生物、新能源等领域一批企业的竞争力进入国际市场第一方阵，高铁、通信、航天装备、核电设备等国际化发展实现突破，一批产值规模千亿元以上的新兴产业集群有力支撑了区域经济转型升级。大众创业、万众创新蓬勃兴起，战略性新兴产业广泛融合，加快推动了传统产业转型升级，涌现了大批新技术、新产品、新业态、新模式，创造了大量就业岗位，成为稳增长、促改革、调结构、惠民生的有力支撑。"

自2010年国务院发布《关于加快培育和发展战略性新兴产业的决定》以来，战略性新兴产业逐渐成为中国经济增长新引擎，在稳定经济增长、促进经济转型升级、引领创新发展等方面发挥了重要作用。到“十二五”期末，战略性新兴产业总体规模保持快速发展态势，2010—2015年，重点行业规模以上企业收入年均增长18%。“十二五”期间，战略性新兴产业上市公司盈利能力始终强于大部分传统产业。市场对战略性新兴产业的发展抱有强烈的信心，认为战略性新兴产业不仅是先进、高端产业的集合，同时也具有良好的经济效益，并且有效地促进了经济社会可持续发展（更详细的数据请参见《“十三五”国家战略性新兴产业发展规划》）。

二、广东省战略性新兴产业发展情况

广东省紧抓战略性新兴产业发展战略，促使产业结构的调整以及经济发展方式的转变，从而推动了战略性新兴产业规模的不断壮大，“十二五”期间全省战略性新兴产业年均增速超过12%。广东省新兴产业的应用环境不断优化，物联网、云计算、大数据、基因检测等新兴信息技术产业快速发展，创新能力不断提升，战略性新兴产业领域专利授权量位居全国前列。同时广东省积极推进国家高技术产业基地和战略性新兴产业基地的建设，集聚效应不断显现，有力地支撑了传统产业的转型升级（更详细的数据请参见《广东省战略性新兴产业发展“十三五”规划》）。

深圳的高科技产业和创新孵化能力具有明显优势，而香港则聚集了全球诸多的科技创新要素、国际创投资本以及国际商务资源，因此，深港核心区具备建成粤港澳大湾区风投创投及国际科技创新合作中心的坚实基础。2017年，深圳全社会研发投入超过900亿元，占GDP的比重提升至4.13%；PCT国际专利申请量突破2万件，占全国四成以上，连续14年位居全国大中型城市第一。

“十二五”期间，深圳围绕战略性新兴产业的国家发展部署，大力发展战略性新兴产业，发挥其经济发展主引擎和引领创新能力的重要作用。2010—2015年，战略性新兴产业规模的年均增长率达21.3%，成为经济发展和产业升级的主引擎。同时，深圳落实创新驱动战略，全社会大力投入研发，重大创新成果不断涌现（更详细的数据请参见《深圳市战略性新兴产业发展“十三五”规划》）。

第三节　“十三五”期间战略性新兴产业的规划

2016年12月19日，国务院发布《“十三五”国家战略性新兴产业发展规

划》(简称《规划》),对“十三五”期间我国战略性新兴产业的发展目标、重点任务、政策措施等做出了全面部署安排。

一、国家战略性新兴产业“十三五”规划综述

(一)战略性新兴产业“十三五”发展目标

《规划》的目标是要发展战略性新兴产业成为推动我国经济持续健康发展的主导力量,使我国成为世界战略性新兴产业重要的制造中心和创新中心。具体目标有,创新能力和竞争能力进一步提高,形成一批重大产业技术创新平台;产业结构进一步优化;发展具有国际竞争力的排头兵企业和活力强劲的中小企业;打造特色鲜明、创新能力强的新兴产业集群等(具体见《规划》)。

(二)战略性新兴产业“十三五”总体部署

“以创新、壮大、引领为核心,紧密结合‘中国制造 2025’战略实施,坚持走创新驱动发展道路,促进一批新兴领域发展壮大并成为支柱产业,持续引领产业中高端发展和经济社会高质量发展。立足发展需要和产业基础,大幅提升产业科技含量,加快发展壮大网络经济、高端制造、生物经济、绿色低碳和数字创意等五大领域,实现向创新经济的跨越。着眼全球新一轮科技革命和产业变革的新趋势、新方向,超前布局空天海洋、信息网络、生物技术和核技术领域一批战略性新兴产业,打造未来发展新优势。遵循战略性新兴产业发展的基本规律,突出优势和特色,打造一批战略性新兴产业发展策源地、集聚区和特色产业集群,形成区域增长新格局。把握推进‘一带一路’建设战略契机,以更开放的视野高效利用全球创新资源,提升战略性新兴产业国际化水平。加快推进重点领域和关键环节改革,持续完善有利于汇聚技术、资金、人才的政策措施,创造公平竞争的市场环境,全面营造适应新技术、新业态蓬勃涌现的生态环境,加快形成经济社会发展新动能。”

(三)战略性新兴产业“十三五”规划的主要内容

《规划》确定了八方面发展任务:一是推动信息技术产业跨越发展,拓展网络经济新空间。二是促进高端装备与新材料产业突破发展,引领中国制造新跨越。三是加快生物产业创新发展步伐,培育生物经济新动力。四是推动新能源汽车、新能源和节能环保产业快速壮大,构建可持续发展新模式。五是促进数字创意产业蓬勃发展,创造引领新消费。六是超前布局战略性产业,培育未来发展新优势。七是促进战略性新兴产业集聚发展,构建协调发展新格局。八是推进战略性新兴产业开放发展,拓展国际合作新路径。《规划》提出了完善管理

方式、构建产业创新体系、强化知识产权保护和运用、深入推进军民融合、加大金融财税支持、加强人才培养与激励等六个方面政策保障支持措施，部署了包括集成电路发展工程、人工智能创新工程、生物技术惠民工程、新能源高比例发展工程、数字文化创意技术装备创新提升工程等21项重大工程。要求各地区、各有关部门高度重视战略性新兴产业发展工作，切实抓好《规划》实施，加强各专项规划、地方规划与《规划》的衔接工作。

二、“十三五”以来国家对战略性新兴产业的支持

（一）细分领域进行顶层设计，出台配套顶层政策文件

“十三五”以来，国务院和相关部门先后出台近20个与战略性新兴产业细分领域密切相关的顶层政策文件，为战略性新兴产业重点行业的发展提供了强有力的政策支撑。例如，高端装备制造领域出台《智能制造发展规划（2016—2020年）》《中国民用航空发展第十三个五年规划》《新材料产业发展指南》等六个细分领域规划。相应地，全国各个省（区、市）也发布了“十三五”战略性新兴产业发展的相关政策，如省域“十三五”的发展规划或指导意见等。另外，部分省（区、市）将具有本省（区、市）特色的相关产业划为重点发展的战略性新兴产业。例如，山东省将发展现代海洋产业作为战略性新兴产业，山西省将现代煤化工产业及煤层气产业作为战略性新兴产业等（具体政策见《规划》）。

（二）资源导向扶持，支持战略性新兴产业发展

我国在扶持战略性新兴产业上，主要采取两大措施：一是试点示范推动重大工程。针对《规划》提出的21项重大工程，相关部门（包括国家发展和改革委员会、科学技术部、工业和信息化部、财政部等近30个部门）相继发布了多项规划或者指导意见等支持重大工程的政策性文件。同时，一批相关（试点）工程和重点项目也在积极实施中。二是推动金融支持产业发展。开辟战略性新兴产业重点领域独角兽企业优先上市通道，为战略性新兴产业提供融资支持和发展基金。同时，各地也设立专项资金，用于扶持战略性新兴产业的发展。

三、广东省战略性新兴产业“十三五”规划

（一）广东省战略性新兴产业“十三五”规划发展目标

广东省战略性新兴产业“十三五”规划的目标是要提升战略性新兴产业的规模，使其成为创新型经济的重要支撑。同时，发展高新技术企业，新一代信息技术、生物、绿色低碳等领域相关的关键核心技术获得提高，在重大科技专

项数量和科技成果转化上不断提高。重视新一代信息技术产业，成为全球战略性新兴产业的重要集聚区（具体参见《广东省战略性新兴产业发展“十三五”规划》）。

（二）广东省战略性新兴产业政策实施举措

为贯彻和落实国家以及广东省战略性新兴产业发展的“十三五”规划，广东省制定了《广东省加快战略性新兴产业发展实施方案》，扶持战略性新兴产业的发展。广东省“围绕形成新一代信息技术、生物、高端装备与新材料、绿色低碳、数字创意等多支柱的新兴产业体系这一目标，紧紧把握全球科技革命和产业变革重大机遇，充分发挥市场在资源配置中的决定性作用和更好发挥政府引导作用，坚持创新驱动、改革引领、开放合作、集聚发展，推动关键环节率先突破、重点领域优先发展，促进形成一批技术水平高、创新能力强、具有国际竞争力的新兴产业集群，推动广东建设成为全国乃至全球战略性新兴产业重要集聚区，为加快建设国家科技产业创新中心提供有力支撑。”

该方案指出，“立足我省战略性新兴产业基础和发展需要，按照‘重点跨越、引领示范’的发展思路，在大力发展五大支柱产业和四大战略性产业的同时，重点推进新一代信息网络、新型显示、智能制造、生物医药、智能交通装备、高端制造材料六大领域发展壮大。”

具体来说，广东省主要的发展举措如下：

1. 提升产业创新能力

①重点突破产业关键核心技术和共性技术：调整优化重大科技专项，重点推进核心技术的后续推进和突破，同时支持企业和研究院所的合作，推动科研成果的产业化。②加强产业创新平台建设：围绕重点领域，整合相关产业链的上下游资源，建设新兴产业创新中心和制造业创新中心，在组织形式、研发模式和管理方式等方面进行创新。③强化企业创新主体作用：实施高新技术企业培育计划，对重点领域的高新技术企业给予补助，提升相关企业的数量和质量。同时支持龙头企业建立创新联盟，实时核心技术的突破；培育中小微创新企业。④完善新兴产业标准和知识产权服务体系：实施战略性新兴产业标准体系规划与路线图，支持企业参与各级标准的制定与修订。同时引进国际标准认证体系，提高国际认可的水平，构建新兴产业专利池。⑤推进新兴产业军民深度融合：通过建设国家国防科技工业军民融合产业发展创新示范基地和军民融合示范基地，培育民参军企业。通过实施重点工程的建设，构建军民融合的战略性新兴产业体系。⑥推动新兴产业国际合作：支持企业进行参股并购、联合研发、专

利交叉许可等方面的国际合作，鼓励境外新兴产业企业和研发机构到广东设立研发机构。同时推进国际产业合作的创新平台建设以及与“一带一路”沿线国家的合作，带动新兴产业优势产品输出。

2. 加快示范应用推广

①5G 商用与物联网应用示范工程：围绕建设国家物联网重大应用示范工程区域试点，初步构建“万物互联”的应用场景。加快推进物联网网络及接入设备、芯片、智能终端等产品的研发及产业化，重点发展物联网设备制造业，推动智慧医院、互联网 + 医疗、健康医疗大数据发展。②4K 电视应用推广工程：加快开发 4K 电视、超高清机顶盒、编解码器等相关产品，创新 4K 超高清节目销售和运营模式。推进 100M 光纤普及和广电网络互联互通，从而全面提升网络传输能力。③智能工厂示范工程：结合各地的产业基础和特色优势，开展智能制造示范和应用。加强互联网、云计算、大数据、物联网在先进制造业中的推广应用，推进工业互联网创新融合试点，建设工业公共云服务平台，分行业、分阶段、分区域进行推广。④基因检测和细胞治疗应用示范工程：加快建设国家基因检测技术应用示范中心，开展相应服务，推进具有自主知识产权的仪器设备及试剂的产业化应用。同时，引导医疗机构与研发机构及相关企业合作，推进免疫细胞治疗技术的应用推广。⑤智能网联汽车测试示范工程：建设智能网联汽车测试示范区，加快完善道路基础设施建设及路测设备、通信设备等配置，建成智能路网。

3. 培育新兴产业集群

①实施重大项目引领工程：在六大重点领域组织实施省新兴产业重点项目建设计划，支持六个重点领域新兴产业的重大项目建设。打造新兴产业供应链生态圈：制定发布战略性新兴产业重点领域产业链发展路线图，建立重点产业链骨干企业数据库。支持战略性新兴产业重点领域骨干龙头企业与产业链上下游关键企业组建产业联盟，开展新产品开发和核心技术攻关，同时在金融服务上给予支持。②建设新兴产业发展集聚区：加快推动战略性新兴产业基地建设，支持为基地提供融资规划，引导高新区结合现有发展基础和功能定位，围绕六大重点领域进行差异化、特色化发展，加快建设形成一批专业化分工的新兴产业集群。③健全公共服务支撑体系：依托各类创新载体，加快推进实施省新兴产业双创示范基地行动计划和新兴产业孵化器倍增计划，推进建设小微企业创业创新示范基地，打造创业创新平台。同时加快推进企业孵化、知识产权服务、第三方检测认证以及生产性服务等公共服务平台的支撑。

4. 加大引导支持力度

①推行普惠性的财政支持政策：引导战略性新兴产业企业普遍建立研发准备金制度，制定发布企业研发准备金制度参考模板。对六大重点领域的国家高新技术企业给予补助支持，落实国家高新技术企业减免税优惠政策。②加大财政资金支持力度：通过多种方式重点支持六大重点领域相关的产业关键核心技术和共性技术攻关、创新能力提升、产业链关键环节培育和引进、示范应用工程、产业化项目建设，建立财政专项资金，支持重点领域重大项目的建设。③营造良好市场环境：实施“非禁即入”的准入政策，探索和创新适合新技术、新产品、新业态、新模式发展的监管方式。推进首台（套）重大技术装备推广示范应用政策和重大技术装备保险补偿机制。④加大产融合作支持力度：各类创新创业投资基金要加大对战略性新兴产业的支持力度，完善运作机制，支持战略性新兴产业企业进行融资。同时加强政银企合作，探索融资新模式。⑤强化人才支撑：实施多项重大人才工程，开展政产学研用联合培养人才试点，支持设立博士后科研流动站、科研工作站和创新实践基地。同时划拨专项用地用于建设人才周转公寓和人才房，提供多项配套设施服务，为高端人才在粤安心创新创业提供可靠保障。⑥强化新兴产业用地和用海保障：年度计划指标应优先保障战略性新兴产业发展用地需求，在指标、出让底价、供地方式等方面给予支持。

四、深圳市战略性新兴产业“十三五”规划概述

（一）深圳市战略性新兴产业发展目标

深圳市在“十三五”规划中，战略性新兴产业的目标是鼓励自主创新，突破国外技术封锁，在国内、国际上形成产业发展的标杆，提高我国在战略性新兴产业上的国际竞争力。具体为：

到“十三五”末，战略性新兴产业发展水平全面提升，优势行业形成全球发展引领能力，涌现出一批具有国际竞争力的跨国公司和产业集群，形成创新要素集聚、市场活力迸发的产业发展新生态，努力建成具有全球影响力的新兴产业创新发展策源地。

发展水平迈上新台阶，成为国内领先的新兴产业发展标杆城市。战略性新兴产业规模超过 3 万亿元，新兴产业增加值占地区生产总值的比重达到 42% 以上，产值超千亿元的战略性新兴产业龙头骨干企业达到 6 家左右，产值超百亿元的行业标杆优势企业达到 25 家左右，经济发展主引擎作用更加突出。

自主创新取得新突破，建成具有世界影响力的一流科技创新中心。全社会研发投入占地区生产总值的比重达到4.25%以上，每万人拥有发明专利达到64件，国家级高新技术企业超过10000家，在新一代信息技术、生命科学、超材料等技术领域掌握一批具有自主知识产权的关键核心技术重点突破，部分领域达到世界领先水平。

集聚发展形成新格局，建立具有国际竞争力的创新型产业集群。以产业链协同发展为途径，围绕通信设备等领域培育规模超万亿的产业集群，打造全球信息经济和生命经济高地，在新能源汽车、智能装备、新材料等领域形成规模超千亿的高端特色产业集群，进一步提升产业集群发展能力和国际影响力。

（二）深圳市战略性新兴产业实施方案发布

2018年11月，深圳市印发了《深圳市人民政府印发关于进一步加快发展战略性新兴产业的实施方案》，提出“以创新引领为核心，围绕新一代信息技术、高端装备制造、绿色低碳、生物医药、数字经济、新材料、海洋经济七大战略性新兴产业，实施创新驱动发展战略，大幅提升产业科技含量，加快形成具有国际竞争力的万亿级和千亿级产业集群，促进更多优势领域发展壮大并成为支柱产业。”

该文件提出，“深圳力争到2020年，新建超过50个创新载体，培育10家技术引领型的研究机构，组织实施100个以上重大科技产业发展项目。到2025年，战略性新兴产业科技创新水平国际知名，掌握一批前沿引领技术和现代工程技术，力争培育更多世界五百强企业和一大批创新型企业，建成10个以上产业规模超百亿、产业链条完备、产业配套完善的新兴产业集聚区，打造更多千亿级和万亿级优势产业集群。”

为了进一步发展战略性新兴产业，深圳市政府针对七大战略性新兴产业提出了相应的措施，例如，深圳市提出要建设世界级新一代信息技术产业基地：“加快构建泛在高效的信息网络，以产业跨界融合和智能化发展为主攻方向，建设全球领先的电子信息产业基地。实施集成电路产业跨越发展工程，完善涵盖设计、封装测试、晶圆制造、产业配套等全产业链，打造集成电路集聚发展高地。抢抓人工智能发展先机，加快计算机视听觉、新型人机交互等应用技术产业化，建设全球领先的人工智能产业示范区。抢抓第五代移动通信（5G）发展的窗口期，推进核心技术、标准以及关键产品研制，加大应用推广力度，打造5G产业发展引领区。顺应万物互联发展新趋势和新要求，加速构建物联网商用网络，大力推进物联网典型示范应用。加快发展壮大新型显示、智能网联汽车、智能硬件、高端软件等产业，前瞻布局柔性电子、量子信息等前沿高端领域。”

新一代信息技术产业包含了集成电路、人工智能、5G 移动通信、新型显示、物联网、智能网联汽车、柔性电子这几个关键领域，以下列举了在集成电路、人工智能、5G 移动通信、物联网四个关键领域的具体措施（其他产业相关措施请参见《深圳市人民政府印发关于进一步加快发展战略性新兴产业的实施方案》）。

（1）集成电路。以应用为牵引，依托深圳集成电路设计和集成优势，大力发展物联网、智能终端、汽车电子等领域专业芯片，提升装备材料、先进封装测试等配套服务能力，加快布局第三代半导体产业，构建协同联动的产业生态系统，支撑我市新一代信息技术产业优化升级。

（2）人工智能。发挥深圳人工智能硬件终端制造、用户数据资源储备、应用模式创新等比较优势，加快突破芯片、算法等人工智能核心基础，发展智能家居、图像识别等人工智能产品，推动人工智能特色应用示范，促进技术攻关、产品应用和产业培育“三位一体”发展，建设全球领先的人工智能产业高地。

（3）5G 移动通信。抢抓 5G 发展的窗口机遇，支持龙头企业推进核心技术、标准以及关键产品研制，建设 5G 试验网络，开展典型场景应用，打造 5G 产业集聚区，持续巩固深圳在全球通信行业的引领地位。

（4）物联网。顺应万物互联发展的新趋势和新要求，加速构建基于第六版互联网协议（IPv6）、5G、大数据、云计算等新一代信息技术的物联网商用网络，建立行业标准，强化政府引导，瞄准带动性强、关联度高的重点领域，大力推进物联网典型示范应用，形成产业链上下游联动、协调可持续的良好发展格局。

根据深圳市各个片区的经济发展基础和不同的产业优势，深圳市提出建设 37 个重点片区，引导优质科技产业的资源配置，力求快速形成“重点突出、错位协同”的战略性新兴产业空间发展格局。下面节选重点发展集成电路产业的宝安燕罗片区、光明凤凰城、坪山高新区、宝龙科技城与沙井片区五个片区的例子，说明深圳市在集成电路方面片区布局的具体措施。

（1）宝安燕罗片区。加快城市更新和土地整备，发挥电子信息制造集聚优势，重点发展集成电路、人工智能、柔性电子等方向，打造重要的战略性新兴产业集聚区。

（2）光明凤凰城。持续集聚高端资源，超常规布局集成电路、新型显示、数字经济等方向，多点培育，努力打造成为一座生态优质、产业高端、产城融合，具有较强区域辐射能力的绿色智慧新城。

（3）坪山高新区。依托国家新能源汽车产业基地、国家生物产业基地、聚龙山新兴产业集聚区（国家新型工业化产业示范基地）和出口加工区，重点发展集成电路、人工智能、高端装备、氢燃料电池、石墨烯、精准医疗、增材制造等方向，打造世界一流的东部高科技园区。

（4）宝龙科技城。推进南约社区洋桥和汉田片区城市更新，重点布局集成电路制造封装环节，加快建设石墨烯产业园，推动形成以新一代信息技术、新材料、智能制造为主的发展格局。

（5）沙井片区。重点发展集成电路产业，以城市更新保障发展空间，搭建电力电子器件设计、封装测试等平台，持续完善产业链条，打造集成电路产业集群。

第四节 战略性新兴产业的发展及展望

随着技术的不断突破以及各国政府的大力支持，预计未来五年，全球战略性新兴产业的规模将快速壮大，交叉融合更加明显，并更加注重绿色发展、产业应用，其深度和广度也将进一步加大。

一、产业规模进一步壮大

美国、德国、日本都高度重视新兴产业发展，新兴产业呈现出快速增长态势。预计未来五年，在全球各主要国家的战略引领、投入增加的趋势下，战略性新兴产业将继续保持高速增长。战略性新兴产业的产业结构将会进一步高端化，科技含量、附加值、产出效率将进一步提高，技术创新能力和技术力量整合能力也将进一步提升。在新兴经济体国家中，印度等新兴经济体也纷纷加入战略性新兴产业的竞争，全球战略性新兴产业的规模将进一步壮大。在产业转型方面，新兴产业与传统产业加速融合，推动传统产业转型升级，进一步促进了战略性新兴产业的发展。

二、融合发展进一步加强

近年来，很多新兴产业的技术发展都是多学科、多产业融合的产物，跨行业、跨学科的技术交叉对于新兴产业发展起到了巨大的促进作用。未来几年，预计融合发展趋势将进一步加强，其中，信息技术将进一步发挥基础支撑作用，大数据、云计算、人工智能等向更多应用领域普及。同时，生物技术、能源技术、材料技术等多学科之间将更广泛渗透、交叉、融合，进而引发新的技术变革和产业革命。同时，新兴产业之间、新兴产业与传统产业之间的融合将成为发展的主流，不同学科、不同行业之间的融合互补性持续增强，行业之间的界限将变得不再泾渭分明。

三、绿色发展进一步凸显

随着全球气候变暖、资源能源紧张等问题的进一步凸显，绿色、低碳、生态等发展理念逐步普及，并不断深入人心。利用更加高效、环保的方式寻求更大发展，这不仅是产业发展的需要，更是人类社会持续发展和健康生存的必然选择。越来越多的国家，包括发达国家和发展中国家，越来越重视绿色、健康、安全等可持续发展问题。所以，能耗低、资源需求量少、更加高效、用地少的战略性新兴产业迎来世界各国的重视和支持以推动可持续发展。预计在未来几年，随着新能源、节能环保等技术的不断进步，战略性新兴产业将更加注重绿色、健康、安全和可持续发展。

四、安全问题进一步得到重视

技术的突破创新也会对现有社会秩序、法律法规、伦理道德等带来冲击。例如，人工智能现已成为各国竞争的焦点，受到各国政府的高度重视，纷纷加大资金、人才、技术的投入。但取得巨大进步的同时，人工智能带来的社会、安全、伦理等一系列问题也进一步凸显。预计未来几年，生物识别引发的伪造技术、人工智能仿真技术、网络攻击等将给社会安全带来新的挑战。同时，人工智能的快速发展与普及会对现有就业问题带来影响，增加社会对失业问题的担忧，特别是一些低水平重复劳动工作者将面临失业的风险。而随着人工智能技术水平的不断进步，更加复杂的工作也将被逐渐替代，引发更多就业者的担忧。随着人工智能技术应用领域的不断扩展，人工智能的数据安全问题也将更加严峻，用户数据、生物识别、智能驾驶等各个不同领域的隐私安全问题将给社会带来更大挑战。只有出台更好的监督、管理、预防机制，才可以使人工智能技术造福社会。

第五节　金融科技支持战略性新兴产业的发展

中国人民银行最新发布的文件《金融科技（FinTech）发展规划（2019—2021年）》中明确指出："金融科技是技术驱动的金融创新，该定义由金融稳定理事会（Finacial Stability Board，FSB）于2016年提出，目前已成为全球共识，旨在运用现代科技成果改造或创新金融产品、经营模式、业务流程等，推动金融发展提质增效。"

从世界各国对战略性新兴产业的划分可以看出，战略性新兴产业主要集中在科技创新、节能环保和新兴产业这三个方面，因此战略性新兴产业的发展离不开科技的创新和成果转换效率的提高。而目前我国整体的科技水平与国际领先水平还存在一定的差距，缺乏核心技术，科技竞争力较弱。在当前世界经济发展的大背景下，我国要转变经济发展方式，强调把战略性新兴产业摆在突出位置，不断提高国内的科技水平，将科技成果转化为经济发展的主要动力，摆脱发达国家长期的“科技垄断”，更好地实施引领“一带一路”倡议。结合我国目前战略性新兴产业发展现状，在“一带一路”的背景下，借助金融科技促进战略性新兴产业发展，为国内提供新的经济增长点。

金融科技对战略性新兴产业的促进作用表现为政策及制度的引导、资金的支持、平台的建设、商业模式的创新支持这四个方面。

（1）政府政策法规对于鼓励引导金融科技的发展有着重要的作用。在引导金融机构支持战略性新兴产业方面，政策可以发挥宏观调控的作用，提高金融机构支持战略性新兴产业的积极性。对支持战略性新兴产业的金融机构，给予更多的优惠政策，确保金融机构的预期收益高于服务其他行业的收益。同时，鼓励民间资本对战略性新兴产业的支持，确保战略性新兴产业的发展拥有足够的金融资源，拓宽融资渠道。

（2）金融科技的发展不仅为战略性新兴产业的发展提供多元化的融资渠道，提供充足的资金支持，还能够运用先进的科技手段对企业经营运行数据进行分析，实时监测资金流、信息流和物流，为资源合理配置提供科学依据，引导资金从高污染、高能耗的产能过剩产业流向高科技、高附加值的新兴产业，推动实体经济健康可持续发展。

（3）在金融科技支撑战略性新兴产业的发展过程中，金融科技服务平台的建设至关重要，包括法律咨询等中介机构、行业协会、创业投资机构、企业孵化器等，并形成一个系统性的服务网络。通过服务平台网络提供的专业化的综合性服务，探索为科技金融的供给需求双方构建便利的桥梁，创造良好的环境，促进其科技创新成果的转化。

（4）商业模式在科技成果朝着产业转化的过程中发挥着重要的作用。因此，金融科技和战略性新兴产业的结合需要对现有的商业模式进行创新，才能利用两者的共有特征和交叉点有所作为。例如，招商新能源集团旗下的联合光伏携手网信金融旗下的众筹网推出了太阳能电站建设的股权众筹项目，一年多时间融资将近2 000万元，该创新的商业模式为战略性新兴产业提供了有力的支持。

在“一个国家、两种制度、三种货币与三个独立关税区”的独特背景下，粤港澳大湾区以金融科技创新合作先行有助于后续的全面战略合作提供坚实的前期基础、必要的融合时间及更大的发展空间。以下将介绍国际金融科技的发展现状，并讨论当下大湾区金融科技发展存在的挑战及应对策略。通过对国际金融科技资金、政策及平台建设等方面的学习借鉴，为我国粤港澳大湾区建设提供宝贵经验。

1. 资金支持

当前，全球经济都在从传统的“技术寻找资本”“科技创新催生金融创新”模式向“资本寻找技术”“生态资本引领战略性新兴产业的创新方向”转变，金融创新对于科技创新具有重要的方向引领和加速促进作用。国际湾区是全球风投创投资本的高密度聚集地，并且优势区域的自我强化趋势明显。资本的投入加速了科技公司的发展，而科技公司又反哺更多资本，进一步增加湾区的技术投入，加强优势区域的资金和技术优势。以旧金山湾区为例，全球接近70%的风险投资都聚集于美国，而这其中又有接近50%的风险投资聚集于旧金山湾区，并且该区域的风投创投集群趋势还在加速。同时，国际湾区以绿色金融、生态资本或生态基金引领战略性新兴产业的持续创新发展方向这一趋势日趋明显。

粤港澳大湾区对金融科技创新生态体系进行了整体的结构布局，由穗港科技信贷创新合作平台、深港风投创投与科技创新合作中心和广深科技走廊三者为核心共同构建。在创新生态体系中，广、深、港、澳四个城市各自分工，协同合作，为科技创新提供融资租赁、财富管理、风险控制等金融服务。大湾区通过深港股市、债券通、ETF 通等构建跨区域互联互通机制的多层次科技股权直接融资市场，健全和完善风险资本、生态基金以及科技股权投资的退出渠道及退出机制，逆向促进风投创投及前沿科技投资在粤港澳湾区的加速集聚与快速发展，加速建成具有全球影响力的湾区科技创新中心。

2. 制度及政策

世界各国为应对金融科技创新可能带来的风险，出台了一系列的措施。美国成立了金融创新办公室，对新的金融科技产品进行审核、评估和评价等；发布了《Fintech 监管框架》，对金融科技的监管提供了整体原则和发展方向。英国创立了“监管沙盒”机制，利用大数据，人工智能等技术对金融科技创新产品进行风险控制；成立了金融行为监管局，对发展迅猛的金融科技行业制定了详细的监管规则和要求。澳大利亚、新加坡、日本等国也参考英国和美国，结合本国情况，成立了主要针对金融科技的监管机构，出台了相应的指导政策。

目前，粤港澳大湾区金融科技的协同创新发展遇到了政策法规不完善等挑战，特别是广东省与港澳的银行监管法规及运行体制之间存在的差异。香港的银行和信贷体系的运行与国际较为接轨，而广东省城市的商业银行，除了个别银行以外，均受《中华人民共和国商业银行法》第43条、《贷款通则》第20条等法律法规的严格分业经营约束。在严格分业经营管制下，科技信贷与科技股权投资之间缺乏可行的投贷联动关联机制，是国内金融科技创新与发展遇到的普遍挑战。在此环境下，政府出台了相关发展规划目标来鼓励金融科技的创新与合规发展。

2017年12月，广东省制定和发布了《广深科技创新走廊规划》，明确了穗莞深的科技创新定位，提出了建立跨区域的科技协同创新机制以及2050年建成国际一流科技产业创新中心的预定目标。《广深科技创新走廊规划》的实施旨在以“一廊十核多节点”推动穗莞深以至全省的科技创新以及跨区域协同创新机制的建设，同时对于粤港澳大湾区构建完备的金融科技创新生态体系、完善湾区科技信贷创新合作平台以及深港风投创投与科技创新中心提供了重大契机。

2019年8月，中共中央、国务院发布的《关于支持深圳建设中国特色社会主义先行示范区的意见》中，针对金融科技与战略性新兴产业的发展提出了以下要求：“加快构建现代产业体系。大力发展战略性新兴产业，在未来通信高端器件、高性能医疗器械等领域创建制造业创新中心。开展市场准入和监管体制机制改革试点，建立更具弹性的审慎包容监管制度，积极发展智能经济、健康产业等新产业新业态，打造数字经济创新发展试验区。提高金融服务实体经济能力，研究完善创业板发行上市、再融资和并购重组制度，创造条件推动注册制改革。支持在深圳开展数字货币研究与移动支付等创新应用。促进与港澳金融市场互联互通和金融（基金）产品互认。在推进人民币国际化上先行先试，探索创新跨境金融监管。”未来，随着更加健全的法律法规体系的建立，大湾区的金融科技协同创新的政策生态将会越来越好，从而促进相关的产业发展。

3. 平台建设

目前，知名的国际湾区在平台建设上发展出了较为成熟的体系，例如，旧金山湾区已建成以硅谷银行为代表的专业科技银行，以WTI与TriplePoint Capital等为代表的非银行信贷机构以及相应的科技信贷服务中介体系，为经济产业的发展提供了有力的支撑；纽约湾区和旧金山湾区均拥有着众多的保险科技创新企业，推动了科技保险的普惠式发展。国际湾区在平台建设方面已经建成以科技直接融资市场、科技保险、科技担保、科技信用评级、保险科技创新等多个机构的服务平台，对粤港澳大湾区金融科技的平台建设提供了重要的借鉴经验。

粤港澳大湾区在平台建设方面仍然存在着发展潜力。例如，我国普通商业银行从事科技信贷业务的积极性普遍较低，且粤港澳大湾区内地城市的科技信贷业务仍以商业银行的科技支行为主要载体，并缺乏与风投机构及风投资本紧密合作、服务于高新科技企业的专业科技银行，同时，大湾区内地城市与港澳之间的互联互通与合作共建平台的整合潜力巨大。为了推动粤港澳大湾区的平台建设，国家及大湾区陆续出台了相关政策引导其发展，例如，广东省发布的《关于进一步促进小额贷款公司规范发展的意见》放宽了小额贷款公司的准入门槛及投融资渠道，促进科技信贷企业的发展。未来粤港澳大湾区可以通过完善穗港科技信贷创新合作平台、深港风投创投与科技创新合作中心以及广深科技走廊等关联机制构建科技金融创新的生态体系。

在国家的支持下，我国各省市地区的金融科技取得了一定的成就。深圳的金融科技在移动支付、智能投顾、数字货币、区块链等领域持续快速发展，并且在某些局部领域具有全球领先优势。金融科技创新也推动了广东制造业的智能化转型以及互联网金融科技的高速发展。深圳的网贷平台排名全国首位，互联网众筹平台急速发展，但目前仍以粗放扩张为主，亟待规范监管。香港在全球金融科技枢纽中位列第5，目前也有200多家与国际前沿接轨的初创型金融科技企业，但由于缺乏互联互通机制，与内地产业缺乏深度的关联合作。

与此同时，北京、上海、苏州、杭州等地金融科技快速崛起，粤港澳大湾区在经济总量上跃居全球第二。经验表明，国家战略、核心城市的引领与带动、政府部门的顶层设计以及政策支持、区域创新生态所激发的个体自发创新动力及群体创新聚合力，均有助于大湾区经济的快速崛起与赶超。

【要点回顾】

本章首先介绍了战略性新兴产业的由来、概念和分类，然后介绍了世界战略性新兴产业的发展和现状、我国战略性新兴产业的由来和发展现状以及我国在战略性新兴产业发展中的扶持政策和扶持方向，最后介绍了战略性新兴产业的发展趋势。

【复习题】

1. 以下选项关于战略性新兴产业说法错误的是（　　）。

A. 发展战略性新兴产业已成为抢占新一轮经济和科技发展制高点的重大战略

B. 随着新能源、节能环保等技术的不断进步，战略性新兴产业将更加注重绿色、健康、安全、可持续发展

C. 战略性新兴产业代表新一轮科技革命和产业变革的方向

D. 战略性新兴产业具有知识技术密集、成长潜力大等特点，但物质资源消耗多

2. 以下选项关于金融科技的说法错误的是（　　）。

A. 金融科技是技术驱动的金融创新，旨在运用现代科技成果改造或创新金融产品、经营模式、业务流程等，推动金融发展提质增效

B. 金融科技的发展可以为战略性新兴产业提供资金支持

C. 深圳的金融科技在移动支付、智能投顾、数字货币、区块链等领域持续快速发展，并且在某些局部领域具有全球领先优势

D. 粤港澳大湾区金融科技相关法律法规体系健全完善，协同创新发展的政策生态良好

第二章

新一代信息技术产业

【学习目标】

1. 了解新一代信息技术产业的定义和分类；
2. 熟悉新一代信息技术产业的发展历程和发展情况；
3. 掌握新一代信息技术产业的发展趋势及挑战。

【导入案例】

智 慧 城 市

随着社会不断发展，人口不断向城市转移，导致城市承载了越来越多的人。特别是我国正处在城镇化加速发展的时期，各个城市人口繁多，交通拥堵等问题日益严重。为了解决这些城市发展过程中的难题，实现可持续发展，全球多个城市都提出了以智慧城市作为解决难题的方案。

维也纳作为奥地利的首都，就在建设智慧城市方面做出了卓越的尝试。维也纳的智慧城市建设侧重于交通、住房、通信、能源、资源等领域。例如，政府建立城市交通的智慧信息和指挥系统，从而提高环保交通与公共交通工具使用率，保障交通信息的即时传递。信息化技术也在维也纳地下水管网排水系统中得到充分应用。通过在地下管网不同枢纽区安装230个监测设备，在暴雨天气时对管网内污水的流速、流量、水位等运行情况进行分层监测和实时监控，实时掌握管道淤积情况，以保障水情及时疏通和其他可控操作。

新一代信息技术为智慧城市的发展奠定了技术基础，也为智慧城市未来的普及和进一步发展提供了更多可能。

第一节 产业定义及分类

一、产业定义

信息技术发展到今天，已经成为推动全球产业发展变革的主要力量。信息技术通过与不同技术的融合，尤其是与许多创新技术的结合，衍生出许多新业务形态、新商业模式。现代经济发展正是建立在这些科学技术的基础上，不断推动工业、服务业和农业等各个行业的转型升级和变革，促成全新的技术与经济发展模式。

根据2010年10月国务院发布的《国务院关于加快培育和发展战略性新兴产业的决定》（简称《决定》）中的定义，新一代信息产业分为六个方面，分别是下一代信息网络、物联网、三网融合、新型平板显示、高性能集成电路和以云计算为代表的高端软件。新一代信息技术在该决定中被确定为七个战略性新兴产业之一。《决定》提出要加快建设新一代信息技术，推动产业发展，要“加快建设宽带、泛在、融合、安全的信息网络基础设施，推动新一代移动通信、下一代互联网核心设备和智能终端的研发及产业化，加快推进三网融合，促进物联网、云计算的研发和示范应用。着力发展集成电路、新型显示、高端软件、高端服务器等核心基础产业。提升软件服务、网络增值服务等信息服务能力，加快重要基础设施智能化改造。大力发展数字虚拟等技术，促进文化创意产业发展”。

二、产业分类

通过解读《国务院关于加快培育和发展战略性新兴产业的决定》我们不难看到，新一代信息技术主要聚焦在下一代通信网络、物联网、三网融合、新型平板显示、高性能集成电路和以云计算为代表的高端软件等方面。

2018年国家统计局发布的《战略性新兴产业分类（2018）》以及《战略性新兴产业分类新旧对照表（对照2012年版）》中，新一代信息技术产业包括“下一代信息网络产业、电子核心产业、新兴软件和新型信息技术服务、互联网与云计算、大数据服务以及人工智能”等细分产业。具体分类如下：

（1）下一代信息网络产业包括：网络设备制造、新型计算机及信息终端设备制造、信息安全设备制造、新一代移动通信网络服务、其他网络运营服务和计算机和辅助设备修理。

（2）电子核心产业包括：新型电子元器件及设备制造、电子专用设备仪器制造、高储能和关键电子材料制造和集成电路制造。

（3）新兴软件和新型信息技术服务包括：新兴软件开发、网络与信息安全软件开发、互联网安全服务和新型信息技术服务。

（4）互联网与云计算、大数据服务包括：工业互联网及支持服务、互联网平台服务（“互联网+”）、云计算与大数据服务和互联网相关信息服务。

（5）人工智能包括：人工智能软件开发、智能消费相关设备制造和人工智能系统服务。

第二节　产业发展历程

2009年8月26日，国家工业和信息化部召开媒体座谈会，宣布在新一代信息技术方面正在开展研究，以形成一些新的支持新一代信息技术的政策措施，对于新的发展方向，通过进行更进一步的研究加以明确，然后确定一些新的支持政策措施。

2009年11月，中国移动云计算平台“BigCloud”计划启动，云计算正式进入中国。

2010年初，清华大学等单位率先提出三网融合，陕西、江苏、广西和海南等13省率先进行了试点。网络的双向改造成为广电运营商的重点，而网络的扩容成为电信运营商的重点，但无论如何，都利好光通信行业。

2010年5月，中国电信启动星云计划。进一步推进云计算在中国的发展。

2013年12月7日，中国4G牌照正式发布，从此中国正式进入了4G时代。

2014年，中国国家集成电路产业投资基金（大基金）设立。截至2017年9月，大基金累计投资1003亿元，其中芯片制造业投资为主，占比为65%，在芯片制造业中，重点投向三大企业：中芯国际、华虹—宏力—华力、长江存储，以组成国家团队。

2015年，中芯国际宣布28nm制程产品实现量产。

2016年，人类历史上第一颗用于量子通信研究的量子科学实验卫星“墨子号”在酒泉发射升空，为建立覆盖全球、天地一体化的量子通信网络奠定了技术基础，拉开了量子通信时代的帷幕。

2016年，“神威·太湖之光”成为世界上首台峰值运算速度超过10亿亿次的超级计算机，峰值计算速度和持续计算速度都位居世界第一，并实现了包括处理器在内的所有核心部件全部国产化。

2016 年，面向 2020 年 5G 商用的我国 5G 研发与标准化工作取得一系列重要进展。我国 5G 技术研发试验第一阶段“关键技术试验”完成，第二阶段“技术方案验证”启动。

2016 年，全球半导体行业并购交易规模超过 1303 亿美元。特别是一些大型交易拉动了整体交易额，包括创下全球半导体行业并购规模之最的高通公司 470 亿美元收购恩智浦半导体公司，软银 320 亿美元收购 ARM，ADI 148 亿美元收购 Linear（凌力尔特）等。

2017 年 5 月 5 日 C919 大型客机成功实现首飞，实现了中华民族百年“大飞机梦”的历史性突破。

2017 年 11 月 19 日，国务院印发《关于深化“互联网 + 先进制造业”发展工业互联网的指导意见》，提出到本世纪中叶，工业互联网创新发展能力、技术产业体系以及融合应用等全面达到国际先进水平，综合实力进入世界前列。

2018 年 4 月 16 日，美国商务部宣布启动禁止中兴公司向美国企业购买元器件的 7 年制裁令。经过 89 天谈判与斡旋，7 月 12 日，美国商务部宣布与中兴公司达成和解协议。

2019 年 1 月 30 日，中国证券监督管理委员会（简称证监会）发布《关于在上海证券交易所设立科创板并试点注册制的实施意见》。3 月 1 日，证监会发布《科创板首次公开发行股票注册管理办法（试行)》和《科创板上市公司持续监管办法（试行)》。6 月 13 日，科创板正式开板。

2019 年 5 月，《人民日报》发表文章指出，中国将开始使用重新修订后的国际单位制，届时计量单位将更加精准。我国计量进入量子化时代，并制定量子化时代的中国计量 2020—2035 年发展新规划。

2019 年 6 月 6 日，工业和信息化部向中国电信、中国移动、中国联通和中国广电正式颁发 5G 牌照，批准四家企业经营“第五代数字蜂窝移动通信业务”。我国正式开启 5G 商用的时代。

第三节　产业发展情况

一、国际发展情况

目前的新一代信息技术以交叉融合的新特征，加速重构信息技术体系。集成电路技术升级带动了物联网、智能制造技术能等应用市场。

新一代信息技术与制造业深度融合正在引发影响深远的产业变革，各国都在加大科技创新力度，力争在制造业领域取得新突破。

美国的新一代信息产业市场规模占世界新一代信息产业总数的31%，包揽了全球市值前十大数据公司，芯片/半导体产业几乎处于垄断状态。欧盟积极推动电子信息工程科技领域创新发展科研计划，在欧洲数字议程、产业数字化规划等方面进行集中布局；日本在实现超智能社会5.0（Society5.0）方面提出了诸多必要举措，以进一步发展新一代信息技术产业。世界主要国家/地区信息技术产业政策如表2-1所示。

表2-1　世界主要国家/地区信息技术产业政策

国家/地区	战略部署	重点发展的新一代信息技术方向
美国	国家机器人计划2.0、《国家人工智能研究与发展策略规划》《美国国家机器智能战略报告》《政府技术现代化法案》	人工智能、大数据、5G
欧盟	《量子宣言》 德国："信息和通信技术2020——为创新而科研" 法国：《法国人工智能战略》 英国：《在英国发展人工智能》《下一代移动技术》《英国5G战略》	工业数字化技术、数据基础设施、5G、下一代互联网、量子产业、人工智能
俄罗斯	《数字经济规划》	人工智能、量子计算
日本	《科学技术创新综合战略2017》	超智能社会、人工智能、物联网、自动驾驶
韩国	第四期科学技术基础计划（2018—2022） 人工智能研发战略	5G、物联网、大数据、新一代通信、人工智能、无人驾驶汽车、智能医疗、智能城市、虚拟半导体等
印度	新电信法	5G、物联网

据赛迪产业研究院数据显示，2019年，全球传感器市场规模达到1521.1亿美元，同比增长9.2%；中国传感器市场规模达到2 188.8亿元，同比增长12.7%。全球及中国增速有所放缓，但国内市场增速仍然高于全球。尽管中国传感器市场规模巨大，但活跃在传感器市场上的仍然是德国、日本、美国等国家。相比而言，我国的传感器产业发展较慢，80%以上的传感器都依靠进口。

2019年中国MEMS（Microelectro Mechanical System，微机电系统）传感器市场规模达到597.8亿元，同比增长18.3%。MEMS传感器主要是以手机为代表的消费电子市场应用为主，另外一个重要市场为汽车电子；亚太地区是除北美市场之外第二大的传感器市场，中国市场是亚太地区增速最快的市场。虽然国内需求量大，但供给能力不足，MEMS领域集中度高。爱默生、西门子、博世、意法半导体、霍尼韦尔等跨国公司占据超过 60% 的市场份额，我国 80% 的芯片依赖国外进口；剩余的份额也主要集中在几家上市公司手中，如歌尔声学、水晶光电、汉威电子、士兰微和金龙机电等几家公司，占领国内 MEMS 市场的 40% 以上；国内 MEMS 企业中 70% 是中小企业，产品主要集中在中低端。

针对 CMOS 图像传感器（CMOS Image Sensor，CIS），根据集邦咨询分析师徐韶甫数据统计，相较 2018 年，2019 年 CIS 全球销售金额约为 188 亿美元，同比增长约 26%；中国的 CIS 销售金额约为 89 亿美元，同比增长约为 47%。中国区预销售占比从 2018 年的 41% 上升至 2019 年的 48%。消费电子是目前 CIS 最大的应用领域。其中，智能手机是 CIS 使用占比最高的装置，在 CIS 应用市场中约占 7 成，智能手机多镜头趋势是 CIS 需求快速增长的主因。即便 CIS 市场价值主要被智能手机占据，但其应用领域还包括汽车、安防、可穿戴设备、工业等。

2020 年，影响全球未来发展的最大不确定性因素来自新冠肺炎（COVID-19）疫情在全球范围内的大流行。我国本轮新冠肺炎疫情流行高峰已经过去，但疫情在全球范围内形势依然严峻，全球抗疫进入关键节点。全球信息通信产业供应体系冲击较大。短期来看，受物流效率下降、生产材料短缺等因素影响，从原材料到最终产品的供应压力逐级放大。一方面，国际物流资源持续短缺，空运舱位愈加紧张，船舶靠港卸货效率下降，或引发全球供应链成本上升等连锁反应；另一方面，部分关键产品和原材料或出现短期供应短缺。长期来看，疫情全球蔓延带来要素流动阻断，迫使世界主要经济体开始重新审视当前全球供应链潜在的脆弱性和公共危机抵御能力。可以预见，“后疫情时代”全球供应链格局将发生长期深刻变化，全球化分工与区域集聚将面临新一轮博弈，我国将面临短期海外市场需求锐减与未来全球供应链重塑的双重挑战。全球产业分工格局是一个持续调整的过程，当前以数字化、网络化、智能化为特征的新技术正处于创新发展和扩散应用的加速期，发达国家和新兴经济体都将围绕全球数字化转型推动本国产业建设与区域合作⊖。

二、国内发展情况

“十三五”以来，党中央、国务院、相关部委及地方政府出台了一系列政策布局完善信息技术产业发展环境，明确战略路径，推进网信军民融合。针对信息技术热点领域，国务院及相关部委出台了《国务院关于深化“互联网 + 先进制造业”发展工业互联网的指导意见》《信息产业发展指南》等系列政策措施。

⊖《数字中国产业发展报告（2020 年）——信息通信产业篇》

科技部批准建设自动驾驶、城市大脑，医疗影像、智能语音四个国家级人工智能开放创新平台。总体来看，我国信息技术已经形成从顶层规划到落地实施、从全局到专项、从中央到地方政府的创新政策环境体系。国家发布的电子信息领域部分相关政策文件如表 2-2 所示。

表 2-2 国家发布的电子信息领域部分相关政策文件

文件名称	发布机构	发布时间
《国务院办公厅关于印发“互联网+政务服务”技术体系建设指南的通知》	国务院办公厅	2017 年 1 月
《中共中央办公厅国务院办公厅印发（关于促进移动互联网健康有序发展的意见)》	中共中央办公厅 国务院办公厅	2017 年 1 月
《国务院关于“十三五”国家政务信息化工程建设规划的批复》	国务院	2017 年 7 月
《国务院关于印发新一代人工智能发展规划的通知》	国务院	2017 年 7 月
《国务院关于进一步扩大和升级信息消费持续释放内需潜力的指导意见》	国务院	2017 年 8 月
《中共中央办公厅国务院办公厅印发（推进互联网协议第六版（IPv6）规模部署行动计划)》	中共中央办公厅	2017 年 11 月
《国务院关于深化“互联网+先进制造业”发展工业互联网的指导意见》	国务院	2017 年 11 月
《国务院办公厅关于创建“中国制造 2025”国家级示范区的通知》	国务院办公厅	2017 年 11 月
《国务院办公厅关于推进农业高新技术产业示范区建设发展的指导意见》	国务院办公厅	2018 年 1 月
《国务院关于全面加强基础科学研究的若干意见》	国务院	2018 年 1 月
《国务院办公厅关于促进“互联网+医疗健康”发展的意见》	国务院办公厅	2018 年 4 月
《关于开展 2018 年人工智能与实体经济深度融合创新项目申报工作的通知》	工信部	2018 年 4 月
《国务院关于进一步扩大和升级信息消费持续释放内需潜力的指导意见》	国务院	2018 年 8 月
《新一代人工智能产业创新重点任务揭榜工作方案》	工信部	2018 年 11 月
《关于组织开展 2020 年大数据产业发展试点示范项目申报工作的通知》	工信部	2019 年 11 月
《长江三角洲区域一体化发展规划纲要》	国务院	2019 年 12 月

（续）

文件名称	发布机构	发布时间
《工业和信息化部关于工业大数据发展的指导意见》	工信部	2020年4月
《关于推动智能建造与建筑工业化协同发展的指导意见》	住房和城乡建设部	2020年7月
《国务院关于印发新时期促进集成电路产业和软件产业高质量发展若干政策的通知》	国务院	2020年8月
《关于开展2020年网络安全技术应用试点示范工作的通知》	工信部	2020年8月

新一代信息技术产业发展势头强劲，地区集聚趋势明显。2017年我国信息产业规模保持平稳快速增长，全年销售收入达到19.3万亿，同比增长13.7%，规模以上电子信息制造业同比增长13.8%，电子信息制造业加速转型升级，软件和信息技术服务业继续呈现稳中向好运行态势，收入和效益同步加快增长，2017年完成收入5.5万亿元，同比增长12.2%。手机、集成电路、液晶显示板等重点产品出口金额增速大幅提升，电子信息制造业整体收入保持双位数增长。2018年，我国新一代信息技术产业规模突破23万亿元，同比增长12%，在部分新兴技术领域我国已经进入全球第一梯队。我国人工智能产业规模达到约238.2亿元，同比增长56.6%，远高于全球17%的增速水平。与此同时，我国庞大的内需带动电子信息制造业规模不断扩张，2013—2019年我国的电子信息产业收入及增速均有较大幅度的提高。

中国新一代信息技术产业的地方特色和优势得到了充分发挥，区域间产业发展呈现互补互强态势。北京科研和企业资源集聚，基本形成信息产业高端价值链发展格局，主打高端软件和信息技术服务业；长三角地区已经在集成电路、新型平板显示、量子通信等多个领域形成特色产业集聚区；珠三角地区则有效聚集了工业机器人、无人机、新型平板显示、卫星通信、智能医疗等新兴产业；中部地区的武汉重点打造光通信、新一代存储等产业，陕西开展集成电路工艺线建设；贵州重点突破云计算和大数据领域；东北地区在机器人和软件等领域取得重大进展。这些都促进了中国新一代信息技术产业集聚发展。

新一代信息技术自主创新能力增强，驱动我国产业结构升级。我国新一代信息技术产业正处于从跟踪、模仿发达国家，到以创新驱动为引领、实现并跑甚至是领跑的战略转型关键时期。从硬件技术提升、应用平台搭建到信息产业生态群，在国家政策的大力支持下，我国信息企业的自主创新能力得到大大增强，逐步摆脱了引进和模仿国外先进技术的状态，在某些领域实现赶超并取得了国际领先地位。

三、大湾区发展情况

粤港澳大湾区经济发展程度较高，发展潜力巨大；上下游供应链完备，产业生态系统完善；区位条件优越，地利优势明显；具备“一国、两制、三关税区”的制度优势，为粤港澳大湾区对接国际提供了更加灵活的制度安排。高端制造、现代服务、新经济或将是粤港澳大湾区蕴含的产业机遇。

2019年2月18日，中共中央、国务院印发了《粤港澳大湾区发展规划纲要》。根据规划纲要，粤港澳大湾区经济建设将围绕新一代信息技术、高端装备制造、绿色低碳、生物医药、数字经济、新材料、海洋经济、现代种业与精准农业、现代工程技术等重点领域实施关键核心技术攻关。

建设新一代信息基础设施。推进粤港澳网间互联宽带扩容，全面布局基于互联网协议第六版（IPv6）的下一代互联网。推动大湾区内地无线宽带城市群建设，实现免费高速无线局域网在大湾区热点区域和重点交通线路全覆盖，实现城市固定互联网宽带全部光纤接入。建设超高清互动数字家庭网络。打造科技成果对接转化平台。争取国家支持开展科研成果转化创新特别合作区试点。推进成立名校—名企联合实验室。加快建设珠三角国家科技成果对接转化示范区，培育建设华南技术转移中心、国家技术转移南方中心等。支持设立粤港澳产学研界创新联盟。

推动信息基础设施互联互通。建设珠三角国家大数据综合试验区。建设物联网与智慧城市应用示范区。全面推进新型智慧城市试点建设。推进粤港、粤澳基于物联网技术的电子签名互认。推动大湾区移动支付便利使用。建立健全网络与信息安全信息通报预警机制。

培育壮大战略性新兴产业。重点支持新一代信息技术等战略性新兴产业发展。围绕信息消费、新型健康技术、海洋工程装备、电子专用设备、高技术服务业、高性能集成电路等重点领域及其关键环节，实施一批战略性新兴产业重大工程。以芯片设计为基础，拓展建立完整的集成电路产业链，加快建设5G试验网、“芯火”双创基地、超高清视频产业基地，推进打造新型显示“材料—面板—模组—整机”纵向产业链。

打造先进制造业产业集群。加快建设电子信息、汽车、智能家电、机器人、绿色石化五个世界级产业集群。以新型显示、新一代通信技术、5G和移动互联网、智能网联汽车、智能机器人、3D打印、北斗卫星应用等领域为重点，培育壮大一批新兴产业集群。

（一）珠三角地区

2019 年，广东省电子信息制造业实现销售产值 4.16 万亿元，连续多年居全国首位。2020 年，广东人工智能产业规模、技术创新能力和应用示范均要处于国内领先水平，人工智能产业综合竞争力要位居全国前列，包括产业核心规模突破 500 亿元，带动相关产业规模达到 3 000 亿元。到 2025 年，广东人工智能基础理论要取得重大突破，部分技术与应用研究要达到世界领先水平，包括形成一批具有国际竞争力的人工智能创新型产业集群，产业核心规模突破 1 500 亿元，带动相关产业规模达到 1.8 万亿元。

《广东省新一代信息技术产业创新发展专利导航分析报告》显示，广东省近 20 年的专利申请已超过 60 万件，占全国的五分之一左右，且保持着较快的增长速度，近五年平均年增长率为 26.26%，高于全国平均水平。目前，新一代信息技术产业全球专利申请总量已超过 800 万项，全球申请量增长趋势相对平稳。从 20 世纪 80 年代中期到 21 世纪初，专利申请主要以个人计算机和通过互联网连接的分散的服务器为主，近 10 年来，主要以移动互联网、云计算、大数据、人工智能为主。

深圳 2018 年 GDP 超过香港成为活力四射的一线城市，“制造工厂”迈向“硬件硅谷”“创新之城”，新一代信息技术等战略新兴产业成为支柱产业，占 GDP 比重达到 38%。深圳将携手珠三角各城市参与全球分工与合作，打造全球创新创意之都。

目前，我国电子信息产业前 10 强总部或区域总部均落户深圳，2014 年，深圳新一代信息技术产业增加值 2 569.80 亿元，同比增长 14.00%，已成为中国重要的 IT 产业制造基地、研发基地、出口基地和物流中心。2016 年，深圳新一代信息技术产业增加值 4 052.33 亿元，增长 9.60%，增速保持同期的 GDP 持平。中国半导体协会数据显示，2018 年深圳集成电路行业实现销售收入 897.94 亿元，其中 IC 设计业销售额为 758.7 亿元。2019 年，深圳市地区生产总值为 26 927.09亿元，增长 6.7%；战略性新兴产业增加值为 10 155.51 亿元，增长 8.8%。其中，新一代信息技术产业增加值为 5 086.15 亿元，增长 6.6%，占战略新兴产业增加值为 50.08%，占深圳 GDP 的 18.89%，并且比重处于逐年增加的趋势。深圳有大量新一代信息技术产业园区，包括深圳软件产业基地、深圳湾技术生态园、坂雪岗科技城等，代表性本土企业包括华为、中兴、海能达等。2019 年 5 月 10 日，深圳市发布了《深圳市新一代人工智能发展行动计划（2019—2023 年）》，着力构建全国领先的人工智能技术创新体系，推动新一代人工智能与实体经济深度融合，将深圳发展成为我国人工智能技术创新策源地和全球领先的人工智能产业高地。提出到2020年，人工智能核心产业规模突破100亿元，带动相关产业规模达到3 000亿元；到2023年，人工智能核心产业规模突破300亿元，带动相关产业规模达到6 000亿元。

广州以汽车、电子和化工为支柱产业，三者占工业总产值的一半以上，目前正加速迈进产业高端。广州跻身中国城市信息化50强第二名、“互联网+”城市榜前三甲，两化融合发展指数超90，处于全国领先水平。多个领域将成为广州近年来重点发展和引进企业的方向：一是面向未来智能时代的智能网联汽车、智能穿戴设备、智能装备、机器人、智慧家庭、虚拟现实/增强现实等智能产业；二是面向消费级电子、汽车、电力、高端装备等领域提供产品或服务的集成电路制造、设计、封装企业；三是5G网络、物联网、量子通信等下一代通信网络设备制造商或网络服务提供商；四是在OLED、印刷显示、大尺寸面板等领域具有核心竞争力的新型显示企业。事实上，广州正在着力实施“IAB”计划，即发展新一代信息技术、人工智能、生物医药等战略性新兴产业，打造若干个千亿级产业集群，一批价值创新园区正在广州加速崛起。

惠州是国家电子信息产业基地、云计算应用创新基地，是首批全国20个智慧城市试点市之一。在惠州潼湖生态智慧区，潼湖科技小镇的智慧城市建设成为巨大的应用场景，意欲打造国内领先的平方公里级的智慧城市运营平台，并开放应用场景与物联网相关的企业一同建设发展。目前，该小镇已经应用了不少“黑科技”，包括无人车、人脸识别、无人机巡逻、能源系统、智能控制中心、国内首座铜铟镓硒薄膜建筑光伏一体化示范建筑等。多年来，惠州推动物联网和云计算产业蓬勃发展，特别是近年引进落户和规划建设思科潼湖科学城、碧桂园潼湖科技小镇等一批“明星项目”，布局新经济，加快发力新一代信息技术产业。

作为国家电子信息产业基地，惠州是珠江东岸电子信息产业带上的重要城市，电子信息产业规模庞大、基础较好，特别是智能电视（4K电视）、汽车电子、手机等智能终端产品的产量位居全国前列。然而，惠州电子信息产业也仍然存在很多不足，如品质整体偏低端、技术含金量不高、高端产品欠缺、自主创新能力薄弱等。

（二）香港特别行政区

香港除了占据大湾区经济建设的地缘优势外，在新一代信息技术的发展上一直有其快速、灵活和易于落地的领先优势。

香港有香港城市大学、香港中文大学、香港科技大学、香港大学、香港理工大学等一系列文理结合的综合性大学，基本上覆盖了新一代信息技术及相关学科，尤其在智能制造、物联网、芯片技术等方面均建设有国家级实验室。与内地、国际上的若干高校、企业都有着技术合作或商务联系。香港拥有多个技术园区，一些国际智能化、自动化等公司也在香港设立子公司或者分支机构，技术输出灵活多样。

（三）澳门特别行政区

澳门地处沿海商务经济发展地带，新一代信息技术的发展与香港有许多类似之处，同时具有博彩旅游业、建筑地产业和金融保险业等特色经济带来的不同发展特点。澳门的产业结构单一，并存在着“极化”和“实业空心化”的现象，是发展新一代信息技术的“特殊空间”。

内地与澳门保险机构开展跨境人民币再保险业务。不断完善“深港通”和“债券通”等与新一代信息技术相关的业务。支持符合条件的港澳银行、保险机构在深圳前海、广州南沙、珠海横琴设立经营机构。同时，由于珠港澳大桥的建设，为澳门的新一代信息化技术的发展奠定了一个新的基础。

第四节 产业发展趋势及挑战

一、产业发展趋势

新一代信息技术产业发展新趋势是：数字、智能、跨界、融合。从 2011 年至今，国家新一代信息技术产业的提法经历了许多的变革，例如，生物产业在发展过程中包括了医药产业；而原先的信息网络产业，进一步成为新一代信息技术产业的一部分；高端装备制造业代替了高端制造产业的提法。一些企业和研究中心对于技术创新的推动和发展，尤其是这些技术创新在实践中的应用，起到了一定的推动作用，同时也体现到能把这些技术应用的效果进行一定的数据化，这些实际数据反馈到政府和社会，就会形成新一轮的推动作用。

习近平总书记在 2018 年两院院士大会上的重要讲话指出：“世界正在进入以信息产业为主导的经济发展时期。我们要把握数字化、网络化、智能化融合发展的契机，以信息化、智能化为杠杆培育新动能。”这一重要论述是对当今世界信息技术的主导作用、发展态势的准确把握，是对利用信息技术推动国家创新发展的重要部署。

（一）下一代信息网络产业

2016 年中国信息消费市场规模已达到 3. 9 万亿元人民币；2017 年中国信息消费市场规模已达到 4. 5 万亿元人民币，2018 年中国信息消费市场规模已达到

6.3 万亿元人民币，预计 2022 年将达到 8.6 万亿元人民币。2015—2019 年 11 月，AIoT 领域共发生 1 718 起投融资事件，总融资额达 1 919 亿元。从融资轮次上看，新兴企业占 9 成。从 2015—2018 年的投资增速来看，投资事件数复合增速近 14%，融资额增速高达 73%，资本在追加热度，新创企业在抢滩布局，AIoT成为创投风口。从获投企业角度来看，技术的商业化应用至关重要，统计显示，成熟项目中单笔最大融资额 TOP5 明星企业仅单笔融资就合计占五年市场总融资金额的 10%。国家统计局公布 2020 年一季度 GDP 初步核算结果，其中，信息传输、软件和信息技术服务业同比增长 13.2%。

互联网的快速发展使得 IPv4 地址面临资源消耗殆尽的窘状，下一代互联网的发展将依赖于新制定的 IPv6 协议。下一代互联网的研究包括研究与产业化的合理安排和资源分配，处理好发展与网络安全的关系，优化网络运营管理以及互联网治理机制等。IPv6 地址协议资源充足，任何一个路由器都可能成为一个网络终端，接入网络的终端种类和数量会远超现在，加上 100MB/s 以上的端到端高性能通信和数据加密技术，可以充分实现一个可信任的网络，这使无处不在的移动和无线通信网络应用变得更加普遍。实际上，IPv6 有着更高的安全性。在使用 IPv6 网络中用户可以对网络层的数据进行加密并对 IP 报文进行校验，在 IPV6 中的加密与鉴别选项提供了分组的保密性与完整性，极大地增强了网络的安全性。数量的扩容与安全的升级使得互联网技术产业生态面临一次全面升级，这将深刻影响网络信息技术、产业、应用的创新和变革。

第五代移动通信系统是对于第四代移动通信系统的升级。相较于 4G，5G 具备高性能、低延迟与高容量的特点，而这些优点主要体现在毫米波、小基站、Massive MIMO、全双工以及波束成形这五大技术上。5G 支持终端最高移动速度为 500km/h，时延低于 4ms。基于 5G 的上述优势，VR、超高清视频、工业自动化、无人驾驶、物联网等场景的应用将更加广泛。可以说 5G 所带来的不仅仅是网速的提升，更是商业模式的升级和更新。

（二）物联网产业

物联网技术通过射频识别、全球定位系统、激光扫描器、红外感应器信息传感设备，按指定的协议标准进行信息交换，通过智能手段对物品进行跟踪识别以及监控维护等操作。物联网可以通过设备单独进行局域网组网通信，也可以通过互联网，甚至是手机等移动通信网络，直接实现人类社会与物理世界的信息整合。

物联网是新一代信息技术的高度集成和综合运用，对新一轮产业变革和经济社会绿色、智能、可持续发展具有重要意义。全世界各个国家和地区，尤其是美国、欧盟等科技发达国家高度重视物联网发展，积极进行战略布局，以期把握未来国际经济科技竞争主动权。伴随着技术和经济的发展，近年来，我国政府对于物联网政策支持力度不断加大，技术创新成果接连涌现，各领域应用持续深化，产业规模保持快速增长，并形成北京—天津、上海—无锡、深圳—广州、重庆—成都为核心的四大产业集聚区。与“十二五”初期相比，中国在物联网关键技术研发、应用示范推广、产业协调发展和政策环境建设等方面取得了显著成效，成为全球物联网发展最为活跃的地区之一。

数据显示，2012—2016年中国物联网行业持续稳定增长，年均复合增长率达到了25.8%，2017年中国物联网市场规模达到11 500亿元，增长率为24.0%；2018年我国物联网产业规模增至1.5万亿元，增长率为30.0%。

2019年，受益于城市端AIoT业务的规模化落地及边缘计算的初步普及，中国AIoT市场规模突破3 000亿大关直指4 000亿量级，由于AIoT在落地过程中需要重构传统产业价值链，未来几年发展节奏较为稳定。2019年中国AIoT总产值接近4 000亿元，2022年预计超过7 500亿元。物联网和智能设备已经在提高全球主要工厂的性能指标，并将生产率水平提高40%～60%。未来，物联网将会迎来五大发展趋势。

（1）数据和设备的增长。在2019年，已有大约36亿台设备主动连接到互联网，用于日常任务。随着5G的推出，将为更多设备和数据流量打开大门。可以通过增加边缘计算的使用来应对这种趋势，这将使企业更容易、更快地在接近操作点处理数据。

（2）物联网和数字化转型。物联网是多个行业数字化转型的关键驱动力。传感器、RFID标签和智能信标已经开始了下一次工业革命。据预测，2018—2020年，制造业中联网设备的数量将翻一番。

在2019年，越来越多的医疗保健机构开始采用物联网技术，对于医疗保健机构和物联网智能药丸、智能家居护理、个人医疗保健管理、电子健康记录、管理敏感数据以及整体更高程度的患者护理来说，这种可能性是无穷无尽的。这种改进可以应用于许多垂直和水平行业。

（3）产业投资的增加。物联网无可争议的影响已经并将继续吸引更多创业风险资本家参与硬件、软件和服务领域的高度创新项目。根据国际数据公司（IDC）的数据，到2021年，物联网支出将达到1.4万亿美元。

物联网是少数几个被新兴和传统风险投资家感兴趣的市场之一。智能设备的普及以及客户越来越依赖于使用它们完成许多日常任务，这将增加投资物联网初创公司的兴奋感。客户将等待物联网的下一个重大创新。

（4）智能物联网的扩展。物联网完全是关于连接和处理的，没有什么比智慧城市更好的例子了。推广智能物联网的另一个领域是汽车行业，在未来几年，自动驾驶汽车将成为一种常态，如今大量车辆都有一个联网的应用程序，显示有关汽车的最新诊断信息。这是通过物联网技术完成的，物联网技术是联网汽车的核心。车辆诊断并不是人们将在未来几年看到的唯一物联网进步，而联网应用程序、语音搜索和当前交通信息将是改变人们驾驶模式的其他一些东西。

（5）人工智能和物联网数据。人工智能是理解当前收集的大量数据并提高其商业价值所需的基本要素。人工智能将在以下领域帮助物联网数据分析：数据准备、数据发现、流数据可视化、数据时间序列准确性、预测和高级分析，以及实时地理空间和位置（物流）。

（三）集成电路产业

集成电路产业表现出以下趋势：

（1）新兴技术将成为集成电路产业的未来核心产品。集成电路产业新热点和未来核心产品的热点很多，也很集中，包括云计算、物联网、大数据、工业互联网、5G；战略指引包括中国制造（2025 智能制造）、互联网 +、大数据；人工智能和 AI 技术令机器人、无人机、新能源汽车/智能网联汽车、无人驾驶等也成为集成电路的发展要地。

（2）核心技术及人才资源成为集成电路产业的可持续发展动力。尽管国内半导体市场广阔、发展迅速，但在集成电路进口额“节节高升”的背后，是半导体对外依赖程度高、自给率低下的“残酷”现实。中国半导体产业经过多年的发展，却还是存在产业结构与需求之间失配，核心集成电路的国产芯片占有率低的现象。此外，集成电路制造业能力不足，缺少核心技术，也是横亘在半导体产业的一大问题。

人才缺乏同样是集成电路产业老生常谈的问题。集成电路是资金密集、技术密集和人才密集的产业。人才作为第一资源，是集成电路领域的核心和关键。目前，中国集成电路产业的从业人员总数不到 30 万人，按照 2020 年全产业销售 10 000 亿元人民币，人均产值 140 万元计算，需要 70 万人的规模，人才缺口亟待补充。

（四）新型显示产业

目前，市场主要的显示技术包括 LCD 显示技术、OLED 显示技术、量子点显示技术和 Micro LED 显示技术。LCD 是目前市场主流显示技术，尤其是大尺寸显示领域（电视屏），从中长期来看，LCD 显示技术仍将占据大尺寸显示领域主流地位。

从市场规模看，2018 年我国显示器件营收规模约 406 亿美元，同比增长 3.8%，全球占比 34.2%，仅次于韩国位居世界第二。根据知名市场研究公司 Omdia 预估，2020 年全球大、中、小尺寸面板出货量将衰退 11.1%，从去年的 36 亿片滑落到 32 亿片，这是 2008 年金融危机以来首见。根据赛迪智库的分析：“日本、韩国等显示上游原材料和设备生产大国部分航线停飞，海运时间延长，导致我国企业原材料库存吃紧。欧洲杯、东京奥运会的相继推迟，消费者换机需求延后，中断了大尺寸面板价格涨势。智能手机、可穿戴设备、智能家居、车载显示等其他领域需求也将因为各国的疫情防控措施而受到严重打击。”在 2020 年一季度 COVID－19 爆发之前的最初预测中，由于韩国 LG Chem 的两条生产线计划关闭，预计产能将从 2019 年第四季度下降 5%。但是，由于 COVID-19 影响，Omdia 预计 2020 年第一季度的供应量将减少至 1.53 亿 m^2，比之前的预测下降 13%，比上一季度下降 17%。

其中，TFT-LCD（薄膜晶体管液晶显示器）营收约 291 亿美元，全球占比约 37.7%；出货超过 1 亿 m^2，同比增长 46.8%，全球占比 42.6%，均已成为全球第一。在其他显示技术分类上，如 PMOLED（被动矩阵有机电激发光二极管）、LED（发光二极管）等，我国的市场份额也已位居世界第一。

从市场分布看，我国主要厂家为京东方、华星光电、群创（富士康旗下）、友达；韩国主要为 LG Display 和三星。其中三星占据市场份额的 90% 以上，LG Display 在韩国和广州投建了两条 8.5 代生产线，并在韩国投建一条 10.5 代线，大尺寸 OLED 屏目前正向高端电视市场渗透。除目前以蒸镀工艺为基础的主流 OLED 工艺外，以华星光电和日本 JOLED 为代表的企业正加紧研发 OLED 印刷显示技术，若印刷显示投入量产，有可能打破现有显示领域格局，尤其是大尺寸领域。

量子点显示技术主要有光致发光和电致发光两种。光致发光技术是目前量子点技术的主要应用方向，而电致发光目前不是市场主流。

Micro LED 显示技术方面，中国、美国、日本、韩国均在进行积极布局。其中，中国台湾是 Micro LED 产业基础最好的地区之一。国内从事 Micro LED 领域的研发生产主要有三类：一是以三安光电和华灿光电为代表的 LED 生产企业，希望从 LED 切入主流显示领域；二是华星光电、京东方等主流显示面板企业，正积极布局相关专利；三是南方科技大学的高校科研团队。

全球显示市场已由增量市场转入存量市场，增长乏力。但从中长期来看，5G 通信、车载显示有望带来新一轮显示产业的爆发。从供给端看，目前显示面板企业已基本完成本轮投资布局，存在结构性过剩风险；从需求端看，目前终端市场创新乏力，市场疲软，产业链企业扩产需求不强。但从中长期来看，5G通信，车载显示有望迎来新一轮显示产业的爆发。从技术层面看，我国OLED产能仅次于韩国，尚处于爬坡阶段，且上游核心设备及材料依然被日韩欧美垄断。从产业发展方向看，中短期内，产业链协同创新，提高产业链上游核心技术将成为主流趋势，而Micro LED有望成为下一代新型显示技术。

柔性显示方面，主要技术包括OLED显示技术、电泳显示技术、TFT-LCD显示技术、无机EL显示技术、电子粉流体显示技术、干涉调制显示技术、电致变色显示技术、等离子管阵列显示技术等。其中，OLED是最目前为止最为理想的柔性显示技术。

OLED即有机发光二极管，是继CRT之后的第三代显示技术，具有材质薄、色彩丰富、低能耗、平面发光等特点。与目前应用性较广的LCD相比，OLED在多个主要技术性能上都有较大提高。按外形分类，OLED可分为刚性屏和柔性屏，柔性显示即柔性OLED。

柔性屏具有画面质量高、响应速度快、加工工艺简单、抗挠曲性优良、驱动电压低等优点，且已初步实现了产品的量产化。根据DSCC数据统计，2018年，全球柔性屏产能份额比重已达到27%，较2017年提高了9个百分点。2016—2018年全球各类显示设备产能份额情况如图2-1所示。

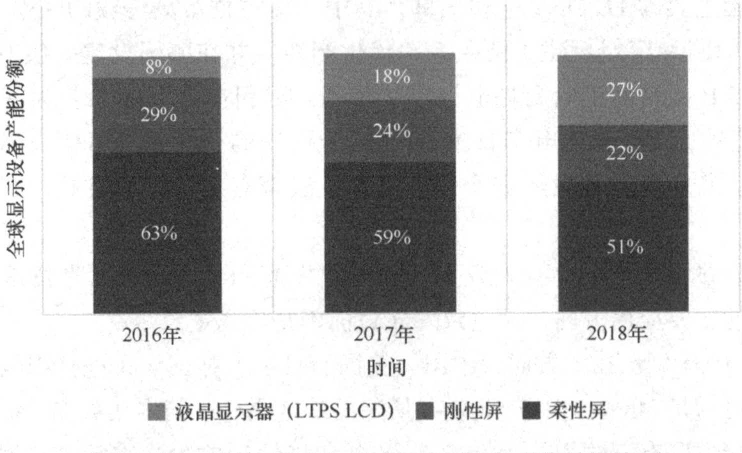

图2-1　2016—2018年全球各类显示设备产能份额情况

从短期来看，很多技术的市场需求不会改变。以我国企业持续发力的AMOLED领域为例，2019年中国大陆AMOLED智能手机面板出货就已达到约5 500万片，同比增长约165%，市场占比提升至12%。

产能的不断提升，为柔性屏的大规模应用奠定了基础。例如，在智能手机领域，柔性屏正成为智能手机显示屏发展的大趋势。2018 年，全球智能手机柔性屏出货量约为 2.02 亿片，同比增长 51.9%。2016—2018 年全球各类智能手机面板出货量如图 2-2 所示。

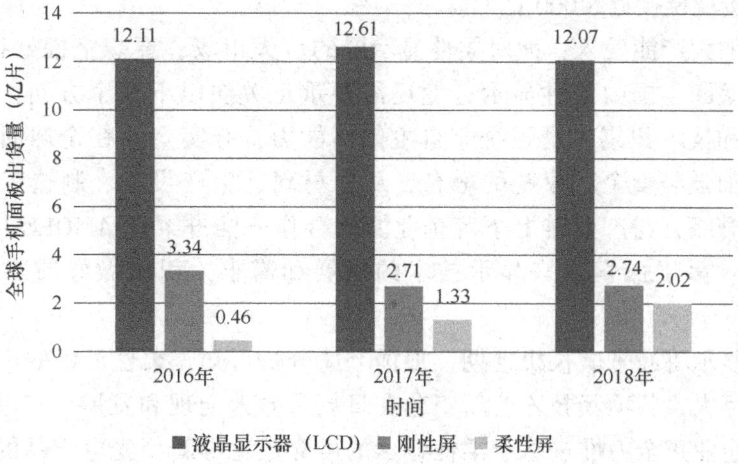

图 2-2　2016—2018 年全球各类智能手机面板出货量

2020 年，会有更多折叠屏和其他柔性产品出现，Omdia 预计今年智能手机 AMOLED 面板出货量将从去年的 4.71 亿片激增至 5.13 亿片。群智咨询数据显示，2020—2022 年，全球 AMOLED 产品出货量将分别达到 5.69 亿片、5.90 亿片和 6.50 亿片。市场需求持续提高，我国厂商也将迎来更多机会。

我国对于 OLED 行业发展同样高度重视，不过由于 OLED 涉及的各种单体的专利权大多数已经被国外企业控制，且面板生产主要集中在三星、LG 和 JDI 三家，所以国内的企业要直接提供单体产品面临着较高的专利门槛和客户壁垒。国内企业主要供应 OLED 材料的中间体和单体粗品，销往欧洲、美国、日本、韩国等地，再将单体粗品进一步合成或升华成单体，面板生产企业将多种单体蒸镀到基板上面，形成 OLED 材料层。

为打破现有局面，国家有关部门已出台相应鼓励政策及举措。如发改委发布的《国家发展改革委工业和信息化部关于实施制造业升级改造重大工程包的通知》明确表示支持 OLED 的相关工艺发展，工信部联同发改委发布的《新型显示产业超越发展三年行动计划》表示要引导支持企业加快新型背板、超高清、柔性面板等量产技术研发。

在政策指引下，随着 OLED 布局、技术进步的不断提升下，我国 OLED 行业正处于高速发展时期，资金的大量投入以及技术的不断提升，已有部分厂商实现投产及量产，其余公司还在产能爬坡，或者小规模试验中，这两年会有更多成熟产线。根据赛迪智库统计数据，截至2020年2月，全球已建成AMOLED生产线25条，在建生产线3条，计划建设2条。我国大陆地区已建成生产线13条，总投资规模接近5 000亿元。

除了加大产能投入，面对柔性显示屏的巨大市场，要想把握好行业机遇，打破国际垄断，国内柔性显示行业还需要重点关注以下几个方面：加强本土人才培养和技术积累，增强企业自主创新能力，夯实企业在全球面板行业的话语权；加强与整个产业链的融合，从原材料、生产设备、制造工艺等方面寻求转型升级，与产业链上下游企业协同合作，推进柔性AMOLED显示形成产业规模；勇于探索未来显示技术的发展和需求，积极做好前瞻性的产业布局。

柔性显示将迎来增长机遇期，根据上述分析可知，柔性显示的市场规模和潜力非常巨大，各项新技术、新工艺在日新月异地涌现和发展。三星、苹果等全球知名企业正全力推进基于柔性显示的可穿戴化等新型光电产品的研发及量产，柔性显示必将成为下一代新型显示技术革命性发展与变革的引领者之一，未来发展前景极为广阔。

同时，5G等新技术的不断突破及应用，8K超高清显示技术都已成为行业技术发展的重要趋势，柔性显示行业将会迎来新的增长机遇期。

二、产业发展挑战

经过数十年的发展，我国发展新一代信息技术所依托的基础技术和相关的产业取得了较大进展，初步形成了比较完整的产业链。未来10年，得益于我国政策规划的红利效应以及产业结构升级效应、数据资源禀赋效应、中国模式的国际扩散效应，我国新一代信息技术还将迎来飞速发展。

新一代信息技术的发展是非常迅速的，围绕着“新技术、新工艺、新产品”的技术竞争一直在国家之间进行，尤其在科技发达的国家之间。谁掌握了新一代信息技术的某个领域，谁就在这个领域获得丰厚的回报。当前，世界经济依旧处于后金融危机时代的深度调整期，面对未来，机遇和挑战并存，技术将不断升级换代。我国现在拥有相对完整的信息产业链和较高的生产能力，因此，随着“一带一路”沿线国家信息化建设的深入，我国科技型企业也必将迎来难得的成长机遇。

（一）掌握核心技术，突破产业发展瓶颈

虽然我国在新一代信息技术的核心技术取得了一些成绩，从一个科技落后国家逐步成为一个科技强国，但是世界的发展是迅速的，我国仍旧有大量的核心技术受制于人。

我国的软件和集成电路技术依然落后国外先进水平。许多与芯片设计相关的软件完全依赖外国。我国大量器件依赖进口，仅有少量器件可由国内公司供应。高端光通信器件几乎完全由美日厂商主导，超过60%的防火墙、加密机及通信骨干网络设备中70%～80%的网络设备都来自进口，进口网络设备几乎覆盖了信息化应用的各个环节。由于在操作系统、专用芯片、大型应用软件，以及其他高端技术和服务等方面仍然依赖进口，我国的基础信息网络和重要信息系统很难做到安全可控。

移动终端领域操作系统被Android和IOS垄断，工业控制（实时）领域基本上被VxWorks垄断。新一代信息技术产业是受影响的重要领域之一。只要核心技术受制于人，信息产业大而不强，缺乏安全可控的产业生态支撑，我国的网络安全乃至国家安全就存在潜在风险和深层次隐患。

（二）信息安全与法律需要紧密结合

我国对网络安全立法工作一直十分重视，近年来《中华人民共和国网络安全法》《网络交易服务管理办法》等信息化相关法律法规文件陆续出台，涉及网络与信息系统安全、信息内容安全、信息安全系统与产品、电子商务、保密及密码管理等多个领域，为互联网健康发展提供了保障，但总体来看，我国信息化法治仍然处于被动适应的状态，需要与国家信息化发展同步进行。具体表现在信息化法律框架仍不完善、网络基础设施和用户权利的保护未能及时跟进、执法能力不强。

（三）建立健全知识产权保护制度

新一代信息技术产业作为知识密集、技术密集型产业，对知识产权保护需求特别迫切。我国的知识产权保护相比发达国家起步较晚，虽然建立了知识产权保护的机制，逐步完善了知识产权法律体系保护制度，但是因基础薄弱、发展不充分，目前仍存在着诸多问题。

一是我国信息产业知识管理跟不上发达国家潮流，随着经济全球化发展，我国信息技术企业发展面临着严峻的知识产权考验。近年来接连发生微信因涉嫌侵权在美国被诉、小米手机在印度因专利起纠纷等一连串知识产权纠纷事件。美国挑起的贸易战就是以“中国侵犯美国知识产权”为由。

二是我国自身知识产权保护观念较落后，知识产权保护意识也较淡薄。知识产权的概念在公众中仍是一个比较陌生的名词，企业经营者对信息知识产权重视不够，不尊重他人的知识产权，经常因侵犯他人知识产权陷入纠纷；许多企业也不重视自身知识产权，以致创新成果被他人抢先申请专利，造成经济损失。大部分企事业单位的知识产权管理制度不健全，企业运用知识产权战略的层次较低。

三是知识产权法律体系存在局部缺失，部分地区执法水平欠缺。

（四）进一步改革科研管理体制

我国政府对科研经费的投入大幅度增加，但科研管理体制和管理模式转变的步伐相对滞后。多头管理为特征的管理体制已成为制约科研高速、高水平发展的重要因素。我国当前还未形成统一管理的科研体系，发改委、工信部、科技部及中共中央网络安全和信息化委员会办公室等中央部委均参与国家信息技术产业体系管理，各自为政、科技资源“碎片化”现象严峻，在资源配置方面造成了条块分割、效率低下和重复浪费等现象。

【要点回顾】

本章在综合新一代信息技术的相关研究与国家统计数据的基础上，系统地描述了我国新一代信息技术产业的概念、发展情况以及未来的发展趋势与挑战。

【复习题】

1. 下列关于5G内容描述错误的是（　　）。

A. 2019年我国正式开启5G商用的时代

B. 5G具备高性能、高延迟与高容量的特点

C. 基于5G的优势，VR、超高清视频、工业自动化、无人驾驶、物联网等场景的应用将更加广泛

D. 5G能带来商业模式的升级和更新

2. 下列关于粤港澳大湾区发展情况描述错误的是（　　）。

A. 粤港澳大湾区经济发展程度较高，上下游供应链完备，产业生态系统完善

B. 广州是国家电子信息产业基地、云计算应用创新基地，是首批全国20个智慧城市试点市之一

C. 香港拥有多个技术园区，一些国际智能化、自动化等公司也在香港设立子公司或者分支机构，技术输出灵活多样

D. 澳门的产业结构单一，并存在着“极化”和实业“空心化”的现象，是发展新一代信息技术的“特殊空间”

3. 下列关于我国新一代信息技术产业趋势及挑战描述错误的是（　　）。

A. 目前我国软件和集成电路技术处于国际领先水平

B. 信息化法治仍然处于被动适应的状态

C. 我国在物联网多个方面取得了显著成效，成为全球物联网发展最为活跃的地区之一

D. 我国新一代信息技术产业科研管理体制和管理模式转变的步伐相对滞后

第三章

生 物 产 业

【学习目标】

1. 了解生物产业的定义和分类；
2. 熟悉生物产业的发展历程和发展情况；
3. 掌握生物产业的发展趋势及挑战。

【导入案例】

华大基因引领我国生物产业

1997 年 11 月，我国参与人类基因组计划（Human Genome Project，HGP）这一议题，在湖南张家界提出了一整套具有前瞻性的战略构想，孕育了我国基因组学的发展和未来。1999 年 9 月，华大基因为人类基因组计划而生，目前已成为全球最大的基因组学研发机构。华大基因通过遍布全球的分支机构和产业链与各方建立广泛的合作，将前沿的多组学科研成果应用于医学健康、农业育种、资源保存、司法服务等领域，推动了基因科技成果转化，实现了基因科技造福人类。华大基因组建了我国第一个国家级综合基因库——国家基因库，有效地保护、开发和利用我国宝贵的遗传资源，维护国家生物信息安全，提升了我国在生物技术领域的战略制高点。华大基因被顶级学术期刊《自然》评为“世界领先的遗传学研究中心”和“基因组学、蛋白质组学和生物信息分析领域的领头羊”，华大基因的创新发展已成为现代生物产业企业发展的典范。

第一节 产业定义及分类

一、产业定义

生物产业是以生命科学理论和生物技术为基础，结合信息学、系统科学、工程控制等理论和技术手段，通过对生物体及其细胞、亚细胞和分子的组分、结构、功能与作用机理开展研究并制造产品，或改造动物、植物、微生物等并使其产生期望的品质特性，为社会提供各种商品和服务的行业的统称。生物产业的形成，是一个从生物技术到工艺、产品、商业化，最终产业化的过程，从技术到产业的转化效率与成功率决定了生物产业发展的潜力和前景。生物产业将对解决人类健康、资源、环境、农业、工业等关乎人类社会的重大问题产生深刻影响，2013—2017 年全球生物产业产值增速持续保持在 20% 以上。许多发达国家都不约而同地把生物产业作为新的经济增长点来重点培育，加速抢占生物产业市场份额。

2012 年 12 月《国务院关于印发生物产业发展规划的通知》(国发〔2012〕65 号) 明确指出"生物产业是国家确定的一项战略性新兴产业，其目标是到 2020 年我国生物产业发展成为国民经济的支柱产业。"

生物产业作为当今世界经济中正在蓬勃兴起和迅猛发展的一个战略性新兴产业，主要包括生物医药、生物医学工程、生物农业、生物制造、生物质能等新兴产业领域。生物产业具有技术含量高、发展前景广、高风险、高成本、长周期、高收益的特点，产业化推进需要多年的持续投资。

二、产业分类

2018 年 11 月，国家统计局发布《战略性新兴产业分类（2018)》，对生物产业进行详细的分类，包括：

（1）生物医药产业。具体包括生物药品制品制造、化学药品与原料药制造、现代中药与民族药制造、生物医药关键装备与原辅料制造和生物医药相关服务。

（2）生物医学工程产业。具体包括先进医疗设备及器械制造、植介入生物医用材料及设备制造、其他生物医用材料及用品制造、生物医学工程信息技术服务和生物医学工程相关服务。

（3）生物农业及相关产业。具体包括生物育种、生物农药制造、生物肥料制造、生物饲料制造、生物兽药、兽用生物制品及疫苗制造和生物农业相关服务。

（4）生物质能产业。具体包括生物相关原料供应体系活动、生物质燃料加工和生物质能相关服务。

（5）其他生物业。具体包括生物基材料制造、生物化工制品制造、生物酶等发酵制品制造、海洋生物制品制造、其他生物工程相关设备制造和其他生物业相关服务。

第二节　产业发展历程

一、国际发展历程

众多发达国家都提前布局生物产业，早在2010年，欧美日各国就纷纷加强生物产业战略部署，加大生物产业方面的资金投入，抢占未来生物经济战略高地。

中国工程科技发展战略研究院编制的《2019中国战略性新兴产业发展报告》显示世界各国生物产业的发展历程具体情况为：2010年，德国启动了“2030年国家生物经济研究战略——通向生物经济之路”科研项目，2011—2016年投入24亿欧元用于生物经济的研发和应用；2011年12月，英国发布了《英国生命科学战略》；2012年4月，美国也发布了《国家生物经济蓝图》，该蓝图列出了推动生物经济将要采取的措施，以及为实现这一目标正在采取的行动；2013年，欧盟和美国先后启动“人脑工程计划”，目的是探索人类大脑工作机制，绘制脑活动全图，最终开发出针对大脑疾病治疗的有效方法；欧盟2014年启动“地平线2020”，将健康、生物经济等纳入战略优先领域；美国2016年启动‘癌症登月计划’，旨在显著降低癌症的发病率和死亡率，使癌症可预防、可发现、可治愈；同年启动“国家微生物组计划”，提出对微生物组进行全面深入的研究，并将研究成果广泛应用于医疗、食品生产及环境保护等重点领域。

二、国内发展历程

我国生物产业一直受到国家相关政策的扶持。从2006年开始，生物产业就备受关注，2012年12月，国务院印发了《国务院关于印发生物产业发展规划的通知》，明确提出“生物产业是国家确定的一项战略性新兴产业……其目标是到2020年我国生物产业发展成为国民经济的支柱产业。”

经过近二十年的努力，我国的生物产业已经逐渐与国际发展并行，甚至在某些方面走在国际前列，特别是在生物制药及基因组工程领域取得了突出成就。

根据发改委发布的《“十三五”生物产业发展规划》内容显示，“十二五”以来，我国生物产业复合增长率达到15%以上，2015年产业规模超过3.5万亿元，在部分领域与发达国家水平相当，甚至具备一定优势。我国基因检测服务能力在全球已处于领先地位，出口药品已从原料药向技术含量更高的制剂拓展，从中药中研制的青蒿素获得我国第一个自然科学的诺贝尔奖，高端医疗器械核心技术的突破大幅降低了相关产品和服务的价格。超级稻亩产突破1 000kg，达到国际先进水平。生物发酵产业产品总量居世界第一。生物能源年替代化石能源量超过3 300万t标准煤，处于世界前列。在京津冀、长三角、珠三角等地，一批高水平、有特色的生物产业集群初见雏形。我国生物产业已经具备加快发展、实现赶超的良好基础。面对激烈的全球竞争环境，我国要发挥好资源优势、市场优势、人才优势和经济规模优势，抓紧建设生物经济强国，在新一轮全球产业竞争中谋得有利位势。

2016—2020年我国生物制药行业大中型企业新产品产销规模呈较快增长趋势，随着生物医药产业技术不断突破、健康中国2030等政策不断出台。据艾昆纬（IQVIA）预计，到2020年，我国将成为仅次于美国的全球第二大生物医药市场。

第三节　产业发展情况

一、国际发展情况

（一）美国生物产业发展概述

美国生物产业处于世界霸主的位置，这与美国政府对生物产业的重视、资金在生物产业的投入以及相关法律的保障都密不可分。美国生物产业发展的具体情况如下：

美国占有世界一半的生物技术公司和生物技术专利，美国生物技术产品销售额占全球生物技术产品市场的90%以上。美国的生物科技、生物医疗及医药行业培养和雇用了全球75%以上的生命科学领域博士。从科研上看，在《自然》和《科学》等世界权威的自然科学杂志中，90%关于生命科学研究的文章源于美国研究机构。可以说美国确立了生物产业世界霸主的地位。美国生物产业世界领先与政府实施的多项政策措施是分不开的，包括：①政府的重视和有力促进。美国从联邦到州政府均设有专门的组织领导机构和专门的生物技术委员会来跟踪生物技术的发展，研究制定相应的财政预算、管理法规和税收政策。②美国生物医药企业具有多种弥补资金和营销网络缺口的方法来实现持续发展，例如，通过寻求更多的风险投资的支持、在资本市场上市、与有实力的企业结盟等方式，不断壮大自身的实力。③完善的法律保障。美国为保护和鼓励生物产业发展制定了《合作研究法》《技术转移法》《技术扩散法》《专利法》《知识产权法》《商标法》等法律来加强合作研究、鼓励发明创新并促进技术转让，形成了对知识产权、技术转让、技术扩散等方面强有力的法律保障体系。

（二）英国生物产业发展概述

英国在生物技术上为世界生物产业的发展做出了巨大贡献，同时英国生物产业在世界也处于领先位置。这得益于英国生物学科的发展和生物产业相关政策措施。英国生物产业发展具体情况如下：

英国生物技术在世界生物产业中始终占有重要地位。近几十年来，英国在克隆技术、基因治疗、生物医药等领域获得了巨大进展：DNA 双螺旋结构及单克隆抗体构造的发现、DNA 指纹印的发明、试管婴儿的问世、克隆羊“多莉”的诞生等都是英国生物技术为世界生物产业发展做出的卓越贡献。英国的生物技术和生物产业综合实力位居世界第二，国家 10% 的 GDP 直接受益于生物产业的发展。英国的生物产业得到快速发展的主要原因包括以下五点：

（1）实施多项有针对性的科技和产业政策。英国政府通过出台多项科技和产业扶持政策，大力支持基础科学研究，营造产业发展环境。

（2）实施税收优惠政策。英国政府鼓励研发，对科研投资予以税收补贴，对投资高新技术领域的中小型企业减免 20% 的税收，简化对知识产权的税收处理。

（3）发展风险资本支持技术创新。英国科技企业投资的 90% 来自风险资本，其中 85% 的风险投资用于发展高新技术企业，中间很大一部分投向了生物技术企业。

（4）促进生物技术人才的培养，建设研发平台。英国政府在剑桥大学、牛津大学设立“功劳奖”以减少人才外流，强化工业培训，加强对生物技术等高技术人才的培养。

（5）建立和完善科技中介服务网络。科技中介通过向企业提供有关如何利用生物技术降低企业成本、改进产品质量、改善环境等方面的信息咨询服务，加强研发单位与企业的合作，促进科技成果的商业化开发。

（三）日本生物产业发展概述

日本生物产业位于世界前列，尤其在发酵工程技术及产业占全球主导地位；

众多领域尽管起步较晚但也得到了国家政策支持，呈现快速增长趋势。日本生物产业具体发展情况如下：

目前，日本的生物技术及产业发展居于全球前列，日本政府通过优化发展战略、完善相关机构、加大资金投入、促进政产学结合等方式加速发展生物技术与产业。日本生物技术产业的科技文献和专利申请量在全球位于世界前列，通过政府的政策扶持和产业界的努力，日本的生物产业市场呈逐年增长态势。现在日本在发酵工程、基因工程、单克隆抗体制备、生物环保、生物能源等多个生物技术产业领域均具有独特优势，在药物发现、生物服务、生物仪器和功能食品等方面具有良好的前景。例如，日本的发酵工程技术及产业一直占世界主导地位，抗生素、氨基酸和酶的研究、开发及生产能力居世界首位。

二、国内发展情况

从我国国家、省、市等各级政府部门发布的规划政策报告以及由我国发改委高技术产业司、中国生物工程学会出版的《中国生物产业发展报告 2017》内容显示，医药行业的发展契合我国经济新常态的特征：增长进入换档期，由高速增长转为中高速增长，而行业发展要依靠改革、调整和创新驱动。

生物产业近十年来在我国取得了快速发展，已成为我国经济社会持续发展的重要推动力量。在这种情况下，制定适合的产业政策以鼓励助长生物产业的进一步发展，是我国政府必须面对的一个现实问题。近几年我国生物产业发展总体上保持较高增速，成为支撑经济平稳健康可持续发展的关键力量。我国生物产业以生物医药为重中之重，以下将从医药产业现状、医院用药现状和医药产业政策环境三个方面着重介绍生物医药产业。

（一）医药产业现状

我国医药产业包括化学原料药制造业、化学药品制剂制造业、中药饮片加工制造业、中成药制造业、生物药品制造业、卫生材料及医药用品制造业、医疗仪器设备及器械制造业和制药机械制造业八个子行业。目前关于我国医药产业比较系统完整的最新统计数据截至 2016 年年底。我国医药产业的现状可以从主营收入与利润总额、经济效益和研发投入、资产投资和并购重组等三大方面进行描述。我国医药行业进入到新一轮企业兼并重组，呈现规模发展与扩大的趋势，而且医药产业是未来产业发展的新星及发展强度较高的产业。例如，2016 年有医药工业企业 8 377 家，较 2015 年增长了 5.5%；2016 年医药主营业务收入增速比全国工业增速高出 5% 以上，而利润总额增速比全国工业增速高出

7%以上。具体指标如下：

1. 主营收入与利润总额同步提升

根据工业和信息化部发布的《2016年医药工业主要经济指标完成情况》显示，2016年医药工业规模以上企业实现主营业务收入29 635.86亿元，同比增长9.92%，高于全国工业增速5.402个百分点；2016年医药工业规模以上企业实现利润总额3 216.43亿元，同比增长15.57%，高于全国工业整体增速7.07个百分点。2016年规模以上医药工业主营收入利润率为10.85%，较上年有所提升，高于全国工业整体水平4.88个百分点。

2. 经济效益和研发投入加强

近年来我国企业对创新研发重视程度在不断提高，研发费用不断增长，据国家统计局发布的年度《全国科技经费投入统计公报》显示，医药制造业规模以上工业企业研究与试验发展（R&D）经费情况，2013年投入为347.70亿元，研发经费投入强度1.69%；2017年达534.20亿元，研发经费投入强度1.97%，投入强度进一步加强。

3. 资产投资和并购重组活跃

在“十三五”规划的统领与激烈的市场竞争的推动下，企业兼并重组规模增长，大型企业集团纷纷组建成立。2016年医药制造业完成固定资产投资6 299.00亿元，投资总量增加487.00亿元，同比增长8.40%，增速较上年下降3.5个百分点，高出全国工业整体增速4.8个百分点，生物制药领域建设和提升质量体系水平的新投资增加较多；医药工业500强呈现规模水平扩大、增长速度加快、综合实力提升的特点。国药集团、华润医药等国企和上海医药等一批地方重点企业集团领衔医药工业兼并重组浪潮，推动了新一轮的医药工业结构改革。

（二）医院用药现状

我国医院用药现状目前还是以西药为主，以大医院作为主要销售渠道。各种药类用药量都有不同程度的增幅。

据IMS Health分析，2016年全国的医院用药市场已经超过1万亿元。与一贯的趋势一样，医院渠道里处方西药占绝对的主导地位，占比接近80%。大医院作为主要的销售渠道，贡献了63%的市场份额，其2016年市场容量接近7 000亿元，大医院市场整体的增速为8.1%，但相对来说社区卫生中心和乡镇卫生院的增长远远高于大医院。

（三）医药产业政策环境

医药行业作为弱周期行业，受国家政策影响较大，政策环境对于行业运行状况有重要的影响。2017年是医药政策大年，国家级发布文件涵盖了医药、医疗、医保以及流通四大领域下几乎所有的细分方向。纵观行业颁布的政策，主要目的分为加强监管、完善医保改革、促进中医药事业发展、推动药品医疗器械产业和鼓励创新药上市五个方面。

1. 国家药品安全规划发布，监管更加严格

为保障人民群众的用药安全，2017年2月14日，国务院发布的《“十三五”国家药品安全规划》提出四大原则：“维护公众健康，保障公众需求；深化审评审批改革，提升监管水平；鼓励研发创新，提高产品质量；加强全程监管，确保用药安全有效。”

2. 医保支付方式改革指向多元复合支付

2017年6月28日，国务院办公厅印发的《关于进一步深化基本医疗保险支付方式改革的指导意见》指出：“从2017年起，将进一步加强医保基金预算管理，全面推行以按病种付费为主的多元复合式医保支付方式。强化医保对医疗行为的监管，将监管重点从医疗费用控制转向医疗费用和医疗质量双控制。”

3. 中医药法正式实施

我国首部全面系统地体现中医药特点的综合性法律《中华人民共和国中医药法》于2017年7月1日正式实施。这在中医药发展史上具有重要的里程碑意义，有助于继承和弘扬中医药，保障和促进中医药事业发展。

4. 政策推动药品医疗器械产业瞄准世界先进水平

2017年10月8日，中共中央办公厅和国务院办公厅联合印发了《关于深化审评审批制度改革鼓励药品医疗器械创新的意见》，这对我国医药产业创新发展具有里程碑意义。其在临床试验、审评审批流程以及政府支持方面提出了改革性的要求，目的是为了促进药品医疗器械产业结构调整和技术创新，缩小上市产品质量与国际先进水平地差距，满足公众的临床需要。

5. 鼓励创新药上市再出新政

2017年10月10日，国家食品药品监督管理总局发布了《关于调整进口药品注册管理有关事项的决定》。为鼓励新药上市，满足临床需求，其调整的事项主要有三个方面：一是允许同步研发申报；二是优化注册申报程序；三是取消

部分进口药品在境外上市的要求。

三、大湾区发展情况

（一）深圳市

深圳生物产业在空间链、产业链和创新链上都已相当完整和成熟。坪山国家生物产业基地和国际生物谷两大生物产业区均已引入众多重点项目。深圳已基本形成较为完整的生物医药产业链，在众多领域不仅领先全国，在国际上也处于领先位置。同时深圳在生物产业创新上也显著提升，在人才引进、重点实验室建立、相关专利、商标、专著数量等方面都有优异的成绩。

深圳从2009年开始重点打造生物医药产业集群以来，生物产业规模保持高速增长。2017年深圳生物医药产业规模超过2 400亿元，高端生物医学工程、基因测序和生物信息分析、细胞治疗等技术跻身世界前沿行列。从工业增加值来看，深圳生物产业工业增加值总体保持增长，2019年深圳生物医药产业增加值约337.81亿元，增长13.3%。

1. 空间链

目前，深圳基本形成了以坪山国家生物产业基地、国际生物谷两大生物医药产业集聚区为主导的产业空间格局。

（1）坪山生物产业基地。坪山生物产业基地是全国首批、深圳唯一的国家级生物产业基地。基地规划了“一核”“一廊”“四分区”的空间结构，其中：“一核”是生物产业创新综合体；“一廊”是沿荣田河打造的生态景观和生活配套所形成综合服务走廊；“四分区”是生物医疗器械区、生物医药产业区、生物服务区、生物产业综合发展区。经过多年发展，基地已经吸引了120余家知名生物医药企业和产业化平台项目入驻。

（2）国际生物谷。国际生物谷于2013年由深圳市政府主导建设，围绕生命信息、生物医学工程、生物医药与高端医疗、生命健康服务、生物资源开发、生物环保与制造等重点发展产业领域，规划构建“一库一院两园多平台”的产城融合格局，重点发展国家基因库、中国农科院深圳生物育种创新研究院、生命科学产业园和海洋生物产业园等空间载体。国际生物谷已引进多个国际知名团队，包括“DNA之父”詹姆斯·沃森正在推进建设的“沃森生命科技中心”，巴里·马歇尔建设的幽门螺旋杆菌检测及精准医疗中心，美国三院院士伯纳德·罗兹曼的罗兹曼转化医学研究院。

2. 产业链

目前，深圳已基本形成较为完整的生物医药产业链，其基因检测、生物信息、医学影像等领域在全国具有领先优势，并培育了生物疫苗、干细胞等特色领域，在众多领域已涌现出一批国家级龙头企业和创新型企业。在基因检测领域，国家基因库落地深圳，是目前世界最大的基因库，未来将为深圳市基因检测的发展提供强大平台支撑。深圳还拥有基因检测领域龙头企业华大基因以及基因治疗领域创新研发型企业赛百诺等一批优势企业。其中，华大基因依托先进的技术平台、丰富的临床经验以及庞大的基因数据库等多项核心优势，已发展成为全球领先的基因测序企业；在医疗器械领域，深圳集聚培养了迈瑞医疗、理邦、先健等一批优秀企业，其中迈瑞医疗已发展成为中国最大、全球领先的医疗器械及解决方案供应商，产品覆盖生命信息与支持、体外诊断、医学影像三大主要领域；在医药领域，深圳培育了国药一致、海王集团、华润三九等国内知名企业。另外，深圳吸引了赛诺菲巴斯德和葛兰素史克两大国际疫苗巨头落户，极大地增强了深圳在疫苗领域的优势。

3. 创新链

深圳生物产业各类创新主体活跃，自主创新能力显著提升。目前，深圳生物医药领域已建成各类创新载体300多家，其中国家级超过20家。在基础研究领域，深圳市积极引进高技术创新人才，引进生物生命健康领域孔雀团队超过40个、“千人”专家30名、高层次医学团队70个以上；吸引了北京大学、清华大学、哈尔滨工业大学等知名学府在深圳建立校区；并通过高校或其他的平台频频牵手诺贝尔奖得主，建立诺贝尔奖获得者领衔的实验室，如已建成的劳特伯生物医学成像研究中心、兰迪·谢克曼国际联合医学实验室等知名实验室。

（二）广州市

广州生物产业在空间链上聚集态势明显；产业链有以化学药、现代中药和医疗器械为主，其他特色领域为辅，同时发展具有潜力的产业体的特点；广州生物产业的创新链各方面都有突出优势。

2016年，广州医药制造业总产值为278亿元，生物与健康产业实现增加值431.19亿元，占战略性新兴产业增加值的比重为21.6%；2018年，广州生物医药与健康产业实现增加值587.81亿元，近三年年均增长9.5%。《广州市生物医药产业发展五年行动计划（2017—2021年）》提出：到2020年，广州力争生物产业规模实现4 000亿元，增加值达1 000亿元，其中生物医药制造业产值实现800亿元。

1. 空间链

广州生物医药产业聚集态势明显，形成了以广州科学城、中新广州知识城、广州国际生物岛“两城一岛”为核心，健康医疗中心、国际健康产业城、国际医药港等产业特色园区协调发展的“三中心多区域”的生物医药产业格局，突出创新创业生态建设，引入重大创新项目。同时广州各产业空间载体依托现有产业基础和广州生物医药产业布局，形成了差异化的定位。

2. 产业链

广州形成了以化学药、现代中药和医疗器械为主体，具备干细胞与再生医学、体外诊断产品及检验服务、海洋生物等特色优势，培育生物制药、生物医用材料、精准医疗等领域潜力的产业体。截至2018年年底，广州生物医药领域共集聚94 030家企业，其中8%为研发生产型企业，培育和引进了百济神州、香雪制药、金域医学、达安基因等一批细分领域龙头企业。

3. 创新链

广州生物产业创新链具有创新平台集聚、创新成果突出、创新资本活跃和创新人才积聚四大特点。

（1）创新平台集聚。广州拥有61家三甲医院，其中中山大学附属第一医院、南方医科大学南方医院在全国三甲医院排名前列，承担了多项国家自然基金项目，是生物医药产业重要的创新载体。广州集聚了丰富的高等院校资源，拥有综合型院校及医学类高端院校26所，其中医学类高等院校4所。同时还有中国科学院广州生物医药与健康研究院、呼吸疾病研究所、广州再生医学与健康广东省实验室等重要基础研究平台。

（2）创新成果突出。广州在新药研发领域创新成果突出，有89个新药获批开展临床研究，19个新药取得生产批件。截至2018年10月，广州获得有效国产药品批准文号3 492件，主要集中在化学药品和中药，获得有效国产医疗器械注册证3 842件，主要集中在Ⅱ类产品和医用卫生敷料、临床检验分析仪器、医用高分子材料及制品。

（3）创新资本活跃。广州注册有72家投向领域为生物医药产业的投资机构，包括PE机构35家、VC机构27家、战略投资者7家、其他2家，累计投资数量达1 238起。2017年，广州市政府主导的总规模100亿元的广州市生物医药产业投资基金于成立，将发挥政策导向和杠杆放大作用，引导社会资本聚焦投资广州生物医药产业领域，为产业发展提供更有力的资本支撑。

（4）创新人才积聚。在生物医药、健康医疗等重点发展领域，广州吸引和培养了5名诺贝尔奖获得者、12名两院院士、50名“千人计划”专家、20名“万人计划”专家。通过各类平台建设，吸引了钟南山、裴钢、裴端卿、裴雪涛、邓宏魁等一批领域内具有影响力的专家学者，以及院士、“国家杰出青年”等在内的一大批高水平人才和团队。

（三）珠海市

珠海生物产业目前仍处于起步阶段，其空间链依托政策正在大力建设；以药品制造业为主体、医疗器械为支撑、保健品和化妆品为特色的生物医药产业链也已基本形成；创新链也正在高速发展中。

珠海作为粤港澳大湾区的创新高地，是“一带一路”的重要节点城市。在港珠澳大桥建成后，珠海成为内地唯一与香港、澳门陆桥相连的城市，其优越的地理位置将为企业“走出去”带来便利的信息流、资金流和物流，未来有望迈入千亿健康产业集群，并成为独具特色的“南方药谷”。

1. 空间链

根据2013年发布的《珠海市进一步扶持生物医药产业发展的若干政策》显示，珠海正统筹推进粤澳合作以及横琴中医药科技产业园、金湾生物医药产业园、富山生物医药产业园和唐家湾医疗器械研发产业基地的建设，努力打造区域性新药创制中心、全国一流的生物医药产业基地和全球生物医药资源新型配置中心。如位于横琴新区的粤澳合作中医药科技产业园，是《粤澳合作框架协议》首个落地项目，承担着推动粤澳产业合作和促进澳门经济适度多元发展，以及建设中医药产业对外输出的国际平台的重要使命。

2. 产业链

当前珠海已形成以药品制造业为主体、医疗器械为支撑、保健品和化妆品为特色的生物医药产业体系。丽珠制药、联邦制药、和佳医疗、宝莱特电子和汤臣倍健等多家企业龙头带动作用明显，润都、健帆等新兴企业发展势头迅猛。截至2018年12月底，珠海共有药品生产企业261家，医疗器械生产企业339家。

3. 创新链

近年来，随着对创新药研发和投入力度不断加大，珠海药企的新药出现了集中爆发的态势。以联邦制药为例，2017年5月，该药企对外宣布其最新研制的长效胰岛素“甘精胰岛素”原料药及注射液正式向全国发售，这款产品代表了全球胰岛素技术最高水平，是第三代胰岛素，全世界不超过5家企业有能力生产。此外，在生物药领域，丽珠制药的单抗类药物研发已达到世界先进水平。

第四节　产业发展趋势及挑战

一、产业发展趋势

生物医药、生物农业和生物制造是我国生物产业中最重要的三个领域。我国的生物医药产业目前正处于高速增长阶段，多个数据均有显著提升，在技术方面有众多突破，在生物农业方面一直保持在世界前列，生物制造产业规模也正在不断扩大。下面将从生物医药、生物农业和生物制造这三个方面详细介绍我国生物产业发展趋势。

（一）生物医药

生物医药产业作为我国战略性新兴产业之一，正呈爆发式增长，年均复合增长率达到20%，位列全球第一。2016—2019 年，我国生物医药市场总体规模从1 836 亿元增加到3 172 亿元。按年均复合增长 20% 计算，预计到 2025 年，我国生物医药市场总体规模将达到8 332 亿元。从我国生物医药市场结构来看，化学药和中成药成为拉动整个行业快速增长的主要力量。

在新药研发方面，盐酸埃克替尼是我国首个拥有完全的自主知识产权的小分子靶向抗癌药；我国自主研发的治疗病毒性肝炎的 1 类新药长效干扰素上市，打破国际垄断，大幅度降低医疗成本，具有广泛应用前景。我国自主研究的临床应用小分子靶向药物，部分已获国际权威机构批准可用于临床。在疫苗研发方面，手足口病疫苗和 Sabin 株合能灰质炎灭活疫苗研制成功；重组埃博拉疫苗在非洲塞拉利昂开展的Ⅱ期 500 例临床试验取得成功，这是我国疫苗研究首次走出国门后的历史性突破；以流感病毒为模型，发明了通过人工控制病毒复制将病毒直接转化为疫苗的技术，该研究成果被称为一种革命性的发现，大幅缩短了转化应用的进程。

此外，我国基因检测服务能力在全球已处于领先地位，出口药品已从原料药向技术含量更高的制剂拓展，高端医疗器械核心技术的突破大幅降低了相关产品和服务的价格。

（二）生物农业

我国生物农业产业在全球一直都位于领先地位。在肥料、生物饲料、农作物品种培育等多个方面均有优异的表现。

农业方面，截至2018 年 12 月底，我国已有微生物肥料企业 2 050 家、登记产品6 528个、产值400亿元，且产能已达到3 000万t，在新型肥料中年产量占比70%，成为我国新型肥料中年产量最大、应用面积最广大的品种。与传统肥料相比，微生物肥料在保护生态、利用农业废弃物资源、维护土壤健康、提高肥料利用率和农产品品质等方面具有优势。2018年，饲用酶制剂的年均产值达22.19亿元，农作物种业市场产值达到650多亿元；我国可生产农药品种达500多个；生物饲料产业的市场总值达到每年180亿元，并以年均20%的速度递增。

在农作物品种培育方面，我国超级稻育种技术和转基因植物的研究水平及转化应用已经进入国际先进行列，截至2018年年底，全国超级稻累计推广应用14.8亿亩，年种植面积由2005年的3 837万亩扩大到了2013年的1.3亿亩，所占水稻种植面积比重由8.7%提高到30%。在生物反应器研究方面，我国采用水稻胚乳细胞生产的重组人溶菌酶和人乳铁蛋白进行治疗儿童腹泻制剂的配制；利用奶牛乳腺生物反应器生产重组人乳铁蛋白；以水稻生产植物源重组人血白蛋白等。在纳米农业方面，我国利用纳米材料的小尺寸效应、表面效应等特殊性质，构建具有靶向传输与智能释放功能的农药、兽药、疫苗和饲料等新产品，实现传统农业投入品的提质增效与节量、减排；将农药粒子从传统的5μm降低至100nm，减少了叶面农药脱落，提高了利用度；利用纳米材料负载农药粒子，根据作物防治的时效特性等需求，通过微囊化技术实现了药物的控制释放等。

（三）生物制造

我国在生物制造产业上发展迅速，产值、出口量等多项数据增幅明显，且在环保方面有了进一步提升。生物制造产业基地也正在成长，区域分布逐渐成形。同时多个技术也在不断突破和创新。

2016年，我国发酵行业主要产品产量达到2 629万t，与2015年相比增长8.3%，扭转了之前一直低位徘徊的局面。其中，氨基酸实现了快速增长，淀粉糖、酶制剂、酵母、功能发酵制品保持了稳定增长，多元醇行业小幅增长，有机酸行业负增长。2016年主要出口产品的出口量达到408万t，同比增长18.6%，大大高于2015年3.3%的增幅。此外，我国在绿色生物工艺的应用方面也取得了显著成绩。“十二五”期间，生物技术在发酵、化工、制药、纺织、造纸、饲料等行业的应用实现了污染物产生量减少15%、化学需氧量产生量减少约200万t，排放量减少约20万t，能耗降低10%以上、节约用水10%以上。燃料替代方面，2016年中国燃料乙醇产能为271万t，燃料乙醇消费量为260万t，乙醇汽油占全国汽油消费总量的1/5。2017年9月，发改委、国家能源局、财政部等15部委印发了《关于扩大生物燃料乙醇生产和推广使用车用乙醇汽油的实施方案》，提出到2020年，乙醇汽油在全国基本实现全覆盖。

生物制造相关企业布局已由中小企业为主体转变为大企业、大集团占主导地位的格局，形成了一批跨地区、跨行业且具有较强竞争力的优势企业。产业基地正在成长，区域分布逐渐成形，在山东、江苏、湖南、安徽、浙江、河北、内蒙古、云南等主要生物产业集聚区，生物制造产值超过2 000亿元。同时受原料供应、环境保护和生产成本等因素的影响，生物制造的产业布局由沿海港口等经济发达地区向原料产地转移的趋势愈加明显。

此外，工程菌育种、工业酶分子改造、生物过程控制与优化、生物产品分离等核心技术能力不断取得突破，技术创新活跃，获得专利成果的数量也逐年递增；生物炼制、生物催化等生物制造技术体系不断取得重大创新和产业应用。

二、产业发展挑战

虽然我国生物产业具备加快发展的有利条件，但仍存在一些突出问题和制约因素。主要是：科技成果转化率低；中介体系不完备；高素质人才缺乏；以企业为主体的创新体系亟待建立；融资渠道不畅，发展资金严重匮乏；产业结构不合理，龙头企业规模和带动性不强；管理体制不完善，缺乏配套的税收等扶持政策等。这些情况普遍存在于我国大部分生物产业集聚区，严重制约了我国生物产业的发展，具体所面临的挑战主要有以下五个方面：

（一）我国研发创新能力与国外发达国家相比还需迎头赶上

目前我国生物产业大部分还处于模仿阶段，自主研发和创新的项目和欧美、日本等发达国家仍有明显差距。在人才引进、技术成果转化等方面都面临着不同程度的难题。

从我国企业研发创新角度看，很多企业存在重生产轻研发的问题，一些企业的研发人员仅仅起到技术辅助和药品仿制的作用，缺少真正的新产品研制和创新。当前，全球绝大部分生物技术创新和专利来源于欧美、日本等发达国家，我国的生物技术主要是跟踪国外发展、以仿制为主。我国在生物经济领域高端人才引进不够，高水平的原创性科研成果产出难，现以低水平的跟踪和复制为主；人才结构不尽合理，熟悉企业发展和产业开发的人才匮乏；生物经济创新链下段的创新性不足；熟悉国际审批监管法规、知识产权法规的人才不足，这间接影响了我国生物经济产品走入国际市场的步伐。与此同时，在有限的生物科技成果面市之后，大多数科研院所、企业面临成果转化难、转化率低的问题。我国生物产业在成果产业化方面与发达国家的差距较大，成果转化率普遍不高。

因此，政府应支持高校、科研院所等开设战略性新兴产业领域相关专业，从而提升科技创新能力，强化核心技术攻关。首先，加强基础科学研究力度。

支持企业和高校联合开展基础科学研究、先进技术研发等，在若干生物产业战略领域和方向，加快布局国家实验室，重组国家重点实验室体系；其次，增强生物产业链整合创新能力，构建“开放、协同、高效”的共性技术研发平台，推动生物产业国有大型企业增加研发投入；最后，加快科研成果产业化，激发科研人员创新活力，搭建基础研究和产业化应用的快车道，构建科研成果转化平台。

（二）投融资渠道还需完善

我国资本市场尚不完善，如何获得足够的资金支持也是我国生物产业需要尽快解决的难题之一。我国绝大多数生物企业规模偏小，缺乏信用、资产抵押等条件，贷款融资困难。而且由于国内创业风险投资机制相对缺失，资本市场、担保体系不健全，以技术为导向的投融资体系尚未成型，生物企业科研成果无论在初创阶段还是产业化阶段都很难得到足够的资金支持。针对这一问题，很多地方政府设立了投融资平台，但由于体制机制尚未理顺，此类平台的作用尚未显现。

为推动生物产业发展，政府可带头助力生物产业稳投资、稳增长。首先，生物产业发展需向集群式发展迈进，促进科技、人才、资本等要素集聚和产业链协同，加速打造具有全球竞争优势的生物产业集群；其次，加大重点项目投资，实施一批龙头企业培育项目，重点支持产业生态优化和集聚发展项目，择优给予优惠利率贷款、贷款审批“绿色通道”等金融支持并加快行业共性技术服务平台和产业协同育人平台建设；最后，加强政府引导作用，发挥国家级基金投资引导作用，支持地方政府联合国家级基金设立子基金，支持领军企业开展供应链金融服务。

（三）龙头企业相对缺乏

我国生物产业的梯队结构不合理，处于市场竞争底层的小企业数量不少，能够进入金字塔高端、具有集群带动性的龙头企业则相对匮乏。企业规模普遍较小，大型生物企业严重缺乏。此外，尽管全国已经建立了多个生物产业集聚区，但企业间沟通协作很少，产业集中度仍然很低。与此同时，由于缺乏创新，导致很多企业产品结构趋同，市场竞争无序，进而造成企业利润低、积累弱，难以步入良性发展轨道。

为扩大高水平开放，政府可通过不同措施支持生物产业领军企业与跨国公司共同开展产品、技术、市场等合作，形成产业、技术联合体。推动建立一批国际研发中心，构建全球创新发展网络；加快融入国际市场，研究形成生物产业领域与发达国家产品质量互认机制，支持生物产业领军企业牵头或参与制定行业国际标准、商业规则和贸易体系；加大国际合作力度，鼓励企业联合金融机构、行业协会等打造“出海”联盟，推动企业“走出去”和技术“引进来”。

（四）专业公共服务急需加强

我国生物产业还受到专业公共服务不足的影响。生物技术平台建设对企业研发创新有非常重要的作用，可以降低企业资金的投入、研发成本，降低企业的研发风险。但地方政府长期以来对专业性公共服务不够重视，政府投入不足，平台建设滞后。当前虽然已有部分发达地区建立了生物医药专业平台，但大部分地区仍然是有计划无行动，或者平台建成后未得到推广使用。专业平台建设的缺乏严重制约了生物企业发展，甚至影响了整个产业的发展。

与此同时，虽然各地纷纷提出建立生物产业集群，但缺少公共服务平台及真正的产业链关联，集群大多名不副实。一般来说，生物产业集群的模式有要素共享模式和产业链模式两种，由于大多数区域的生物产业没有具备明显优势的一体化特色产业链，决定了其集群方式应以要素共享模式为主。但很多地区，尤其是中西部地区在生产原料、基础设施、资本要素、人才资源、技术平台等要素聚集上尚未形成较强的凝聚力，进而没有形成集群化的发展模式。

因此，未来需要加大创新公共服务支持力度，提高服务实体经济能力。首先，政府要进一步扩大直接融资，鼓励生物产业中优质中小企业上市或科创板上市；其次，深化政银企合作机制，引导金融机构加大对领军企业和创新型优质中小企业的支持，鼓励政策性银行设立中长期、低成本的生物产业贷款计划；再次，加快推进金融创新，设立若干生物产业金融创新实验基地，加大科技保险和金融租赁服务支持范围，优化生物产业供给侧结构，促进形成强大国内市场，加快创造消费新需求；最后，引导企业积极开拓新兴市场，加快细胞治疗、基因测序等新技术、新产品的推广应用，加快生物和生命健康公共服务转型。

（五）产业生态体系有待健全

我国生物产业体系目前还不够完善，众多制度和政策落后，监管和成果孵化体系也并不健全。生物产业涵盖面较广，研发、生产、安全监管、进出口、人才培养等管理分散在多个委办局等。由于缺乏对重大问题的协调决策机制，难以体现国家战略和国家意志。与生物产业发展相关的科研创新体制、医药卫生体制、投融资体制、产品评价机制、产品定价机制、转基因市场准入制度、政府采购制度、企业评价制度等改革滞后，我国与生物经济技术和产业发展密切相关的审批、采购、知识产权保护等制度和政策不能适应新时代的创新创业要求，统一的管理机构和对于我国生物经济发展的统筹规划产业生态体系不完善，监管体系革新与快速发展的生物经济不适应，高校及科研院所的科研成果孵化体制不健全，现有财税政策对扶持生物制造产业发展的力度不到位，难以适应大规模产业化需要。

政府可通过加大医改力度，培育壮大生物产业生态体系。首先，推动鼓励创新的医改举措，加大知识产权保护力度，健全知识产权侵权惩罚性赔偿制度，全面实施市场准入负面清单制度，降低制度性交易成本，营造公平竞争市场环境；其次，完善事中事后监管，针对生物产业精准施策，形成动态调整监管机制，明确监管主体责任，积极探索跨部门协同监管机制；最后，深入推进监管制度改革，加强社会信用体系建设，加强对生物产业新业态、新模式的监控。

【要点回顾】

本章在生物产业的相关研究与国家统计数据和政策的基础上，系统地描述了我国生物产业的定义和分类、国内外生物产业发展历程、国内外生物产业发展情况以及生物产业发展的趋势和挑战。

【复习题】

1. 根据战略性新兴产业发展部联席会议办公室在2018年9月发布了关于对《战略性新兴产业重点产品和服务指导目录（2016版）》征求修订意见的公告，（　　）不属于生物产业的分类。

A. 生物医药产业

B. 医疗器械产业

C. 生物农业产业

D. 生物制造产业

2. （　　）不在广州生物产业空间链上。

A. 健康医疗中心

B. 国际生物谷

C. 国际健康产业城

D. 国际医药港

3. 下列关于我国生物产业面临的挑战描述错误的是（　　）。

A. 专业公共服务不足

B. 我国生物产业的成果转化率普遍不高

C. 生物产业涵盖面不够广泛

D. 国内资本市场、担保体系不健全

第四章

数字经济产业

【学习目标】

1. 了解数字经济产业的定义和分类；
2. 熟悉数字经济产业的发展历程和发展情况；
3. 掌握数字经济产业的发展趋势及挑战。

【导入案例】

数 字 经 济

截至2020年3月，全球市值最高的十家公司排名为：沙特阿美、苹果、微软、亚马逊、谷歌、阿里巴巴、Facebook、腾讯、强生、VISA。其中有七家属于数字经济产业范畴。

以互联网为代表的数字技术正在加速与经济社会各领域深度融合，日益成为引领经济社会发展的先导力量，也成为世界各国在新时代培育经济新动能、构筑竞争新优势、推动经济社会转型的重要方向。

第一节　产业定义及分类

一、产业定义

G20杭州峰会发布的《二十国集团数字经济发展与合作倡议》指出，数字经济（Digital Economy）是指以使用数字化的知识和信息作为关键生产要素，以现代信息网络作为重要载体，以信息通信技术的有效使用作为效率提升和经济结构优化的重要推动力的一系列经济活动。

数字经济超越了信息产业部门的范围。20 世纪六七十年代以来，数字技术取得了巨大进步，促使信息产业快速成为重要的战略性新兴产业部门。数字技术作为一种通用的技术，可以成为重要的生产要素，广泛应用到各行各业，促进社会全要素生产率的提升，开辟出全新的经济增长新空间。因此，数字技术与各行业深入融合，深入应用，可以全面改造经济面貌，塑造经济新形态。

根据中国信息通信研究院的研究，数字经济是继农业经济、工业经济之后的更高级经济阶段。数字经济是以数字化的知识和信息为关键生产要素，以数字技术创新为核心驱动力，以现代信息网络为重要载体，通过数字技术与实体经济深度融合，不断提高传统产业的数字化、智能化水平，加速重构经济发展与政府治理模式的新型经济形态。数字经济的概念蕴含着丰富的内涵，需要从多方面深刻认识。

数字经济是一种技术经济范式。数字技术具有基础性、广泛性、外溢性、互补性等特征，能够带动经济社会新一轮阶跃式的发展和变迁，推动全社会经济效率大幅提升，引导基础设施、关键投入、主导产业、管理方式、国家调节体制等经济社会最佳惯行方式的变革。伴随互联网与电信技术的快速发展与融合，互联网企业、电信运营商和手机终端设备产业出现跨界竞争现象，移动互联网使人们不再被物理空间限制，深刻改变了人类的生活方式。

数字经济是一种经济社会形态。对数字经济的认识，需要拓展范围、边界和视野，成为一种与工业经济、农业经济并列的经济社会形态。需要站在人类经济社会形态演化的历史长河中，全面审视数字经济对经济社会的革命性、系统性和全局性影响。

二、产业分类

从数字经济的内部构成来看，数字经济包括三大部分：一是数字产业化，也称为数字经济基础部分，即信息通信产业，具体业态主要包括电子信息设备制造、计算机服务和软件业、其他信息相关服务，以及由于数字技术的广泛融合渗透所带来的新兴行业，如云计算、物联网、大数据、互联网金融等。典型企业有华为、腾讯、富士康、京东方等。二是产业数字化，使用部门因此而带来的产出增加和效率提升，也称为数字经济融合部分，包括传统产业由于应用数字技术所带来的生产数量和生产效率提升，其新增产出构成数字经济的重要组成部分。这一部分是数字技术对传统产业增加的边际贡献，如传统的家具制造企业通过部署数字化的生产系统根据消费者需求生产定制化产品而带来的效益的提升，就属于这一部分。三是数字化治理，包括治理模式创新，利用数字技术完善治理体系，提升综合治理能力等。例如，政府通过建立高度智能化的交通信息平台，提高决策水平和治理水平，优化交通体系运行，进而提升经济运行效率，就属于这一部分。

从数字经济的技术体系来看，大数据、人工智能、移动互联网、云计算、物联网、VR/AR 等已成为数字经济时代的支柱技术。数字经济的发展得益于大数据、物联网、移动互联网、云计算等新技术的突破，以及人工智能、虚拟现实、区块链等前沿技术的进步。

从数字经济的发展框架来看，数字经济包括“基础型—资源型—技术型—融合型—服务型”五大类，现已基本形成以工业数字化、农业数字化、服务业数字化、公共服务数字化为支柱的数字经济体系。当前，数字经济涉及微观（电子商务、数字市场和数字企业）、中观（新型数字产业）和宏观（经济社会变革）三大层次，并逐步从以电子商务、信息技术等为主要内容发展到娱乐出版、工业控制、物流运输、军事工业等所有可以被数字化的产业和领域。

第二节　产业发展历程

20 世纪 40 年代，微电子领域取得重大技术突破，第二代晶体管电子计算机和集成电路出现。20 世纪 40 年代中期，美国宾夕法尼亚大学电工系由莫利奇和艾克特领导，为美国陆军军械部阿伯丁弹道研究实验室研制了一台用于炮弹弹道轨迹计算的“电子数值积分和计算机”（Electronic Numerical Integrator and Calculator，ENIAC）。人类的知识和信息处理能力大幅提高，数字技术对经济生活的影响初步显现。20 世纪七八十年代，大规模集成电路和微型处理器的发明，软件领域的革命性成果都加速了数字技术扩散，数字技术与其他经济部门交互发展不断加速。

21 世纪以来，数字经济的概念出现、传播，并得到广泛接受，使得数字经济范式朝着更广泛、更深入、更高级发展。如今，全球正处于大数据变革的新时代，移动互联网、智能终端、人工智能快速渗透到地球的每一个角落，世界各国数字经济占 GDP 的比重均呈现上涨态势，拉动 GDP 增长作用显著。未来，数字经济将进一步涵盖经济社会发展的各个领域，由此产生革命性的影响，并重塑生产力发展模式，重构生产关系组织结构，提升产业效率和管理水平，提高政府治理的精准性、高效性和预见性。

第三节 产业发展情况

一、国际发展情况

近年来，世界各国数字经济的规模不断扩大，继续呈现快速扩张的发展势头。全球多个国家也在通过深化数字经济战略部署推动数字经济的进一步发展：美国注重前沿科技的突破，将注意力放在制造业产业链的高附加值环节，力求通过数字技术推动传统制造行业的发展，激发新活力；欧盟注重数据法律法规的全方位构建，利用其所拥有的数据资源禀赋优势推动建立数字经济的单一市场，保障数字经济的规范发展；日本和韩国通过现有的信息通信产业优势，着重推动数字产业化的发展；我国在现有的市场规模优势下，力求提高数字技术的创新能力，推动传统实体产业与数字技术的深度融合，加快数字产业化与产业数字化的发展进程。

数字经济在全球经济发展中的比重不断扩大，且不同国家之间的发展具有很大的差异。根据中国信息通信研究院的统计数据："2017 年，数字经济占 GDP 比重最高的国家依次为德国、英国、美国，分别达 61%、60%、59%，数字经济对于经济发展的拉动作用大幅领先于其他国家。日本、韩国、法国、中国、墨西哥、加拿大、巴西的数字经济 GDP 占比均超过 20%，名列第 4 ~ 10 位。意大利、印度、俄罗斯、澳大利亚、南非、印度尼西亚数字经济占 GDP 比重介于 10% ~ 20% 之间。其中，我国数字经济 GDP 占比增长幅度最大，达 2.51 个百分点"。

由于各个国家资源禀赋和产业发展基础的不同，世界主要国家的数字经济产业呈现出了不同的比较优势和发展特色。其中，英国、德国、美国三大产业数字经济渗透率均领先于其他国家，数字经济发展水平最高且行业发展平衡。韩国与墨西哥数字经济在工业中的渗透率排名显著高于农业与服务业排名，属于工业数字经济优先发展国家。中国、日本、法国数字经济在服务业的发展水平比农业与工业的发展水平要快，属于服务业优先发展的国家。俄罗斯、澳大利亚、南非等国家的数字经济在农业中的渗透率排名高于工业与服务业，属于农业数字经济发展较快的国家。

随着全球数字经济产业的迅速发展，各个国家纷纷制定相关战略，进一步推动数字经济产业的发展。创新能力是数字经济产业发展的关键，各个国家积极制定引导技术创新的战略。同时，推动数字技术在其他行业的融合发展，包括教育、医疗、交通运输以及政府管理等领域。为了保障网络空间的安全，多个国家在网络安全方面出台了相关的战略，确保网络空间是重要的战略性基础设施。另外，各个国家还积极推动数字技术的普惠共享，在提高全民素养、消除数字鸿沟发方面促使数字服务的普及。具体措施有以下五个方面：

（一）增强技术创新与产业能力，夯实发展基础

各国加速数字技术、产品和服务创新，积极制定相关激励战略。美国先后发布《联邦云计算战略》《大数据的研究和发展计划》，将技术创新战略从商业行为上升到国家战略，维持美国在数据科学和创新领域的竞争力。德国建立两个大数据中心，推动大数据创新在“工业4.0”、生命科学、医疗健康等领域的应用，并促进ICT、信息安全、微电子、数字服务等领域的投资。日本强调支持超高速网络传输技术、数据处理和模式识别技术、传感器和机器人技术、软件开发和无损检测、多语种语音翻译系统。此外，各国还强调宽带网络作为战略性公共基础设施建设，支撑经济社会发展。美国提出到2020年至少为1亿家庭提供最低100Mb/s的实际下载速度和最低50Mb/s的实际上传速度的宽带网络。日本提出在发生大规模自然灾害时，ICT部门可以借助冗余的ICT基础设施正常运转。

（二）加强数字技术应用水平，深化融合发展

（1）推动数字技术与教育、医疗和运输融合。在硬件方面，政策重点在于提高宽带基础设施水平、增加学校计算机硬件设施数量。美国每年专项拨款39亿美元用于建设和改造宽带网络，以保证各地区学校和图书馆都能享受高速稳定的宽带连接。在软件方面，推动数字教育的关键在于增加在线授课内容。英国旨在促进大规模网络公开课（Massive Open Online Course，MOOC），来支持数字技能学习、劳动力再培训。

（2）推进数字健康战略。将数字技术应用于医疗行业，能够提高诊疗的质量和效率、降低运营成本，并构建全新的医疗模式。例如，日本通过加大医疗机构数字基础设施建设力度，促进远程诊疗技术、电子健康记录、医疗处方和配药信息的电子化等来提高医护人员的知识技能，提升医疗服务水平和质量。

（三）推进数字政府及立法建设，提升治理能力

（1）鼓励建设数字政府。美国提出《开放政府指令》《政府信息开放和可机读的总统行政命令》《开放政府合作伙伴——美国第二次开放政府国家行动方案》等，明确要求所有联邦政府机构都应在公开的网站发布此前的内部电子数据集。英国将数据描述为创新货币和知识经济的命脉。日本提出“建设成为世

界上最先进IT国家”，其中一项重要目标就是让任何人、在任何时间、任何地点，都可以通过一站式电子政务门户访问公共部门数据，享受公共服务。

（2）立法保障信息产业健康发展。美国高度重视保护互联网产业的技术研发、专利和知识产权，并已在核心领域与关键领域形成专利体系，强调完善的知识产权保护制度对促进生物技术、数字技术、互联网及先进制造业发展的推动作用。

（四）大力实施网络安全战略，强化安全保障

美国发布“网络空间国际战略”，将网络空间视为与国家海、陆、空、外太空同等重要的国家战略性基础设施，并将网络空间安全提升到与军事安全和经济安全同等重要的地位。英国强调保障国家网络安全，在研发和人才培养方面不断加大投入。德国注重数字经济的安全领域，计划推广使用安全的通信基础设施，促进数字技术安全产业发展，强化在线服务的安全性。

（五）逐步消除数字鸿沟，注重普惠共享

（1）重视基础设施普惠。美国较早出台促进信息公平、消除数字鸿沟的战略政策措施，1999年7月美国政府发布《填平数字鸿沟》政府报告。2000年2月，美国白宫新闻办公室发布了《从数字鸿沟走向数字机遇》，将普及互联网作为施政目标之一，将宽带作为每个美国人都需要的服务，提倡不分贫富、地域，加速普及网络服务，并提议将宽带作为公共基础设施。欧盟则实施基础设施建设普及和提高全民数字素养等战略，推动消除数字鸿沟。

（2）着力提升数字素养。欧盟把数字素养提升到了国家战略的高度，为促进对数字素养的理解和公民数字素养的发展，实施了“数字素养项目”，该框架包括信息、交流、内容创建、安全意识和问题解决五个“素养域”（Competence Areas），通过提升公民利用数字资源、数字工具的能力，扩大数据使用需求，提升欧洲数字经济基础普及能力，为欧盟从根本上缩小和消除数字鸿沟指明了方向。

二、国内发展情况

我国数字经济规模持续扩大，贡献不断增强。根据中国信息通信研究院2020年7月份发布的《中国数字经济发展白皮书（2020年）》显示，2019年我国数字经济增加值规模达到35.8万亿元，占GDP比重达到36.2%，占比同比提升1.4个百分点。按照可比口径计算，2019年我国数字经济名义增长15.6%，高于同期GDP名义增速约7.85个百分点。2005—2019年我国数字经济占GDP

比重由14.2%提升至36.2%，凸显了数字经济在国民经济中的重要地位。我国数字经济产业呈现以下发展态势：

数字经济产业化稳步发展。2019年，数字经济产业实现较为稳健的发展，基础进一步夯实，内部结构持续优化。从规模上看，2019年，数字经济产业增加值达7.1万亿元，同比增长11.1%。从结构上看，数字经济产业结构持续软化，软件业和互联网行业占比持续小幅度提升。产业数字化深入推进。产业数字化转型由单点应用向连续协同演进，数据集成、平台赋能成为推动产业数字化发展的关键。2019年我国产业数字化增加值约为28.8万亿元，占GDP比重为29.0%。其中，服务业、工业、农业的数字经济渗透率分别为37.8%、19.5%和8.2%。产业数字化加速增长，成为国民经济发展的重要支撑力量。

数字化治理能力提升。一方面，建设数字政府是实现政府治理从低效到高效、从被动到主动、从粗放到精准、从程序化反馈到快速灵活反应的转变。近年来，我国从中央到地方政府公共服务供给能力显著提升。另一方面，我国新型智慧城市已经进入以人为本、成效导向、统筹集约、协同创新的新发展阶段，发展重心逐渐从整体谋划、全面建设向营造优质环境、设计长效可持续发展机制转变。

数据价值化加速推进。数据已成为数字经济发展的关键生产要素。从产业角度来看，我国已形成较为完整的数据供应链，在数据采集、数据标注、时序数据库管理、数据存储、商业智能处理、数据挖掘和分析、数据安全、数据交换等各环节形成了数据产业体系，数据管理和数据应用能力不断提升。

总的来说，我国数字经济产业发展迅速，规模进一步扩大，在经济发展中的重要性不断提升。通过数字技术与其他产业的融合渗透，推动了不同行业的全面发展，数字经济的发展激发了我国经济的活力，成为经济增长的主引擎。随着云计算、大数据、工业互联网、人工智能、区块链、车联网、增强现实/虚拟现实（AR/VR）等应用蓬勃发展，对数据的存储、交换、计算的需求急剧增加，并对网络带宽、传输时延、网络安全、节能减耗提出更高的要求。我国数字经济的发展稳中有进的同时，在发挥电信业基础支撑作用、提高电子信息制造业的质量、增强软件信息技术服务业发展、提升互联网和相关产业创新能力方面也取得了傲人的成就。

（一）电信业基础支撑作用不断增强

2019年，我国通信业深入贯彻落实党中央、国务院决策部署，坚持新发展理念，积极践行网络强国战略，5G建设有序推进，新型信息基础设施能力不断提升，有力支撑社会的数字化转型。2019年6月，我国发放5G商用牌照，5G

发展进入全面提速阶段。据中国信息通信研究院测算，预计2020—2025年期间，我国5G商用将直接带动经济总产出10.6万亿元，直接创造经济增加值3.3万亿元，间接带动经济总产出24.8万亿元，间接带动经济增加值达8.4万亿元。2019年，电信业务收入企稳回升，电信业务总量较快增长。初步核算，2019年我国电信业务收入累计完成1.31万亿元，比上年增长0.8%。“双G双提”工作加快落实，网络提速卓有成效，固定宽带迈入千兆时代。移动网络覆盖向纵深延伸，4G用户总数达到12.8亿户，全年净增1.17亿户，占移动电话用户总数的80.1%。据工信部数据，截至2020年4月份，我国每周新增5G基站约1万多个，我国已开通5G基站达到25万个，5G套餐用户突破7 300万。

（二）电子信息制造业迎来周期性波谷

2019年是移动通信制式换代期，通信基础设施投资和移动终端销售收缩，且集成电路等元器件产业处于周期性波动低谷，全球经贸环境面临不稳定因素。从总体上看，2019年，规模以上电子信息制造业增加值同比增长9.3%，增速比上年回落3.8个百分点；累计实现出口交货值同比增长1.7%，增速比上年回落8.1个百分点。从细分行业看，通信设备制造业收入同比增长4.9%，电子元件及电子专用材料制造业收入同比增长1%，电子器件制造业收入同比增长8.3%，计算机制造业收入同比增长4.4%。

（三）软件和信息技术服务业平稳较快增长

2019年，我国软件和信息技术服务业呈现平稳向好发展态势，收入和利润均保持较快增长，从业人数稳步增加；信息技术服务加快云化发展，软件应用服务化、平台化趋势明显。从总体上看，软件业务收入保持较快增长。2019年，全国软件和信息技术服务业规模以上企业超4万家，累计完成软件业务收入7.2万亿元，按可比口径计算，同比增长15.4%。从细分领域看，软件产品收入实现较快增长，2019年，软件产品实现收入2万亿元，同比增长12.5%，其中，工业软件产品实现收入1 720亿元，增长14.6%，为支撑工业领域的自主可控发展发挥重要作用。信息技术服务加快云化发展，实现收入4.3万亿元，同比增长18.4%，其中，电子商务平台技术服务收入7 905亿元，同比增长28.1%，云服务、大数据服务共实现收入3 460亿元，同比增长17.6%。嵌入式系统软件收入平稳增长，2019年，嵌入式系统软件实现收入7 820亿元，同比增长7.8%，嵌入式系统软件已成为产品和装备数字化改造、各领域智能化增值的关键性带动技术。

（四）互联网和相关服务业创新活跃

在人工智能、云计算、大数据等信息技术和资本力量的助推下，在国家各项政策的扶持下，2019 年，我国互联网和相关服务业保持平稳较快增长态势，业务收入和利润保持较快增长，研发投入快速提升，业务模式不断创新拓展，对数字经济发展的支撑作用不断增强。从总体上看，我国互联网业务收入保持较高增速，2019 年，我国规模以上互联网和相关服务企业（简称互联网企业）完成业务收入 12 061 亿元，按可比口径计算，同比增长 21.4%。从细分领域看，信息服务收入整体快速增长，音视频服务增速保持领先，2019 年，互联网企业网络音乐和视频、网络游戏、新闻信息、网络阅读等信息服务收入 7 879 亿元，同比增长 22.7%。互联网平台服务收入较快增长，生活服务、网络销售服务规模不断扩大，2019 年，以提供生产服务平台、生活服务平台、科技创新平台、公共服务平台等为主的互联网平台服务企业实现业务收入 3 193 亿元，同比增长 24.9%。互联网数据服务收入保持较快增长，2019 年，随着 5G、云计算、大数据和人工智能等新技术应用加快，新型基础设施建设进入快速增长期，拉动互联网数据服务（含数据中心业务、云计算业务等）实现收入 116.2 亿元，同比增长 25.6%。

三、大湾区发展情况

（一）广东省

广东省是我国数字经济发展最好的地区之一，拥有广泛的用户基础和完善的网络基础设施，其数字经济规模领先全国其他地区。为了推动数字经济产业的发展，广东省也相继出台了多个不同的政策，引导相关企业的数字化发展，推动数字平台的建设以及数字技术与其他行业的融合发展。目前，广东省紧抓“一带一路”发展的机会，与其沿线国家深化合作，推动数字经济产业的进一步发展。

广东省数字经济呈稳步快速增长态势。据中国信息通信研究院测算，2018 年，广东数字经济规模排名全国第一，超过 4.31 万亿元，占全国的 1/8，占 GDP 的比重超过 40%。

广东省数字产业基础雄厚，电子信息制造业、软件和信息技术服务业、电信业、互联网相关行业等产业规模全国领先。2018 年，全省电子信息制造业产值 3.86 万亿元，软件业务收入首次突破万亿元，电信业务收入 1716.2 亿元。

广东省产业数字化深入推进。2018 年广东省产业数字化规模为 2.7 万亿元，成为数字经济发展的主导引擎。大力推进工业互联网创新应用，累计推动 5 000 多家企业实现数字化升级。建设“工业互联网产业生态供给资源池”，汇聚了 250 多家优秀服务商，华为 FusionPlant 平台、富士康 BEACON 平台、树根互联根云平台入选工业和信息化部“跨行业、跨领域工业互联网平台”。

广东省数字化治理能力不断提升。大力推动政务与信息化深度融合，促进政务服务应用创新，相继开通“粤省事”“粤商通”，其中“粤省事”已有近700项高频民生事项实现“指尖办理”，86%的事项实现“零跑动”。据国家行政学院评估报告显示，2018年广东省级政府网上政务服务能力跃升至全国第一。

广东省信息基础建设也领先全国。根据广东省通信管理局的数据，截至2020年5月，广东省固定宽带用户3 759.1万户，移动宽带用户14 067.4万户，固定宽带用户数和移动宽带用户数连续多年位居全国首位，广东以占全国1/10的网络能力，承载了全国1/9的电信用户，创造了全国1/8的电信业务收入；截至2020年5月份，广东省物联网终端用户数为17 202万户，其中NB-IOT联网终端数为807.4万户；物联网用户中，智能制造、智慧农业、智能交通和车联网、智慧公共事业终端用户数分别为1 564.2万户、31.7万户、2 931万户、7 708.2万户。2019年，全省累计建成5G基站36 988个，约占全国1/4。广州、深圳争创5G示范城市，分别建成15 969个、14 810个5G基站，基本实现中心城区5G网络连续覆盖。珠三角其他城市基本实现城区核心区域覆盖。根据《广东省5G基站和数据中心总体布局规划（2021—2025年）》，到2022年底，珠三角建成5G宽带城市群，粤东粤西粤北城区、县城及发达乡镇镇区实现5G网络覆盖，全省5G站址累计达35万个，5G基站累计达22万个，5G用户数达6 000万户。到2025年底，全省实现5G全域覆盖，5G站址累计达45万个，5G基站累计达29万个，5G用户数超1亿户。在数据中心发展方面，到2022年底，基本建成9个数据中心集聚区，全省累计折合标准机架数约47万个，新增数据中心投资额力争达到380亿元。平均上架率达到65%，设计PUE值平均小于1.3，年能耗电量不超过0.1亿MW·h。全省累计网络带宽达到29Tb/s，基本满足省内云计算、大数据、工业互联网、车联网、人工智能等领域发展需求。到2025年底，全面建成9个数据中心集聚区，全省累计折合标准机架数约100万个，新增数据中心投资额力争达到1 480亿元。平均上架率达到75%，设计PUE值平均小于1.25，年能耗电量不超过0.2亿MW·h。全省累计网络带宽达到72Tb/s，全面满足各类业务需求。珠三角地区60%中高时延数据业务迁至粤东粤西粤北地区。广州、深圳建成低时延、高附加值、产业链带动效应明显的数据应用区。再经过5年发展，粤东粤西粤北地区成为国内具有重要影响力的数据中心集聚区之一。

广东省网络基础设施的不断完善吸引了更多网民在更多场景中使用互联网，同时广东省网民的消费水平升级，也成为促进上网设备、服务应用、信息资费等方面升级的重要引擎。根据清华大学经济管理学院互联网发展与治理研究中心的研究，目前广东省互联网新业态发展迅速，对实体经济贡献巨大，已成为经济增长的新亮点，基础、信息、娱乐、社交、互联网服务等类型的应用发展步伐加快，使用率随着用户规模上升而上升。具体而言，广东省电子商务、在线游戏、在线音乐等细分产业发展领先，成为“互联网 +”行业的典范。

广东省在 2013 年已率先布局、加快发展以数据为关键要素的数字经济，在全国率先成立广东省实施大数据战略专家委员会。2016 年广东省政府获国家有关部委批准建设“珠江三角洲国家大数据综合试验区”，努力打造“一区两核三带”的大数据发展格局。同年，广东省政府发布了《广东省人民政府关于深化制造业与互联网融合发展的实施意见》，重点从制造业与互联网融合平台建设、培育制造业与互联网融合新模式、提升制造业与互联网融合水平等方面推进两化融合。在平台建设方面，加快建设和完善制造企业互联网“双创”平台、工业云平台、工业电子商务平台。在新模式方面，从设计、制造、生产和供应链管理等多个维度推动新模式的形成与发展。在融合水平方面，提升融合基础创新能力、制造业与互联网协同创新能力、绿色制造能力等。从广东省内数据来看，2016 年全省制造企业的互联网销售率、互联网采购率均超过 40%，居全国前列。

截至 2018 年年底，通过评定的国家级两化融合贯标试点企业共 703 家，其中广东省 74 家，占全国的 10%。云计算、物联网、大数据在制造业企业的应用率均超过 20%。服务行业的数字化水平较高，教育、医疗服务、娱乐、金融、零售、餐饮住宿、交通物流、旅游等服务业数字化领域均处于全国先进水平，信息消费规模和电子商务交易额居全国首位，跨境电子商务交易量占全国近七成，移动支付占全国三成。以互联网与制造业融合为主体的融合型数字经济发展趋势明显，正逐步成为制造业转型升级的新动能。广东省在由工信部评选的“工业和信息化优秀研究成果”中获得“工业和信息化优秀研究成果一等奖”、大数据发展指数全国第一、互联网发展指数全国第一、数字经济发展指数全国第一。数字经济已成为广东省推动经济高质量发展、建设现代化经济体系、实现“四个走在全国前列”的重要力量。

2018 年，广东省发布《广东省数字经济发展规划（2018—2025 年）》（征求意见稿），提出争取用 5 ~ 8 年时间，将广东省建设成为国家数字经济发展先导区、数字丝绸之路战略枢纽和全球数字经济创新中心。紧抓国家“一带一路”倡议机遇，面向沿线国家发展大数据、云计算、智能制造等数字经济需求，促进与“一带一路”沿线国家数字基础设施互联互通，推进大数据、云计算等国际产能合作和装备制造合作，加快境外合作园区建设，鼓励和支持大型企业“走出去”和“引进来”，以数字经济的国际化发展推动数字丝绸之路建设。

（二）香港特别行政区

香港作为高度发展的自由经济体，多年来一直被评为最自由以及最具竞争力的城市之一。但也存在产业结构过于单一的问题，香港 GDP 中的 90% 由服务业构成，过于单一的经济结构成为香港未来持续发展的严重桎梏。为了抓住数字经济发展的新机遇，促进经济结构的转型，让数字经济产业成为香港经济再次腾飞的重要驱动力，香港积极推动“互联网 +”与传统产业的融合发展，同时借助大湾区产业链的发展契机。香港的相应措施包括推动 5G 的发展、建设智慧城市、注重科创、积极引进和培育人才这几个方面。

为促使 5G 服务早日面世，香港预先做好规划推出充足的频谱。政府主动开放合适的政府场所及天台安装基站，同时通过资助计划，将光纤网络扩展至新界及离岛的偏远乡村，作为扩大 5G 覆盖的骨干网络。

2020 年 4 月 1 日，中国移动香港公司宣布凌晨正式在港启动 5G 服务，并推出 5G 商用套餐，成为香港首个为个人和企业客户提供 5G 网络体验的运营商，当日，香港另外两家 5G 运营商也相继发布启动 5G 服务。香港正式进入 5G 新时代。5G 的推出与此前香港政府公布的《财政预算案》中推动智慧城市发展相契合，依托香港国际化的优势，特区政府表示将多管齐下推动 5G 网络发展和应用，5G 的铺开为香港建构智能城市提供了有利的条件。

2020 年 2 月 26 日，香港财政司司长陈茂波发表的《财政预算案》中，再次表示政府将进一步推动智慧城市发展的决心。陈茂波说，全球步入 5G 时代，各大运营商在香港推出 5G 服务，政府将多管齐下推动 5G 网络发展和应用，包括资助网络运营商扩大光纤网络至偏远乡村，开放更多合适的政府物业、盖公交车站和电话亭等，供运营商安装基站，支持 5G 网络建设。同时，创新及科技局会在 2020 年第四季度推出“智方便”一站式个人化数码服务平台，预计到 2021 年年中，市民可通过“智方便”使用超过 100 项政府网上服务。香港特区政府在构建智慧城市的发展中有充裕的资金支援：为智能交通基金预留约 10 亿元，资助企业或机构进行与车辆有关的创新科技研究和应用；在地理空间数据方面，预留 3 亿元推动社会更广泛应用空间数据；预留 6 000 万元设立首间地理空间实验室，鼓励民间开发应用空间数据的流动应用程序；2020 年第二季度起，会拨款 1 亿元开发一个综合数码平台，实现数据整合和信息互换，以加强推动工程监督系统数码化。

香港将开放政府数据，为科研提供所需的原材料，促进智慧城市发展。在年底前制订和公布其年度开放数据计划。筹备医院管理局大数据分析平台，让学术研究人员参阅医管局的临床数据并提供有关培训，以便合作进行研究项目。2017 年 12 月，香港特别行政区政府公布《香港智慧城市蓝图》，从智慧出行、智慧生活、智慧环境、智慧市民、智慧政府和智慧经济六大方面推行相关政策和措施，涉及接近 20 个计划，首阶段三项措施包括建设数码个人身份、智慧灯柱及政府云端与大数据分析平台。《香港智慧城市蓝图》中全盘描绘了未来五年的发展计划，目标是将香港构建成为世界领先的智慧城市，利用创新及科技提升城市管理成效，改善市民生活及增强香港的吸引力，实现可持续发展。

2017 年以来，香港数字科创氛围渐浓。目前，香港拥有超过一百个人工智能领域的在研项目，香港高校也具备世界领先的智能科技领域的研究能力。利用自身优势，香港正在成为智能产业的研发中心，并与珠三角的智能制造产业链连接，实现在港的研发和孵化，合力打造粤港澳大湾区的智能产业链及世界级科技湾区，成为推动智能时代中国数字经济发展的重要区域。同时，香港还将吸引重点行业的知名机构（如德勤、阿里巴巴等）落户香港，并在香港科学园建设专注于医疗科技和人工智能及机械人科技的两个科技创新平台。

2018 年 10 月阿里巴巴集团、商汤科技及香港科技园公司携手成立的香港人工智能及数据实验室（HKAI Lab）在香港科学园正式开幕。专注于城市规划的 Arical，基于大数据营销的 Cloudbreakr，提供 B2B 人工智能解决方案的 Dayta，输出科技金融解决方案的 Farseer，关注建筑物的人工智能预警检测的 RaSpect，提供智能活动影像平台的 Social face，以及人工智能驱动的 B2B 金融科技公司 Squared-S 等 7 家初创企业将获得包括资金、人工智能技术、云计算和网络资源及工作空间等全面支持外，更有机会与商汤科技、阿里巴巴集团及其他本地或海外企业开展合作，与潜在投资者及商界代表交流会面，以加快研发项目商业化，发掘更多机遇。HKAI Lab 旨在培育人工智能技术及数据人才，推动创新科技发展，致力为发展香港成为国际创科中心发挥作用。2019 年 11 月 26 日，阿里巴巴集团控股有限公司在香港交易所挂牌上市。

在人才方面，香港推出科技人才入境计划及科技专才培育计划，支持研资局推出杰出学者计划，在引入、培训及留住人才方面三管齐下，壮大本地科创人才库。与内地相关部门共同研究适当措施，促进内地与香港的科研人才流动，推动粤港澳大湾区成为国际科技创新中心。

与此同时，广东省数字经济的快速发展也为香港带来了新机遇、新动力，使香港能搭乘国家数字经济快车，助推新经济发展。

（三）澳门特别行政区

澳门的经济发展呈现出后发先至的趋势，在云计算、大数据、人工智能等数字技术引领新一代经济革命的今天，澳门紧紧抓住数字经济的发展契机，在建设“互联网 +”、吸引和培养人才、推动大数据发展、建设智慧城市等方面推动数字经济的发展。

自上而下，通过城市服务数字化推动各个行业、不同领域的企业在互联网技术上的应用，并把人才作为特区数字经济发展的重中之重。推动传统产业与互联网融合，为新兴产业的成长增添活力。推广移动互联网的应用，研究大数据及云计算在澳门发展的策略，探索物联网的可能性，推动运用信息技术优化城市管理、改善居民生活素质及促进经济发展。

澳门将加快实施智慧城市建设发展战略，根据澳门特别行政区《2019 年财政年度政府工作总结》中，本着“科技强澳”的理念，通过明确科技发展的方向、路径和重点领域，实现以科技创新为引领，加速推进经济适度多元发展，融入国家发展大局。根据《粤港澳大湾区发展规划纲要》，建设国际科技创新中心和“广州—深圳—香港—澳门”科技创新走廊的战略部署。主动对接国家科技创新战略，在建设粤港澳大湾区工作委员会下，设立“创新、科技及智慧城市发展专责组”，统筹和协调创科和智慧城市工作。

在科技部支持下，编制《澳门科技创新发展策略研究报告》，为澳门科创发展制定方向。与国家航天局共同启动澳门首颗科学卫星发射计划，创新特区与内地及国际科研合作的新模式。增加及优化资助，大力支持四个国家重点实验室，提升其他学术机构的教育和科研能力。政府云计算中心已正式投入运作，为发展安全稳定的智慧城市提供坚实的基础；完成智慧灯柱首阶段安装，并进行测试；推进《电信网络及服务汇流制度》立法工作，并开展5G 网络的前期工作；大力推动移动支付，2019 年前三季度，移动支付交易金额大幅上升至 2018 年全年的约 6.4 倍。

实施智慧政务，推出“澳门公共服务一户通”账户及手机应用程序，持续进行公共服务流程优化及电子化。优化智慧旅游的发展方向，利用多种技术提升人群流量实时统计及预测的精确度，提升旅游管理成效。提供更多智慧医疗服务，开发第二期电子健康记录互通系统。推进智慧交通，结合应用先进的软硬件技术，提升交通效率。加强统筹协作，努力朝着整合应用云计算、大数据、人工智能和物联网等技术的智能型城市发展。

全国数字经济的快速发展也给澳门带来了新的机遇。由澳门官方统计数据可知，2020 年第二季度，澳门互联网用户达到 610 635 家，每季度都以接近 2%

左右的速度增加。移动电话用户数达到1 795 753部，在推动运用信息技术优化城市管理方面大步前进，互联网和数字经济也赶上了快车轨道。同时，澳门创新创业环境向好，新成立公司数目从2014年的5 409间增长到2019年的6 104家，同时新成立公司的资本额也由2014年的18.43亿澳门元提升到2019年的42.8亿澳门元。澳门重视智慧城市建设。2017年8月澳门特别行政区政府与阿里巴巴签署《构建智慧城市战略合作框架协议》。协议中重视云计算、大数据等互联网技术，阿里巴巴将通过云计算技术、专才培训等不同领域协助澳门特别行政区政府提升城市治理和决策效率，促进澳门全新智慧城市和经济数字化转型。此外，阿里云也正与澳门大学合作，计划在其科技学院课程中加入大数据、云计算等教学内容，培养数字人才。除此之外，澳门在推动城市数字经济和可持续发展上有许多积极的具体行动。例如，2018年9月全球数字经济发展峰会"新技术·新业态·新消费"在澳门召开。2018年11月，由世界数字经济组织主办，一年一届的世界性数字经济高峰论坛在澳门召开。这些数字经济峰会的召开对全国，乃至世界的数字经济可持续发展产生了重大的影响。

（四）深圳市

深圳作为我国改革开放的先驱城市，同时也是数字经济发展的领先地区。深圳在互联网+、人工智能、大数据、工业互联网等方面均取得了优秀的成绩。

2020年6月19日，深圳市工业和信息化局发布《深圳市数字经济产业创新发展实施方案（征求意见稿）》。据深圳市统计局数据显示，2019年深圳市数字经济产业增加值1 597亿元，同比增长18%。按照广义数字经济产业概念（即信息通信产业），2019年深圳市数字经济产业规模达到27 828.6亿元，位居全国大中城市首位。在新冠肺炎疫情肆虐全球的当下，数字经济产业再次展现出强大活力，互联网、大数据、人工智能等数字技术，与现代生产制造、商务金融、文化消费、教育健康、流通出行等深度融合，为保障人民群众生活和生产运转做出了突出贡献，成为深圳转型发展的主动力、经济稳增长的"压舱石"，根据深圳市统计局数据显示，2020年第一季度，深圳市数字经济产业在疫情影响下逆势增长，实现增加值403.54亿元，同比增长4.9%。预计未来三年年均增长15%左右，2022年达到2 428亿元。

《深圳市数字经济产业创新发展实施方案（征求意见稿）》为深圳数字经济发展制定了发展目标：到2022年，数字经济产业成为推动深圳经济社会全面发展的核心引擎之一，全面助力各行各业数字化、智能化转型升级，数字产业化和产业数字化水平位居全国前列，努力建成全国领先、全球一流的数字经济产业创新发展引领城市。产业规模持续扩大。到2022年，全市数字经济产业增加值突破2 400亿元，年均增速15%左右；信息传输、软件和信息技术服务业营业收入突破8 000亿元，年均增速15%左右；软件业务收入突破10 000亿元，年均增速15%左右；部分细分领域发展领跑全国。创新能力显著提升。到2022年，成功研发一批具有自主知识产权的操作系统、数据库、中间件等基础软件和CAD、CAE、EDA等工业软件，部分数字技术达到国际领先水平。新建10家高水平研究院、实验室、创新中心、攻关基地等新型研究机构和创新载体，源头创新能力显著提升。支撑体系更加完善。到2022年，建成一批对产业有重大支撑作用的新型基础设施和公共服务平台，培育一批数字经济领域的高端展会论坛。加快建立数字经济产业领域的标准规范和测试认证体系，提升标准化对我市数字经济产业发展的支撑力和引领力。集聚效应明显增强。到2022年，全市培育营收超过50亿元的龙头企业15家以上，营收超过10亿元的重点企业70家以上，梯次型企业发展格局基本形成。建成3个以上千亿级细分领域产业集群，6个以上百亿级细分领域产业集群，产业链协同发展水平显著提高。

同时，也提出了深圳拟重点扶持的12大领域，包括大数据产业、云计算产业、区块链产业、信息安全产业、人工智能产业、集成电路设计产业、工业互联网产业、金融科技产业、智慧城市产业、电子商务产业、数字创意产业以及其他新型业态等。强调了数字经济产业发展的重点任务是：提升科技创新引领能力，完善数字经济产业生态，优化数字经济产业布局，推动信息技术应用创新，深化制造业数字化转型，加快服务业数字化应用，支持数字经济双创平台建设，深化国内外合作与交流，夯实新型信息基础设施。要统筹布局基于云计算和绿色节能技术的数据中心和云平台建设，打造大数据和云计算产业发展高地，推动数据中心向规模化、集约化、智能化、绿色化方向布局发展。加快建设城市大数据中心，汇集整合城市运行的全时空、全方位、全要素的大数据资源，强化城市数据响应、汇集和实时分析能力，打造“城市大脑”，建设粤港澳大湾区大数据中心。

第四节 产业发展趋势及挑战

一、产业发展趋势

数字产业是促进经济转型增长的重要驱动力，也是下一轮全球竞争制高点。随着数字技术的发展，数字经济产业有以下几个趋势：

（一）数据成为新的关键生产要素

数字经济时代，数据成为新的关键生产要素。数字经济与经济社会的交汇融合，特别是互联网和物联网的发展，引发数据爆发式增长。数据每年增长50%，每两年翻一番。迅猛增长的数据已成为社会基础性战略资源，蕴藏着巨大潜力和能量。数据存储和计算处理能力飞速进步，数据的价值创造潜能大幅提升。20世纪90年代以来，数字化技术飞速发展，如今人类95%以上的信息都以数字格式存储、传输和使用，同时数据计算处理能力也提升了上万倍。中国信息通信研究院的研究显示，数据开始渗透进入人类社会生产生活的方方面面，推动人类价值创造能力发生新的飞跃。由网络所承载的数据、由数据所萃取的信息、由信息所升华的知识，正在成为企业经营决策的新驱动、商品服务贸易的新内容、社会全面治理的新手段，带来了新的价值。与此同时，相比其他生产要素，数据资源具有可复制、可共享、无限增长和供给的禀赋，打破了传统要素有限供给对增长的制约，为持续增长和永续发展提供了基础与可能，成为数字经济发展新的关键生产要素。

（二）数字技术创新为经济发展提供不竭动力

数字技术创新活跃，不断拓展人类认知和增长空间，成为数字经济发展的核心驱动力。数字技术的创新进步和普及应用，正是当下时代变迁的决定性力量。区别于以往的通用目的技术，数字技术进步超越了线性约束，呈现指数级增长。数字技术能力提升遵循摩尔定律，每18个月综合计算能力提高一倍，存储价格下降50%、带宽价格下降50%等产业现象持续印证摩尔定律效果。联网的用户和设备的价值遵循梅特卡夫定律，数字经济价值呈现指数型增长，这进一步推动了数字经济快速成长。近年来，大数据、物联网、移动互联网、云计算等数字技术的突破和融合发展推动了数字经济快速发展。人工智能、虚拟现实、区块链等前沿技术正加速进步，产业应用生态持续完善，不断强化未来发展动力。此外，数字技术加速与制造、生物、能源等技术融合，带动群体性突破，全面拓展了人类认知和增长空间。

（三）产业融合是推动数字经济发展的主引擎

纵观历史，先导性产业部门占经济总量的比重日趋减少，通用目的技术与产业融合越来越成为经济发展的主引擎。数字经济在其他产业领域的应用带来的效率增长和产出增加已成为推动经济发展的主引擎。近年来，数字经济正在加速向其他产业融合渗透，提升经济发展空间。一方面，数字经济加速向传统产业渗透，不断从消费向生产，从线上向线下拓展，催生O2O（Online to

Offline，线上到线下)、共享经济等新模式、新业态持续涌现，提升消费体验和资源利用效率。另一方面，传统产业数字化、网络化、智能化转型步伐加快，新技术带来的全要素效率提升，加快改造传统动能，推动新旧动能接续转换。传统产业利用数字经济带来的产出增长，构成数字经济的主要部分，成为驱动数字经济发展的主引擎。

（四）平台化和生态化成为产业组织的显著特征

平台成为数字经济时代协调和配置资源的基本经济组织，是价值创造和价值汇聚的核心。一方面，互联网平台新主体快速涌现。商业、生活、交通、工业等垂直细分领域平台企业发展迅猛。另一方面，传统企业加快平台转型。传统IT巨头向平台转型，微软2016年并购职场社交平台领英，将微软的IT技术优势与平台融合，打造更为互联、更加智能的生态系统。传统制造企业也开启平台化转型，例如，传统服装企业青岛红领集团花费十余年研发了顾客直接面对生产者的个性化定制平台"酷特智能"，采用数据建模和标准化信息采集的方式，将顾客分散、个性化的需求，转变为生产数据，定制西服从接单到出货最长只需7个工作日。

平台推动产业组织关系从线性竞争到生态共赢转变。工业经济时代，作为价值创造的主体，传统企业从上游购买原材料，加工后再向下游出售产成品，是线性价值创造模式。在平台中，价值创造不再强调竞争，而是通过整合产品和服务供给者，并促成它们之间的交易协作和适度竞争，共同创造价值，以应对外部环境的变化。这表明平台在本质上是共建共赢的生态系统。不论是新兴平台企业还是传统转型企业，在发展中，都广泛采取开放平台策略，打造生态系统，以增强平台的吸引力和竞争力。如腾讯、阿里巴巴通过开放云平台策略，吸引了数百万开发者入驻，极大提升了平台的生命力。

（五）线上线下一体化成为产业发展的新方向

数字经济时代，数字经济不断从网络空间向实体空间扩展边界，传统行业加快数字化、网络化转型。一方面，互联网巨头积极开拓线下新领地。面对科技革命和产业变革大趋势，全球信息网络巨头正在加快战略布局，大规模向实体经济扩展。腾讯先后入股京东、永辉超市，还与沃尔玛结成深度战略合作关系，将现代通信、线下物流和实体零售企业结合在一起，共同打造线上线下一体化新零售。另一方面，传统行业加快从线下向线上延伸，获得发展新生机。制造业领域的巨头企业，正在基于网络再造公司，通过建立平台生态系统，加快数字化、网络化转型，拓展新时期的生存和发展空间。欧派家居利用数字技术改造生产线和生产系统，大幅提升了生产效率和物流效率，大幅缩短了交货周期。线上线下融合发展聚合虚拟与实体两种优势，升级价值创造和市场竞争维度。工业经济时代，价值创造和市场竞争都在实体空间中完成，易受到物理空间和地理环境的约束，而数字经济时代能有效拓展市场的边界。

二、产业发展挑战

在新一轮科技和产业变革的浪潮中，我国发展数字经济具有良好机遇，同时也面临严峻挑战（具体内容可参考中国信息通信研究院的《中国数字经济发展与就业白皮书（2019 年）》）。

（1）数据要素市场化发展举步维艰。我国数据要素市场尚处于发展的起步阶段，数据确权、开放、流通、交易等环节相关制度尚不完善，成为大数据产业乃至数字经济发展的制约因素。同时，在数字经济基础设施接入层面和人力资源数字素养培养方面也存在不小的鸿沟。

（2）产业数字化转型面临诸多困难。产业数字化转型第三、第二、第一产业逆向融合路径逐渐明朗，但工业、农业数字化转型在资金、技术、人才等方面存在较高壁垒，转型难度较大。与此同时，平台经济、分享经济等新兴产业发展快但体量尚小，对经济增长支撑作用有限。

（3）数字化转型带来就业结构风险。数字化转型会带来经济波动风险，由于新旧业态交替，加速传统企业退出，拉大收入分配差距，造成结构性失业等风险。那些在单一领域的重复性工作、思考模式可以被理性推算的工作将被人工智能取代，而数据科学家、算法工程师等高端需求将大量增加。就业结构的变化要求教育、社会保障等领域加快变革，并做好职业培训，尽可能降低潜在风险。

（4）市场秩序和安全矛盾日益凸显。市场发展显著领先于制度规范，市场乱象不断显现，而政府治理能力和治理水平亟待优化，目前政府监管体系不能适应业态创新发展需要，市场准入监管与数字经济发展不相适应。随着数字经济快速发展，安全威胁也日益增多，高危漏洞数量有增无减，网络攻击越演越烈，关键基础设施面临严重威胁。

针对数字经济发展存在问题，我国要推进数字经济向更多领域更深层次发展，要以习近平新时代中国特色社会主义思想为指导，深入贯彻落实党的十九大决策部署，牢牢把握高质量发展要求，充分发挥数字化的创新引领作用。同时要准确把握好政府引导和市场主导的关系、技术扩散与实体经济的关系、创新发展与融合监管的关系、经济发展与风险防范的关系、国内发展与国际发展的关系，推动质量变革、效率变革、动力变革，实现我国数字经济持续健康发展。

【要点回顾】

本章首先介绍了数字经济产业的定义和分类，并简要描述了数字经济产业的发展历程。接着叙述了国内外数字经济的发展情况，并对粤港澳大湾区的发展情况进行了重点分析。最后，本章对数字经济未来的发展趋势和挑战进行了展望。

【复习题】

1. 数字技术不具有（　　）特征。

A. 复杂性

B. 互补性

C. 广泛性

D. 外溢性

2. 随着数字技术的发展，数字经济产业的趋势不包括（　　）。

A. 数据成为新的关键生产要素

B. 产业融合是推动数字经济发展的主引擎

C. 平台化生态化成为产业组织的显著特征

D. 线上线下独立发展成为产业发展的新方向

3. （　　）相对其他城市在数字经济发展方面处于领先地位。

A. 珠海

B. 澳门

C. 深圳

D. 香港

第五章

新能源产业

【学习目标】

1. 了解新能源产业的定义和分类；
2. 熟悉新能源产业的发展历程和发展情况；
3. 掌握新能源产业的发展趋势及挑战。

【导入案例】

未来的能源

2017年6月10日，阿斯塔纳专项世博会正式对外开放，共有115个国家和22个国际组织参展。本届世博会的主题是“未来的能源”，各参展方聚焦新能源开发利用，倡导最有效、最适宜、最可行的可持续发展行动计划，以探寻未来能源发展合作大计。开幕式上，哈萨克斯坦总统纳扎尔巴耶夫希望“未来的能源”这一议题能反映新能源技术在人类科学进步、技术革新的核心地位。阿斯塔纳专项世博会展出新能源领域最前沿技术以及最新开发成果，关注能源节约以及太阳能、风能等可替代能源开发等问题。

该届专项世博会为期三个月，预计吸引各国游客500万人次。“光明世界”馆是阿斯塔纳专项世博会的一个综合性展馆，共有8层，包括哈萨克斯坦国家馆和“未来”陈列馆。其中，“未来”陈列馆通过数字化、多媒体和互动技术展示了水能、动能、生物能、风能、太阳能、空间能源、未来能源、阿斯塔纳的未来等相关内容。中国国家馆参展主题为“未来能源、绿色丝路”，占地1 000m^2，是参展面积最大的国家馆之一。中国国家馆通过实物模型、电子和机械沙盘、多媒体装置、虚拟现实技术、3D弧幕电影等方式全面介绍中国在能源开发与利用进程中的代表性成果。

第一节 产业定义及分类

一、产业定义

新能源又称非常规能源，是指传统能源之外的各种能源形式。1980 年联合国召开的“联合国新能源和可再生能源会议”对新能源的定义为：以新技术和新材料为基础，使传统的可再生能源得到现代化的开发和利用，用取之不尽、周而复始的可再生能源取代资源有限、对环境有污染的化石能源，重点开发太阳能、风能、生物质能、潮汐能、地热能、氢能和核能（原子能）。一般来说，常规能源是指技术上比较成熟且已被大规模利用的能源，而新能源通常是指尚未大规模利用、正在积极研究开发的能源。因此，煤炭、石油、天然气以及大中型水电都被看作常规能源，而把太阳能、风能、现代生物质能、地热能、海洋能以及氢能等看作新能源。随着技术的进步和可持续发展观念的树立，工业与生活有机废弃物被重新认识，作为一种能源资源化利用的物质而受到深入的研究和开发利用，因此，废弃物的资源化利用也可看作是新能源技术的一种形式。

新能源产业，是开发新能源的单位和企业所从事工作的一系列过程的总和，主要是源于新能源的发现和应用。新能源产业的发展，有利于促进国家或地区能源格局的改善。随着国家新能源产业的逐步兴起，新能源产业可以促进一个国家能源的独立，使一个国家或地区未来能源来源多样化，对于一个国家或地区的发展发挥着重要的作用。尤其是对于资源匮乏但对能源的需求极大的国家而言，新能源产业的发展可以减少对能源进口的依赖，降低国家经济发展的风险性。

在我国可以形成产业的新能源主要包括风能、生物质能、太阳能以及其他可循环利用的清洁能源。新能源产业的发展是整个能源供应系统的有效补充手段，是环境治理和生态保护的重要措施，也是满足人类社会可持续发展需要的最终能源选择。

二、产业分类

随着全球经济的发展，常规能源需求日益增加，而生态环境问题愈发突出，使得具有环保与可再生功能的新能源越来越得到各国的重视。联合国开发计划署（UNDP）把新能源分为以下三大类：大中型水电；新可再生能源，包括小水电、太阳能、风能、现代生物质能、地热能、海洋能；传统生物质能。

按照《国务院关于加快培育和发展战略性新兴产业的决定》(国发〔2010〕32号) 文，新能源产业可划分为核电、太阳能、风电、生物质能源、智能电网五类。

第二节　产业发展历程

我国的新能源产业以1978年改革开放为起点，在过去的四十多年间，经历了从起步到产业化发展，逐步走向规模化。在改革开放早期的探索与实践中，我国主要通过引进及创新性吸收国外的技术，迅速建立起具有标志性意义的新能源项目，同时形成并初步建立新能源政策及产业体系。随着各领域的新能源重大项目陆续开展，开发规模不断扩大、产业制造能力不断增强，我国新能源产业国际竞争力显著提升。近年来，我国已成为开发利用新能源的大国，而新能源产业作为我国战略性新兴产业之一，也进入规模化阶段。具体各发展阶段的成果如下：

1. 成长起步阶段（1978—2005年）

自1973年石油危机以来，全球各国开始重视各类可再生新能源技术的发展，以保障未来能源安全，促进经济社会的可持续发展。在改革开放和能源安全问题凸显的大背景下，我国政府也认识到可再生能源的重要性，开始探索各类新能源产业相关的项目开发与建设。在早期的探索过程中，我国主要通过引进、消化、吸收国外技术，在发展新能源产业相关的装备制造技术的同时，取得了初步自主创新的成果。1984年，云南半导体器件厂从加拿大、美国引进了太阳能电池生产线，是国内最早引进的较为完整的太阳能电池生产线。1985年，浙江省与欧洲共同体签订新能源开发协议，将大陈岛建设成为以风能、太阳能、潮汐能和生物质能为支撑的综合性新能源示范基地。1986年，我国通过成套引进国外设备，建成第一座垃圾焚烧发电厂——深圳清水河垃圾焚烧发电厂。1986—1989年，我国引进比利时、丹麦风电机组相继建成福建平潭岛、新疆达坂城风电场。1998年，由汕头南方风能开发公司与荷兰Nuon公司合资建设的汕头丹南24MW风电场投产发电，并开创了中外合资在中国建设风电场的先河。

在成长起步阶段，我国的新能源产业除了在技术上取得较大发展，也陆续制定了各种扶持政策，政策环境和行业管理体系初步形成，为后续产业化、规模化发展奠定了基础。此阶段具有代表性的政策如下：1982年，我国将新能源技术开发列入国家重点科技攻关计划，首次将新能源纳入国家能源发展战略。

1995 年原国家科委、计委和经贸委共同制定《中国新能源和可再生能源发展纲要（1996—2010）》以及“新能源可再生能源优先发展项目”，指导中国新能源和可再生能源产业发展。1999 年，为加快风力发电设备国产化进程，规范风力发电建设与管理，原国家经贸委发布《关于进一步促进风力发电发展的若干意见的通知》。2000 年，原国家经贸委印发《关于加快风力发电技术装备国产化的指导意见》，鼓励外商在我国合资开发风力发电技术和装备，加快了国产化进程。2003 年，全国第一次风电建设工作会议在北京香山召开，对全国风能资源评价、大型风电场预可行性研究等工作进行了部署和安排，拉开了风电产业化发展序幕。2005 年，发改委发布《关于风电建设管理有关要求的通知》，规定“风电设备国产化率要达到 70% 以上，不满足设备国产化率要求的风电场不允许建设”。

2. 产业化发展阶段（2006—2012 年）

党的十六大之后，科学发展观成为经济社会发展的主旋律，建设资源节约型、环境友好型社会成为能源发展的主要方向。2006—2012 年，我国有序推进新能源重大项目、不断开发建设规模。其中具有代表性的重大项目如下：2006 年，第一个国家级生物质直燃发电示范项目——山东单县生物质发电工程 1 × 30MW 机组正式投产。2009 年起，我国先后实施“金太阳”示范工程和“光电建筑应用示范项目”，并开启两轮光伏发电项目特许权招标，我国光伏电价进入 1 元时代。2010 年，甘肃、内蒙古、新疆、吉林、河北和江苏 6 个省区 7 大千万级风电基地规划建设稳步推进；张家口坝上风电基地建成投产，这是我国第一个百万千瓦级风电基地。2011 年，我国首座低风速风电场“安徽来安 49.5MW 风电场”，首个以风光发电控制、储能系统及智能输电集成技术为重点的国家级示范工程“张北风光储输示范工程”，世界最大的生物质发电厂“广东粤电湛江 2 ×50MW 生物质发电厂”先后建成投运。

与此同时，随着我国新能源产业相关装备的制造能力不断提升，国际竞争力日益增强。2006 年，我国自主研发的 1.2MW 风电机组投入试运行。2007 年太阳能电池产量达到 109 万 kW，一举超越日本，成为全球最大的太阳能电池生产国。2010 年，我国自主研发的 3.6MW 海上风电机组在东海大桥海上风电场成功安装，是首台具有自主知识产权的 5MW 风电机组投产，其成功建造及运行填补了我国海上风电制造的多项空白。

除了技术方面的突破，我国新能源产业的行业管理不断完善、加强，也有效推进了产业健康发展。2006 年 1 月 1 日，《中华人民共和国可再生能源法》正式施行，《可再生能源产业发展指导目录》《可再生能源中长期发展规划》相继公布，有效推进了可再生能源的产业化发展进程。2007年，发改委发布《关于开展大型并网光伏示范电站建设有关要求的通知》，明确大型并网光伏电站的上网电价通过招标确定，同时拉开了我国大型光伏电站建设的序幕。2010年，国家能源局印发《风电标准建设工作规则》《能源行业风电标准化技术委员会章程》和《风电标准体系框架》，加强风电标准化工作，规范和指导我国风电行业健康发展。

在此阶段，国家层面也颁发了一系列鼓励并支持新能源产业发展的政策。2009年，根据《国务院关于加强节能工作的决定》(国发〔2006〕28号)、《国务院关于印发节能减排综合性工作方案的通知》(国发〔2007〕15号）和《国务院关于进一步加强节油节电工作的通知》(国发〔2008〕23号）精神，中央财政从节能减排专项资金中安排部分资金，支持国家节能与新能源汽车示范推广。为加强节能与新能源汽车示范推广财政补助资金管理，提高资金使用效益，特制定《节能与新能源汽车示范推广财政补助资金管理暂行办法》，促进新能源汽车产业发展。

3. 规模化发展阶段（2013年至今）

党的十八大将生态文明建设提升至新的高度，创新、协调、绿色、开放、共享的发展理念成为时代主题，发展新能源成为推动能源供给侧结构性改革、加快构建清洁低碳、安全高效的现代能源体系、促进贫困地区发展、助力“三大攻坚战”的重要战略举措。

2013年以来，我国新能源产业的新技术、新模式、新业态不断涌现，代表性工程相继建成。以风电产业为例，2013年，全国首例离网型海岛供电——南麂岛离网型微网示范工程正式投运。2015年，全球最大容量风电制氢工程、国内首个风电制氢项目“张家口沽源风电制氢示范工程”开工建设。2016年，全亚洲最大的华能如东30万kW海上风电场开工建设，同年开始并网发电，并于2017年全面竣工完成。太阳能产业方面，2016年，国家能源局批复了全国第一批20个光热发电示范项目，截至2019年底，光伏装机容量超过1 929万kW，太阳能热发电规模化发展开始起步。

2013年以来，我国新能源政策环境和行业管理体系日趋完善，各个新能源产业，如太阳能产业、风电产业、生物质能产业、新能源汽车产业等，都得到不同程度的国家政策的支持，大大促进了其多元化健康发展。2013年，国务院发布《关于促进光伏产业健康发展的若干意见》，随后近百项支持和规范光伏产业发展的政策性文件密集出台，覆盖范围涵盖了产品制造、市场应用、财税、价格、补贴、土地管理等产业发展的各个相关方面；国家能源局制定《全面解决无电人口用电问题三年行动计划（2013—2015)》，提出推动风电等新能源产业在偏远地区的发展，使无电地区人民用上清洁能源。此后，为推动利用方式多元化发展，国家先后出台一系列政策，如《进一步落实分布式光伏发电有关政策的通知》《关于推动多能互补集成优化示范工程建设的实施意见》《分散式风电项目开发建设暂行管理办法》《关于促进生物质能供热发展的指导意见》《国家能源局关于开展“百个城镇”生物质热电联产县域清洁供热示范项目建设的通知》等。国家及地方层面相继推出支持新能源汽车的政策，如财政部、科技部、工信部、发展改革委《关于继续开展新能源汽车推广应用工作的通知》、《关于2016—2020年新能源汽车推广应用财政支持政策的通知》（财建〔2015〕134号)、《关于新能源汽车推广应用审批责任有关事项的通知》（财建〔2016〕877号)、《关于调整新能源汽车推广应用财政补贴政策的通知》（财建〔2016〕958号)、《关于调整完善新能源汽车推广应用财政补贴政策的通知》（财建〔2018〕18号)、《关于支持新能源公交车推广应用的通知》（财建〔2019〕213号)、《财政部、工信部、科技部、发改委《关于完善新能源汽车推广应用财政补贴政策的通知》（财建〔2020〕86号）等政策相继出台，推进新能源汽车产业的发展。

我国新能源产业的产能已具有一定规模。2019年，在全国发电装机容量中，火电装机容量11.91亿kW，占总装机容量的59.2%；水电装机容量3.56亿kW，占总装机容量的17.7%；核电、风电和太阳能装机容量分比为4 874万kW、2.1亿kW和2.05亿kW。清洁能源装机总容量已经达到8.20亿kW，占总装机容量的40.8%。

新能源产业是我国战略性新兴产业之一，在国家政策的大力扶持下发展并不平稳，经历了爆发式增长到跌入低谷再到缓慢复苏的曲折阶段。我国《“十三五”国家战略性新兴产业发展规划》推动了新能源汽车、新能源和节能环保产业快速壮大，构建了可持续发展的新模式。

第三节　产业发展情况

新能源开发利用受到世界各国的普遍重视，许多国家都将开发利用新能源作为提高能源安全、应对气候变化和实施可持续发展战略的重要途径。下面将介绍国际、国内以及大湾区的新能源产业（核能、太阳能、风能、生物质能、氢能及智能电网）及新能源汽车产业的发展情况。

一、国际发展情况

美国、欧盟等西方发达经济体最先开始新能源的大规模开发，通过颁布促进新能源发展的法规和政策，以及推动技术创新、快速打开市场、建立健全产业体系等措施，实现新能源产业的稳步、快速发展，也为新能源开发在全球获得认同、付诸实践奠定了基础。除了美国和欧盟，日本、澳大利亚也较早提出了新能源和可再生能源的发展规划，新能源产业获得了较快发展。近年来，以中国、印度、巴西为代表的新兴经济体国家陆续将新能源作为能源产业革新的主要方向，逐步成为新能源产业发展的支柱力量。

（一）核能产业

国际核能产业分布广泛，是新能源发电的主要来源之一，在部分发展中国家甚至是排名第一的新能源电力来源。未来核电的发展将集中在发展中国家，有一大批核电站正在建设开发中。

核能是一种成熟的低碳能源技术。截至 2019 年 5 月，全世界总计有 452 座核反应堆投入运行，分布在 31 个国家，另外有 54 座正在建设中。核电发展越来越集中在发展中国家，正在建设的核反应堆中共有 40 座位于中国、印度、俄罗斯等国。核电成为比利时、保加利亚和捷克等 13 个国家排名第一位的低碳电力来源。

在众多发达经济体中，核电作为主要低碳电力来源之一，其发电量占所有低碳发电量的 40%。2018 年核电发电总量超过 2 000TW · h，占全球总发电量的 10%，超过水利发电量 1/3，几乎是太阳能和风能项目发电量总和的两倍。

（二）太阳能产业

太阳能光伏发电技术自 20 世纪 70 年代全球爆发石油危机以来，在西方发达国家引起高度重视，太阳能产业在全球得以迅速发展。国际太阳能产业的发电量在过去几年实现高速增长。此发展势头仍继续保持，并将步入行业整合阶段。最新关于太阳能产业的装机量有关指标介绍如下：

2019 年全球新增并网光伏装机容量 121GW，2019 年全球所有可再生能源新增装机容量 176GW。截至 2019 年年底，全球累计光伏装机容量达到 580. 1 GW，可再生能源装机容量达到惊人的 2 563. 8GW，相比 2018 年增长了 7. 4%。2019 年，光伏装机容量 97. 5GW，风电装机容量 59GW，水电装机容量 12GW，生物质能装机容量为 6GW，地热能装机容量为 0. 6GW，其中光伏和风电装机容量占可再生能源新增容量的 90% 左右。整体上看，可再生能源装机容量占比正在呈现不断上升的趋势，到2019年达到72%，与此同时，可再生能源发电占总发电量的份额也从2018年的33.3%上升到2019年的34.7%。

（三）风能产业

国际上对风能产业的开发时间开始较早。近年来，随着风电技术的发展及相关法案的修订落实，风电的成本进一步降低，并成为全球最经济的绿色电力之一。

风能发电作为技术成熟、环境友好的可再生能源，已在全球范围内实现大规模的开发应用。丹麦早在19世纪末，便开始着手利用风能发电。1973年世界性的石油危机后，美国、丹麦、荷兰、英国、德国、瑞典、加拿大等国家开始在风力发电的研究与应用方面投入大量的人力和资金。2016年，风电在美国已成为第一大可再生能源，并在此前的七年时间里，美国风电成本下降了近66%。在德国，陆上风电已成为整个能源体系中最便宜的能源，并在政策上彻底实现风电市场化。2017年全球陆上风电平准化度电成本区间已经明显低于全球的化石能源，陆上风电平均成本逐渐接近水电。随着技术进步，未来全球风电项目的度电成本将进一步降低，成为全球最经济的绿色电力之一。

（四）生物质能产业

国际上生物质能产业产量及供电量增速迅猛，并得到西方各国家的重视。根据最新来自国际可再生能源机构的统计数据，生物质能产业的装机容量、燃料产量、发电量等有关统计数据具体如下：

2019年全球生物质能新增装机容量达到5.2GW，累计装机容量达到108.96GW。在欧美等发达国家的生物质能产业已经成熟，以生物质为燃料的热电联产甚至成为某些国家的主要发电和供热手段。到2020年，西方工业国家15%的电力将来自生物质发电。生物质燃料来源品类繁多，最终以沼气、生物制氢、生物柴油和燃料乙醇等形式成为全球生物质燃料的一部分。英国石油公司的长期监测数据显示，全球生物质燃料产量整体保持持续增长。2019年世界生物质燃料产量达到84 121千吨油当量，同比增长3.5%。其中，全球乙醇产量增长贡献超60%。全球生物质能发电装机容量持续上升，国际能源署预计，到2020年，西方工业国家15%的电力将来自生物质发电，届时，西方将有超过1亿个家庭使用的电力来自生物质发电，生物质发电产业还将为社会提供45万个就业机会。

（五）氢能产业

世界上许多国家都将氢能作为战略性能源来发展。早在20世纪70年代，美国就成功地将燃料电池应用于双子星五号太空船和阿波罗号宇宙飞船上，成为第一个实现氢能源技术应用的国家。然而20世纪末期至21世纪初期，因成本问题，氢能源技术的发展近乎停滞。直到2014年日本燃料电池技术的突破，再加上石油、煤炭等一次能源的储量逐渐减少导致能源紧缺，各国构建“氢能社会”的愿景才被重拾，氢能源也重新受到重视。

从国家层面来看，日本是氢能源发展最为积极的推动者；从市场实践层面来看，交通领域是全球氢能技术应用的“领头羊”。国际氢能委员会数据显示，到2030年全球燃料电池乘用车预计将达到1 000万~1 500万辆。

（六）智能电网

智能电网概念自2001年较为明确地提出以来，得到世界范围的广泛认同。近20年来，世界各国政府、电力企业、科研机构结合各自经济社会发展水平、能源资源禀赋特点和电力工业发展阶段，进行了深入研究和实践探索，智能电网的概念和特征、内涵与外延不断得到丰富发展。

目前，智能电网产业还处于发展阶段，主要依靠政府推动。各主要发达国家的智能电网的发展及应用的有关举措如下：在美国、日本等发达国家，智能电网战略已成为国家重要战略，智能电网建设是在政府统一主导和支持下，集国家及相关企业的力量来推动的。智能电网战略已成为主要发达国家抢占未来低碳经济制高点的重要战略措施。目前世界各国都在积极探索能源互联网的发展和实践，其探索路径和发展程度都有所差异。美国自2009年《美国恢复和再投资法案（ARRA2009）》正式生效开始，现处于稳步推进阶段。美国能源部在该法案生效后斥资45亿美元开展电网现代化改造建设，改造计划包括智能电网投资补助项目和智能电网示范项目。美国标准与技术研究院提出将分三个阶段建立智能电网标准，现已公布“智能电网”的标准化框架、标准规格、标准和指导方针。欧洲的能源互联网发展与能源清洁化提升进程相结合，其中德国在解决可再生能源的大规模和推动电力市场灵活交易方面，走在前列。数据显示：近年来全球智能电网市场规模快速增长，预计智能电网市场规模从2018年的238亿美元增至2023年的613亿美元，2018—2023年复合年均增长率为20.9%。

欧洲各国结合各自的科技优势和电力发展特点，开展了各具特色的智能电网研究和试点项目，英国、法国和德国等国家着重发展泛欧洲电网互联，意大利着重发展智能电表及互动化的配电网，而丹麦则着重发展风力发电及其控制技术。日本联合开发储能系统，开展从智能电表、蓄电池等设备到系统运用、维护保养的技术研究，联手推进国外智能电网业务。

（七）新能源汽车

国际新能源汽车市场渗透率及市场总体增速显著，各大新能源汽车型号涌现，其推广也得到各个国家的政策支持。新能源汽车市场主要集中在中国、美国、德国、挪威、法国、荷兰、瑞典、加拿大和日本等国。其中，中国为全球最大的新能源汽车市场，2019 年全球主要新能源市场中，中国新能源汽车销量为 120 万辆，仍是当之无愧的新能源汽车大国，在全球销量占比达 54%。而其余份额则被其他地区市场瓜分，其中美国新能源汽车总销量为 32.5 万辆、欧洲为 56.4 万辆、日本为 4.4 万辆、加拿大为 5.1 万辆、韩国为 3.4 万辆。企业方面，特斯拉作为最早大批量生产新能源汽车的企业，开启了全球新能源汽车的 1.0 时代，并引领产业高速发展。随着供应链、配套设施的日益完善，以及终端消费者对新能源车接受度不断提高，新能源汽车进入 2.0 时代。全球主流汽车强国纷纷大力支持新能源产业的发展，开启了新能源汽车的新周期。

二、国内发展情况

我国是一个能源消耗大国，同时又是一个经济迅速崛起的国家，经济增长与环境保护的问题日益突出，因此我国面临经济建设和生态文明建设的双重压力。寻找清洁、可持续发展的新能源和可再生能源是当代科研工作者的使命。

（一）核能产业

我国核能产业水平与国际水平仍有较大差距，但在国家政策的支持下，核能产业呈现了回暖的态势，相关技术也得到了发展。我国核能产业发展情况具体如下：

我国核能装机及发电占比小，具有较大的发展空间。据中国电力企业联合会统计，2019 年，全国核电发电量约为 3 483 亿 kW · h，同比增长 18.3%，仅占全国总发电量的 4.9%，与全球核能发电量占比 9.9% 相比，差距明显。作为清洁低碳、发电稳定的电源，核能仍具有较大的发展空间。

我国正在运营的核电站有 13 个，共 22 台机组。根据新能源行业市场发展现状分析，核电行业技术要求高，具备一级生产资质的企业较少。作为核能行业的龙头企业，广核和中核的新核电技术的推出和应用，标志着我国已经拥有成熟的三代核电技术。国内核能产业链主要以国企为主导，在大型核电专用设备市场中占据主导地位。核电的发展仍主要依靠国家政策，核能产业逐步回暖。

（二）太阳能产业

近几年我国太阳能产业取得了高速的发展，位居世界前列，对 GDP、就业机会以及全球减排和环保做出重大贡献，具体指标请参见《太阳能发展“十三五”规划》。我国光伏产业起步较晚，但呈现迅速发展的势头。2002 年，我国光伏行业开始起步。在“十五”期间，我国在光伏发电技术研发工作上先后通过“国家高技术研究发展计划”“科技攻关”计划安排，开展了薄膜太阳能电池以及应用系统的关键技术的研究，大幅度提高了光伏发电技术和产业的水平，缩短了光伏发电制造业与国际水平的差距。2010 年后，在欧洲经历光伏产业需求放缓的背景下，我国光伏产业迅速崛起，成为全球光伏产业发展的主要动力。2019 年全国新增光伏发电装机容量 2 011 万 kW，累计装机容量 20 430 万 kW。

（三）风能产业

我国风能产业起步较晚，但经过数十年的学习发展也取得了巨大进步。随着我国风能产业相关技术进一步提升，风能产业也将得到进一步发展，具体发展阶段及情况如下：我国的风力发电机设备制造业首先经历了 1985—1995 年以建设和运营风电场为基础，学习国外先进的风力发电机核心设备制造技术时期。1996—2000 年期间通过引进核心技术在国内进行生产制造。紧接着从 2000 年开始，我国已经研发出了拥有自主知识产权的新产品。2019 年开始向大型海上风电产业进军。

我国在甘肃酒泉等风能资源丰富的西北地区积极开发风能资源，风能发电已经成为西北地区发展新能源产业的主要途径。风能本身存在能量密度较低、性能不稳定、受地理位置限制的缺点，因此其应用没有太阳能和生物质能广泛。但随着中国风电装机的国产化和发电的规模化，风电成本有望降低，风能行业发展将呈现复苏迹象。

（四）生物质能产业

近年来，我国的生物质能产业的发展得到了国家的支持，并获得相应的市场投资，增速稳定良好。其中，我国生物质发电的累计装机量连续两年同比增长速度保持 20% 左右，增长势头有望继续保持。国家能源局发布的《生物质能发展“十三五”规划》明确提出了“十三五”的生物质能发展目标。随着国内大力鼓励和支持发展可再生能源，生物质能发电投资热情迅速高涨，各类农林废弃物发电项目纷纷启动建设。中国生物质能发电技术产业呈现出全面加速的发展态势。

（五）氢能

我国的氢能产业，特别是国产燃料电池，面临着成本及技术方面的问题，目前仍处于发展初期。我国氢能产业技术水平和推广应用存在产业基础薄弱、装备和燃料成本偏高以及存在安全性争议等方面的问题。我国制氢技术相对成熟且具备一定产业化基础，全国化石能源制氢和工业副产氢已具相当规模，碱性电解水制氢技术成熟。相比之下，我国氢能在储运技术、燃料电池终端应用技术方面与国际先进水平相比仍有较大的差距。

以氢燃料电池为例，国产燃料电池产品成本高，总体功率密度、系统功率、耐久性还较低。在储运方面，实现氢能规模化、低成本的储运仍然是我国乃至全球共同面临的难题。高压气氢作为目前国内外主流的氢能储运模式，还存在储氢密度仍然不够高、储运成本高等问题。保证氢气安全是氢能大规模推广应用的前提条件。

我国已具备一定的氢能工业基础，但生产主要依赖化石能源，消费主要作为工业原料，清洁能源制氢和氢能的能源化利用规模较小。清洁能源制氢和能源化利用仍处于发展初期，未来氢能在交通重型货运和电力储能领域有较大发展前景。

（六）智能电网产业

我国的智能电网产业自第一代智能电表的推出，已经历了十年的发展。智能电网作为新一代电力系统，具有高度信息化、自动化、互动化等特征，其应用数字信息技术和自动控制技术，实现从发电到用电所有环节信息的双向交流，系统地优化电力的生产、输送和使用。未来的智能电网将是一个自愈、安全、经济、清洁，能够提供适应数字时代的优质电力网络。

我国正处在能源转型的关键时期，传统的化石能源已日益枯竭，构建以风能、太阳能等新能源为核心的能源供需体系，引导电力行业转型升级，已成为我国能源发展的重要方向。随着我国新能源产业的迅猛发展，如何提高可再生能源的消纳，合理安排可再生能源项目的建设。构建能源互联网实现能源互联，从而提高可再生能源跨区域消纳是解决新能源消纳的重要手段。与智能电网强调发—输—变—配—用电以及调试、通信等电网各环节的智能化、信息化与互动化相比，能源互联通网更强调用户需求、互易业态、多能互补等方面。我国对智能电网的研究与讨论起步相对较晚，但在具体的智能电网技术研发与应用方面基本与世界先进水平同步，能源互联网的发展也刚刚起步。

我国以特高压电网为骨干网架、各级电网协调发展的坚强电网为基础，利用先进的通信、信息和控制技术，构建以信息化、自动化、数字化、互动化为特征的统一的坚强智能化电网。国家电网公司提出“建设坚强的智能化电网”，极大地推动了我国智能电网研究的开展：我国地区级以上电网都实现了调度自动化，35kV 以上变电站基本都实现了变电站综合自动化，有 200 多个地级城市建设了配电自动化。广域相量测量系统（WMAS）、FACTS 等技术的研发与应用都有突破性进展。

（七）新能源汽车产业

经过 20 余年的发展，我国新能源汽车实现从科研、产业化到市场推广的“三级”转变。目前，我国新能源汽车推广规模居于世界首位，主要销往日本、美国，其中有九款车进入全球畅销车型前 20 名的行列，处于市场领先的位置。区域分布上，主要集中在京津冀、长三角及珠三角地区，广东、上海、北京、山东、浙江保有量位列全国前 5 位。

三、大湾区发展情况

目前，我国经济发展面临国际国内的双重压力和挑战，需要培育新的增长点和动力源。纵观全球，大湾区经济已经成为带动全球经济发展的重要增长极，因此粤港澳大湾区备受瞩目和期待，而长足的发展离不开新能源行业的支持。2019 年中共中央国务院发布的《粤港澳大湾区发展规划纲要》提出，未来大湾区的新能源产业的发展将要以建设美丽湾区为引领，着力提升生态环境质量，建设能源安全保障体系，优化能源供应结构，强化能源储运体系。而大湾区新能源产业发展的各重点城市，包括深圳、广州、惠州和珠海，均在政策及具体行政支持上做出了不同的努力。

为积极推进新能源产业发展，深圳市发展改革委员会组织实施新能源产业发展专项资金扶持计划，重点扶持智能电网、太阳能、核能、风能、生物质能、储能电站、新能源汽车、页岩气等产业。广州以《广州市能源管理条例》为统领，构建广州“1 +4”能源政策法规体系，推进能源领域法治化环境建设，建立完善的法律法规保障体系。惠州市政府为加快新能源汽车推广应用，构建“2 +2 + N”现代产业新体系，对培育发展新能源汽车产业做出战略部署：在充分依托现有产业基础，发挥企业主体作用，积极承接周边地区整车生产基地的辐射和外溢，以新能源汽车整车项目和关键零部件产业为突破口，把惠州建设成为全省重要的新能源汽车产业基地。珠海积极引进新能源汽车及其上下游企业，布局从整车制造到电池、电机、电控等关键零部件和充电设备的产业链条。结合国家及省政策，着力突破制约新能源汽车发展的关键技术，尽快实现规模产业化，加快汽车产业结构调整转型。

第四节　产业发展趋势及挑战

（一）核能产业

世界核能发展面临的机遇与挑战并存，紧密联系，甚至可以相互转化。核能产业面临的机遇如下：首先，全球经济和能源需求的增长态势将会维持，亚洲将成为全球能源需求增长中心，有助于核电需求的稳定增长；其次，关于气候变化的《巴黎协定》的签署，为世界核能的持续发展创造了历史性契机；最后，随着技术提升，核能发电的成本和效率优势相对于可再生能源发电更为凸显。

同时，世界核能产业发展也面临着一系列经济、安全和环境方面的挑战，如资金来源、铀资源可获得性、核废料处理、核技术安全性、公众接受度、核设施老化、核不扩散、页岩气竞争等问题。主要表现在：①资金投入大，投资周期长。核电项目技术高度复杂，对地质、水文、气候、周边人居环境等有非常严格的安全要求，资金投入量巨大，建设周期长，投资成本回收期长。②公众对于核电的发展存在很大的忧虑。日本福岛核事故，在全球范围内引发了一波反核高潮。美国尤卡山核废物处置库因公众反对未能按计划建设，瑞典和德国因公众的抗议而被迫实行弃核政策。③核能扩张和核原料消费量上升加大了核扩散与核恐怖主义的风险。

（二）太阳能产业

全球太阳能市场前景乐观，且仍将保持在一个较高的水平。目前，应对气候变化已成为全世界的呼声和共识，全球目前已经有 146 个国家设定了可再生能源目标，一些知名跨国企业已经实现或制定了 100% 的可再生能源使用目标。主要市场如中国、日本、印度、美国，虽会略有变化，但总体将保持稳定水平；欧洲市场未来将是老树发新芽。此外，由于前几年市场供不应求使得部分企业加大扩产，加上部分落后产能未能有效退出，两种因素叠加，在市场增速放缓的情况下，行业将面临关键转折点。而通过此次转折、行业整合后，太阳能产业有望逐步实现高质量发展。到 2040 年太阳能有望成为最大的能源来源。

自 2011 年来，我国光伏产品全球市场占有率越来越高，美国太阳能企业则相继破产或外移，新兴市场如“一带一路”沿线国家或将成为热门，南美、中东等国家可能成为未来市场增量的主要来源。随着未来技术进步将继续加快，行业整合趋势明显。太阳能的发展进入由粗放式向精细化发展转变。

（三）风能产业

我国风能产业不论是陆地风电还是海上风电均有一定的资源优势。其中，我国中东部地区和南方地区陆上风能资源具有分布广泛、应用灵活、离用电地区近的特点，按照“就近接入、本地消纳”的原则，近期国家政策积极引导国内风电装机向中东部和南方地区转移，加快该类地区风能资源规模化开发。海上风电具有风资源丰富，发电小时数高，靠近负荷中心便于消纳等特点。海上风电将成为未来我国风电行业的发展新趋势和新的行业增长点。

我国发展风电产业发展虽然具有资源优势，同时也面临一系列挑战，如资源分配不均、电力供应和需求的地区不一致、扩大国内工业和实现风电融资支持需求之间的平衡、延迟风电场连接至电网的时间、已并至电网的风电场弃风等问题。其中，导致延迟连接问题的因素包括：①技术层面，国家风电资源的扩张速度超过风电并网设施的建设速度；②管理层面，地方上风电场和电网的建设规划不一致；③经济层面，对负责风电并网的电网运营者的支持弱于对电力发展的支持。而导致风电场弃风问题的因素主要是：①技术层面，欠发达地区电力供应增长速度超过电力需求的增长速度，多出的电量输送至外省存在技术难度，只能选择限制发电能力；②管理层面，风能的发展规划没有有效整合到电力行业的发展规划中，并缺乏对电网基础设施的战略性规划；③经济层面，没有为电网运营者提供经济激励鼓励其优先调度风电，也没有为燃煤电站提供激励措施鼓励其以灵活的方式运行。

（四）生物质能产业

我国生物质能产业发展优势明显、潜力巨大，表现为农用地、林地和适宜林地总面积大，劳动力资源丰富，劳动力成本低廉，城镇化程度较发达国家低。近十年来，中国生物质能产业发展势头强劲。一方面，国家发布了完整的政策框架，包括建设低碳、循环、生态经济的可持续发展模式；另一方面，我国生物质能产业拥有一批龙头企业，掌握了生物质能产业化的核心技术，从生物质颗粒、发电到农村沼气生产，从工业酒精生产到高洁净航空煤油、汽油、柴油生产，我国的生物质能技术已达到国际先进水平。

同时，我国生物质能发展也面临不少挑战，特别是原料回收和市场秩序混乱等问题。由于企业对原材料收集的问题重视不足，一些中间商唯利是图，而且缺乏诚信，这导致生物质能源企业很难得到足够数量的原材料。市场无序也制约着我国生物质能发展，并影响行业的健康发展。生物质能产业涉及千百万农民的利益，必须引起各方面重视。

（五）氢能

未来，氢能产业将成为我国优化能源消费结构、保障国家能源供应安全的战略选择。在氢能的生产方面，目前使用氢气炼化和化工生产（基于化石燃料）主要集中在世界各地沿海工业区，如欧洲的北海、北美的墨西哥湾沿岸以及我国东南地区。鼓励基于工业港口的工厂转向氢气生产，成为扩大清洁氢气使用的“神经中枢”，将降低生产总成本。在氢能的运输方面，未来可开拓基于现有基础设施、陆运、航运等运输渠道，建设氢能运输网络，满足市场对氢气的需求，并降低成本。

同时，氢能产业的发展也面临着来自成本、基础设施、原材料以及政策方面的限制。目前，用低碳能源生产氢气的成本很高，氢基础设施的发展缓慢，阻碍了氢能的广泛应用和市场发展。对于消费者，氢气价格在很大程度上取决于加氢站数量、使用频率以及每天氢气的输送量。解决这个问题可能需要国家以及地方政府、行业和投资者共同协调并制定具有可操作性的规划。

此外，目前氢气主要来原材料为化石燃料，如石油、天然气。氢能产业以现有的规模要迈向清洁能源的未来，则需要从清洁能源中获取更多的氢气。现有法规也限制了清洁氢行业的发展，带来一定投资障碍，而氢能贸易将受益于共同的国际标准（大量氢气的储运安全以及不同氢气供应来源对环境产生的影响）。国际能源署将继续提供严格的分析和政策建议，以支持并跟踪国际合作的发展。

（六）智能电网产业

智能电网作为新一轮能源变革的重要载体，对能源系统智能化发挥着核心和引领作用。美国、欧盟、日本等国家与地区均制定了符合自身特点的智能电网技术发展路线图，加大科研投资，加快技术创新步伐，推动关键技术深化发展。智能电网领域的国际合作、联合投资、技术协同、标准制定等创新活动日益活跃。我国通过主持或参与国际相关标准的制定，引领国内企业实施“走出去”战略，助力本土企业开拓国际市场。未来，智能电网将更加融入城市发展，成为智慧城市发展的重要支撑。我国作为全球能源互联网的重要组成部分，未来总体将按照国内互联、洲内互联、全球互联三个阶段推进。2025 年，跨国联网实现重要突破；2035 年，基本实现各大洲洲内电网互联，亚洲、欧洲、非洲率先跨洲联网；2050 年，基本建成全球能源互联网。

智能电网要取得进一步的发展，仍面临一系列的困难与挑战，特别是在资源配置能力、新能源接入与控制能力、电网装备智能化水平、与用户互动方面仍有待进一步提升。在资源配置方面，我国电力能源分布与区域发展的不平衡性随着经济的高速发展日益加剧，缺电与窝电现象并存，跨区联网建设滞后，区域间输送及交换能力不足，电力资源配置范围和配置效率受到很大限制，更大范围优化资源配置能力亟待提高。此外，我国风电、太阳能等新能源发展迅猛，其发电规模及不稳定性，给智能电网在新能源接入与控制带来了重大的挑战。为应对这一系列的挑战，电网装备智能化水平需持续提升，具体包括智能分析、预警、决策、控制等方面，以满足各级电网协同控制的要求，支撑智能电网的一体化运行。此外，未来智能电网与用户的互动需要不断增强。随着用户侧、配网侧分布式电源的快速发展，尤其是随着屋顶太阳能发电、电动汽车的大量使用，电网中电力流和信息流的双向互动不断加强，对电网运行和管理将产生重大影响。

（七）新能源汽车产业

目前，我国新能源汽车产业正处于转变期，从之前完全靠政策推动向由政策和市场双向驱动转变。转向政策市场双向驱动的新能源汽车产业仍将具有巨大的发展优势：①市场发展空间巨大，人均汽车保有量与发达国家相比有较大差距；②在新的技术变革下，如电动化、智能化、共享化等几个新的技术整合下，新能源汽车未来将不仅是交通工具，而且能发挥移动智能终端作用；③传统汽车销售模式正发生变化，处于新旧模式交替期；④随着城镇化水平持续提升，电商、冷链、快递、配送等与消费相关的社会物流需求继续保持中高速增长，为电动物流车增长提供了市场基础。

与此同时，我国新能源汽车产业除了面临国家补贴政策退出和外资进入等挑战，也存在其他一系列问题与困难：①新能源汽车产业作为新兴产业，国际上可以借鉴的成熟经验有限。②伴随着新能源汽车与其他产业进行深度融合将产生一系列复杂的协调问题，特别是自动驾驶在新能源汽车的应用，未来可能受到来自法律、法规、伦理方面的一些挑战。③技术快速迭代提升产品性能的同时，会造成消费者对未来产品性能和价格的期待过高，因此产业需要应对市场预期造成的问题。④新能源汽车的推广需要解决充电问题，例如目前公共充电桩布局缺乏规划、标准不统一，导致互联互通水平差、充电桩利用率低等问题。此外，新能源汽车产业需要应对动力电池回收的问题。

【要点回顾】

本章介绍了新能源产业的定义和分类、国内外新能源产业发展历程和国内外新能源产业发展情况。在本章的最后一个部分介绍了新能源产业发展趋势和挑战。

【复习题】

1. 目前公认的新能源不包括（　　）。

A. 风能　　B. 太阳能　　C. 煤层气　　D. 生物质能

2. 世界上许多国家都将氢能作为战略性能源来发展。早在20世纪70年代，美国就成功地将燃料电池应用于双子星五号太空船和阿波罗号宇宙飞船上，成为第一个实现（　　）技术应用的国家。

A. 太阳能　　B. 核能　　C. 氢能源　　D. 生物质能源

3. 下列关于我国新能源各产业面临的挑战描述错误的是（　　）。

A. 核能产业对地质、水文、气候、周边人居环境等有非常严格的安全要求

B. 风能产业资源分配不均，电力供应和需求的地区不一致

C. 智能电网产业在资源配置能力、新能源接入与控制能力等方面还需进一步提升

D. 新能源汽车产业只面临国家补贴政策退出和外资进入的挑战

第六章

新材料产业

【学习目标】

1. 了解新材料产业的定义和分类；
2. 熟悉新材料产业的发展历程和发展情况；
3. 掌握新材料产业的发展趋势及挑战。

【导入案例】

石墨烯产业

目前，我国石墨烯产业已经初步呈现出集群化分布特征，形成“一核两带多点”的空间格局。“一核”指以北京为核心，“两带”指东部沿海地区产业带及内蒙古——黑龙江地区产业带，“多点”指四川、重庆、湖南、陕西、广西等地区依托其资源优势、人才优势，发展石墨烯产业，形成了新的增长极。

全国各地目前已有30多家在建或已建的石墨烯研究院或产业基地。未来发展将会呈现如下特点：一是将呈现“强者愈强”，资源要素继续向优势地区汇聚的趋势，如东部沿海地区；二是热点城市不断涌现，各地政府纷纷着手建设各种石墨烯研究院及产业园，将石墨烯产业作为发展重点；三是将呈现“特色化、差异化”发展，区域分工格局更加明晰，其中北京将依托独特的研发资源，抢占全国石墨烯研发高地。

第一节　产业定义及分类

一、产业定义

新材料也称先进材料，是指新发展起来的或在发展中的材料，它比现有材料有更优良的或独特的性能，例如石墨烯等。

进入21世纪，新材料产业的发展对整个工业、农业、国防和其他高新技术产业的发展都起着重要的支撑作用。新材料具备性能优异、技术壁垒高，产品附加值高等特点，并大多应用在尖端科技、国防工业和新兴领域。因此，新材料产业的发展体现了国家工业技术与科技水平的前瞻性，对未来经济发展、社会变革起着基础性的作用。

新材料是新一轮科技革命和产业变革的基石与先导，是世界各国科技经济发展的必争之地。习近平总书记指出，新材料产业是战略性、基础性产业，也是高技术竞争的关键领域，我们要奋起直追迎头赶上。新材料技术已然成为当前最重要、发展最快的科学技术领域之一。加快新材料产业发展，有利于推动传统产业转型升级和战略性新兴产业的发展，实现社会生产力和经济发展质量的跃升，对实施创新驱动发展战略，加快供给侧结构性改革，增强产业核心竞争力，具有重要的战略意义。

二、产业分类

根据2018年10月12日国家统计局第15次常务会议通过的《战略性新兴产业分类（2018）》，新材料产业可以分为先进钢铁材料、先进有色金属材料、先进石化化工新材料、先进无机非金属材料、高性能纤维及制品和复合材料、前沿新材料、新材料相关服务。

先进钢铁材料包括先进制造基础零部件用钢制造、高技术船舶及海洋工程用钢加工、先进轨道交通用钢加工、新型高强塑汽车钢加工、能源用钢加工、能源油气钻采集储用钢加工、石化压力容器用钢加工、新一代功能复合化建筑用钢加工、高性能工程、矿山及农业机械用钢加工、高品质不锈钢及耐蚀合金加工、其他先进钢铁材料制造和先进钢铁材料制品制造。

先进有色金属材料包括铝及铝合金制造、钛及钛合金制造、镁及镁合金制造、稀有金属材料制造、贵金属材料制造、稀土新材料制造、硬质合金及制品制造和其他有色金属材料制造。

先进石化化工新材料包括高性能塑料及树脂制造、聚氨酯材料及原料制造、氟硅合成材料制造、高性能橡胶及弹性体制造、高性能膜材料制造、专用化学品及材料制造、新型功能涂层材料制造、生物基合成材料制造、生命基高分子材料及功能化合物制造和其他化工新材料制造。

先进无机非金属材料包括特种玻璃制造、特种陶瓷制造、人工晶体制造、新型建筑材料制造和矿物功能材料制造。

高性能纤维及制品和复合材料包括高性能纤维及制品制造、高性能纤维复合材料制造和其他高性能复合材料制造。

前沿新材料包括3D打印用材料制造，超导材料制造，智能、仿生与超材料制造，纳米材料制造，生物医用材料制造，液态金属制造。

新材料相关服务包括新材料研发与设计服务、质检技术服务和科技推广和应用服务。

第二节　产业发展历程

自英国工业革命开始，英国、法国、德国和美国凭借纺织、铸铁、铁路建设等第一代主导产业领先全球。到20世纪前后，英国、美国、德国、法国和日本大力发展的钢铁、电力、汽车和硫酸等第二代技术产业逐渐成为主导产业，成为整个国民经济的基础，大力推动了工业化和现代化。

随着20世纪物理、化学等一系列自然学科的发展，新材料科学也进入了专业化的阶段。人类进入了利用物理、化学等手段合成材料的阶段。塑料、合成纤维、橡胶、塑胶等高分子材料相继出现，加上已有的金属材料（无机金属材料）和陶瓷材料（无机非金属材料），共同构筑了我们的新材料体系。

20世纪末至21世纪初，全球材料科学发展迅猛，其中以纳米材料、超导材料、光电子材料、生物医用材料及新能源材料等为代表的新材料技术创新异常活跃。

21世纪以来，新材料领域出现了复合化、智能化的现象。人们可以利用新的工艺方法，根据自己需求对材料进行设计组合，形成复合型材料；智能材料是指人类通过发现新材料的某些性质，应用于更加高效的场景这些新材料都充分用到了材料其自身的自适应、自诊断和自修复的功能。

经过几十年的快速发展，我国制造业规模跃居世界第一，已建立起种类齐全、独立完整的制造体系，具备建设现代化工业强国的基础条件。但是，由于目前我国仍处于工业化的进程之中，与发达国家相比还具有一定的差距。新材料作为国民经济的先导性产业和高端制造及国防工业发展的关键保障，是各国战略竞争的焦点。我国高度重视新材料产业发展，出台规划发展、纲领性文件、指导性文件等，推动全产业链快速发展。大力发展新材料产业，将成为我国的重大战略目标，新材料将作为我国重要的战略支撑，为整个工业体系提供强有力的技术保障。我国新材料产业发展政策如表6-1所示。

表 6-1 我国新材料产业发展政策

序号	时间	发展战略及计划	内容
1	2012 年	《“十二五”国家战略性新兴产业发展规划》	产业创新能力大幅提升，创新创业环境更加完善，国际分工地位稳步提高，引导带动作用显著增强
2	2014 年	《关键材料升级换代工程实施方案》	到 2016 年，实现大尺寸单晶硅、宽禁带半导体及器件、新型平板显示玻璃、石墨烯、PM2.5 过滤材料、高性能 low-E 玻璃、高速铁路轮对、液化天然气船用殷瓦合金薄带、新型防腐涂料等 20 多种重点新材料实现批量稳定生产和规模作用
3	2015 年	《中国制造 2025》(2015 年开始)	发展军民共用特种新材料；布局超导材料、纳米材料、石墨烯、生物基材料等战略前沿材料
4	2015 年	《国家增材制造产业发展推进计划》(2015—2016 年)	计划提出要从五方面来推进 3D 打印的发展：着力突破 3D 打印专用材料、加快提升 3D 打印工艺技术水平、加速发展 3D 打印装备及核心器件、建立和完善产业标准体系、大力推进应用示范
5	2015 年	《原材料工业两化深度融合推进计划（2015—2018 年)》	涉及石化化工、钢铁、有色金属、建材、黄金、稀土等原材料工业
6	2016 年	《“十三五”国家战略性新兴产业发展规划》	到 2020 年，力争使若干新材料品种进入全球供应链，重大关键材料自给率达到 70% 以上，初步实现我国从材料大国向材料强国的战略性转变
7	2016 年	《绿色建材发展行动计划》	发展碳氧排放量等符合标准的绿色建材
8	2016 年	《关于加快新材料产业创新发展的指导意见》	加快发展先进基础材料，积极开发前沿材料，促进新材料产业有序集聚发展，加强新材料人才培养与创新团队建设，加快军民新材料资源双向转移转化
9	2016 年	《稀土行业发展规划(2016—2020 年)》	以创新驱动为导向，持续推进供给结构性改革，加强稀土战略资源保护，规范稀土资源开发生产秩序，有效化解冶炼分离和低端应用过剩产能
10	2016 年	《有色金属工业发展规划（2016—2020)》	以加强供给侧结构性改革和扩大市场需求为主线，以质量和效益为核心，以技术创新为驱动力，以高端材料、绿色发展、两化融合、资源保障、国际合作等为重点，加快产业转型升级，拓展行业发展新空间
11	2016 年	成立国家新材料产业发展领导小组	领导小组的具体职责：审议推动新材料产业发展的总体部署、重要规划，统筹研究重大政策、重大工程和重要工作安排，协调解决重点难点问题，指导督促各地区、各部门扎实开展工作
12	2017 年	《新材料产业发展指南》	明确提出材料先行、产用结合，以满足传统产业转型升级、战略性新兴产业发展和重大技术装备急需为主攻方向

（续）

序号	时间	发展战略及计划	内　容
13	2017年	《产业关键共性技术发展指南（2017年）》	共提出优先发展的产业关键共性技术174项，其中，原材料工业53项、装备制造业33项、电子信息与通信业36项、消费品工业27项、节能环保与资源综合利用25项
14	2017年	《中国制造2025》等	“1+X”规划体系中，“1”是指《中国制造2025》，“X”是指11个配套的实施指南、行动指南和发展规划指南，包括国家制造业创新中心建设、工业强基、智能制造、绿色制造、高端装备创新等5大工程实施指南，发展服务型制造和装备制造业质量品牌2个专项行动指南，以及新材料、信息产业、医药工业和制造业人才4个发展规划指南。通过加强政府引导，凝聚行业共识，汇集社会资源，围绕重点、破解难点，着力突破制造业发展的瓶颈短板，抢占未来竞争制高点
15	2017年	《重点新材料首批次应用示范指导目录（2017年版）》	包括92种先进基础材料，31种关键战略材料，6种前沿新材料，重点提出做好重点材料首批次应用保险补偿机制试点工作
16	2017年	成立国家新材料产业发展专家咨询委员会	专家委员会的主要职责：做好相关重大工程、重大项目、重大平台的论证评估工作，参与国家新材料创新中心建设，推进新材料产业创新体系建设
17	2017年	《关于开展重点新材料首批次应用保险补偿机制试点工作的通知》	建立新材料首批次保险机制，坚持“政府引导、市场运作”的原则，旨在运用市场化手段，对新材料应用示范的风险控制和分担做出制度性安排，突破新材料应用的初期市场瓶颈，激活和释放下游行业对新材料产品的有效需求，对于加快新材料创新成果转化和应用，促进传统材料工业供给侧结构性改革，提升我国新材料产业整体发展水平具有重要意义
18	2017年	《国家新材料生产应用示范平台建设方案》 《国家新材料测试评价平台建设方案》	强调牢固树立和贯彻落实新发展理念，围绕制造强国战略需求，整合优势资源，促进新材料供需对接，强化应用示范，推动料要成材、材要成器、器要好用，研发一批、储备一批、应用一批，实现一代材料、一代产业，为我国新材料产业快速健康发展提供支撑和保障
19	2018年	《重点新材料首批次应用示范指导目录（2018年版）》	包括118种先进基础材料，37种关键战略材料，9种前沿新材料。强调进一步做好重点新材料首批次应用保险补偿试点工作
20	2018年	工业和信息化部　财政部关于印发国家新材料产业资源共享平台建设方案的通知	以国家战略和新材料产业发展需求为导向，建立和完善新材料领域的产学研资源开放共享、资源汇聚、有序发展、安全可控的平台机制

（续）

序号	时间	发展战略及计划	内　容
21	2019年	《重点新材料首批次应用示范指导目录（2019年版）》	包括228种先进基础材料，83种关键战略材料，20种前沿新材料。强调进一步做好重点新材料首批次应用保险补偿试点工作

以上政策均为新材料产业专项政策，另外，国务院印发的《粤港澳大湾区发展规划纲要》《长江三角洲区域一体化发展规划纲要》《关于构建更加完善的要素市场化配置体制机制的意见》等政策均明确表示，新材料为我国重点发展的战略性新兴产业，需大力发展，重点强化新材料等领域的自主知识产权市场化运营。

第三节　产业发展情况

一、国际发展情况

（一）国际新材料产业发展总体概况

放眼全球，各地区新材料产业发展情况差距明显，以美国、日本、欧洲为代表的发达经济体在新材料的研究和产业化上领跑全球，俄罗斯、韩国等紧随其后，而除了中国、印度、巴西等发展态势较好的发展中国家以外，大多数发展中国家的新材料产业在技术和制造方面均处于劣势。全球各国家和地区在新材料产业的优势和具体情况见《企业标准的应用研究》的调查。

全球新材料龙头企业主要集中在美国、日本和欧洲等发达国家和地区，其拥有绝大部分大型跨国公司，在经济实力、核心技术、研发能力、市场占有率等多方面占据绝对优势，在全球市场占据垄断地位。其中，美国在新材料领域全面领跑，日本的优势在纳米材料、电子信息材料等领域，欧洲的优势在结构材料、光学与光电材料等方面。中国、韩国、俄罗斯位于全球第二梯队，中国的优势在半导体照明、稀土永磁材料、人工晶体材料，韩国在显示材料、存储材料，俄罗斯在航空航天材料等方面具有比较优势。除巴西、印度等少数国家之外，大多数发展中国家的新材料产业相对落后。

从新材料市场来看，北美和欧洲拥有目前全球最大的新材料市场，而中国的新材料市场正处在一个快速发展的阶段。从宏观上分析，全球新材料市场的重心在逐步向亚洲地区转移，随着新一轮科技革命和产业大变革的来临，全球技术要素和市场要素配置方式将发生深刻的变化，地区的差异将进一步加剧。

美国、日本、欧盟是世界新材料生产的主要经济体，对量大面广的传统材料加强改造的同时，高度重视新材料产业发展。各国政府、部门相继制订了推动新材料科技和产业发展的相关计划，全面加强研究开发，并在市场、产业环境等不同层面出台了政策。

（二）美国新材料产业发展情况

美国在新材料产业位于领导者地位，在发展目标上也是继续保持领先地位。自冷战后，美国就出台了一系列的创新计划，将新材料产业作为重点发展的领域之一，经过几十年的发展，已经取得了卓越的成果，孵化了一大批世界领先的新材料公司。根据《美国新材料产业支撑体系研究及启示》的整理，美国新材料产业的发展历史和发展现状如下：

在冷战后美国政府开始调整科技政策，由军事为主转为军民结合，提出了对国家经济繁荣和国家安全至关重要的六个领域，而其中新材料位于六大领域之首。克林顿时期出台了一系列重要科技创新计划，在金属材料、生物材料、空间材料、超导材料、先进陶瓷、高分子材料等领域取得了全球领先地位。小布什时期，生物技术、纳米技术和氢能源技术是新材料技术重点发展领域。奥巴马时期，美国进一步发展新材料技术，包括纳米材料、航天材料、生物材料、光电材料、储能系统、轻质结构材料、先进合金、新兴半导体、碳纤维复合材料等。

美国新材料发展的目标是保持自身全球领导者地位，通过对新材料的基础研究和前沿技术的突破，支撑信息技术、生物技术、空间技术等前沿技术发展，保障在国防、能源、健康等重要领域的需求。美国著名新材料企业包括埃克森美孚化工、陶氏化学公司、杜邦公司、3M 公司、镁铝公司、美国钢铁公司、PPG 工业有限公司、空气化工产品公司、通用电气公司、伊士曼化学公司、道康宁公司等。

（三）日本新材料产业发展情况

第二次世界大战后日本确立了技术立国的方针。根据技术立国的方针，日本政府建立了一批新材料研究所，并大大增加了材料科学家和材料工程师的培养力度。此外，为促进新材料的发展，日本开始模仿欧美各国，在税制上采取支持政策，以鼓励民间从事新材料的技术开发活动。几十年间，日本政府出台了连续的科学技术基本计划，为新材料的研发、实用化起到了积极的推动作用。日本在20世纪80年代投入了大量人力和资金在材料科学的研究上，同时还通过减税等方式支持新材料的研发，使得其在纳米材料、纤维材料、电子信息材料等领域的研究与产业化方面取得了大量成果。

日本在新材料领域的科技战略目标是保持产品具有国际竞争力，材料研发更注重实用性，在电子信息材料、纤维材料、纳米材料等领域都处于国际领先水平。日本著名新材料企业包括JX控股公司、新日本制铁公司、三菱化学控股集团公司、住友电气工业株式会社、德山公司、信越化学工业株式会社、出光兴产株式会社等。

（四）欧洲新材料产业发展情况

欧盟通过在政策和资金两方面对新材料技术研发大量投入，使得其在新材料的核心技术上取得了世界领先的研究成果，例如2009年，欧盟对新材料技术研发的资助高达440亿欧元，远高于同时期日本和美国的投入。具体情况见《欧盟先进材料技术的研发现状及发展趋势》。

欧盟作为环境友好型社会，先进材料技术是欧盟关键使能技术（KETs）之一，在原材料替代、循环再利用以及应对全球经济社会挑战的先进材料技术方面，领导着技术研发创新的世界潮流，总体上，欧盟保持着医疗卫生价值链先进材料技术的全球领先水平和行业竞争力。欧盟确定的先进材料技术目前分为五大类，包括先进金属材料、先进合成高分子材料、先进陶瓷材料、新兴复合材料和先进生物聚合物材料。

1. 德国

欧洲新材料产业整体发展水平较高，主要分布在德国、英国、法国等老牌发达国家。德国的创新能力在欧洲位于第一位，在传统技术和高新技术领域有雄厚的实力，是世界第二技术出口国，在新材料、纳米、电子和生物等技术领域都具有国际一流水准。德国在第二次世界大战后迅速恢复发展成为世界经济强国，在战后各国中所用时间最短。德国联邦政府教育和研究部委鼓励各种社会力量参与新材料研发，先后颁布实行了多个规划，以加强材料技术领域在国际上的先导性和可持续的技术地位，并将材料技术创新定向用于国际上重要技术领域，促进成果转化为实际应用。德国政府通过政策扶持，大力发展新材料技术，在研发成果的产业化上取得了诸多成就。例如，德国在纳米生物材料的研发上处于领先地位，接下来也将继续投入巨额研究经费，支持纳米材料的研发。具体见《德国政府促进创新产业的主要政策和举措》中做出的总结。

德国著名新材料企业包括巴斯夫股份公司、拜耳公司、赢创工业集团、朗盛集团、汉高公司、瓦克化学公司等。

2. 俄罗斯

俄罗斯在21世纪初期就将新材料技术列为重点发展产业，在航空材料等新材料的细分领域处于领先位置。政府的扶持也催生了一批成功的新材料企业，主要集中在金属相关新材料和纳米材料等产业。

俄罗斯把新材料等相关技术产业作为国家战略和国家经济的主导产业进行大力扶持。俄罗斯矿产资源十分丰富，在航空航天材料、新能源材料、化工材料等领域处于世界领先地位。俄罗斯著名新材料企业包括俄罗斯铝业联合有限公司、谢维尔钢铁公司、俄罗斯铜业公司、诺里尔斯克镍业公司、俄罗斯纳米集团、VSMPO-AVISMA公司、奥勃宁斯克研究和生产企业、Halopolymer卤化聚合物集团。

全球各主要国家新材料产业发展政策如表6-2所示。

表6-2 全球各主要国家新材料产业发展政策

<table>
<tr><th>国家</th><th>产业</th><th>文献</th><th>文件内容</th></tr>
<tr><td rowspan="5">美国</td><td rowspan="4">信息材料、生物医用、环境材料、纳米材料</td><td>《材料基因组计划战略规划》（2011年）</td><td>公布了9大关键材料研究领域下的63个重点方向；其中，树脂基复合材料、关联材料、电子和光子材料、储能材料以及轻质结构材料5类材料涉及的37个重点方向对国家安全影响重大</td></tr>
<tr><td>《增材制造技术路线图》（2015年）</td><td>包括设计、材料、工艺、价值链和增材制造基因组5个技术焦点领域，分别对每个领域2013—2020年的发展重点进行了规划</td></tr>
<tr><td>《美国国家创新战略》（2015）</td><td>确定了9大优先发展领域，其中涉及的新材料领域主要包括纳米材料、先进材料、太阳能电池、航天材料等</td></tr>
<tr><td>《先进汽车材料计划》（每年）</td><td>包括汽车材料子计划和汽车推进系统材料子计划等</td></tr>
<tr><td colspan="3">2017年1月特朗普政府上台后，美国国家科学技术委员会下属技术委员会活动趋于停滞。但在白宫网站美国国家科学技术委员会组织机构清单中仍列出材料基因组倡议分委会。
2018年10月5日美国国家科学技术委员会发布的《美国先进制造领先战略》仅提及一次“材料基因组倡议”。各联邦部门也未以“材料基因组倡议”名义设立新的研发计划或项目资助，但各部门职责内已落实的项目仍在继续执行中。
2018年5月，美国国家标准与技术研究院发布《对支持材料基因组倡议的国家技术基础设施需求的经济分析》报告呼吁加强研发基础设施建设，以继续支持材料基因组倡议，推动先进材料创新。
总体而言，新材料产业每年将为美国创造1 230亿~2 700亿美元的价值。⊖</td></tr>
</table>

⊖ 陈江睿．美国材料基因组倡议实践简述［J］．全球科技经济瞭望，2020，35（1）：1-9.

（续）

国家	产　业	文　献	文件内容
英国	卫星及航天技术、纳米技术、机器人先进材料、绿色低碳、海洋材料等	《我们的增长计划：科学和创新》（2014 年）	计划向包括先进材料及纳米技术、机器人及自治系统在内的 8 大新兴技术提供 6 亿英镑的投资，鼓励新兴产业发展
		国家生产力投资基金（NPIF）（2016—2020 年）	为确保政府对研究和创新的长期承诺，保持脱欧后英国在研发和创新方面的优势，NPIF 将在 2020—2021 年前额外提供总计 47 亿英镑的研发经费，用于支持机器人、人工智能、生物科技、卫星、先进材料制造等领域
		英国工业 2050（英国 4.0）	英国科技办公室大力发展低碳产业相关材料、高附加值制造业相关材料、生物材料、海洋材料等
		产业振兴战略（绿）产业战略（白）（2017 年）	英国商业、能源和产业战略部发布关于新制造工艺与新材料相关政策㊀
日本	能源材料、环境友好材料、生物医用材料、纳米材料等	《日本产业结构展望 2010》（2010 年）	以新成长战略为指导，将包括高温超导、纳米、功能化学、碳纤维、IT 等新材料技术在内的十大尖端技术产业确定为未来产业发展的主要战略领域
		MI2I 信息集成型物质材料研发计划（2015 年）㊁	2015 年日本国立科研单位物质和材料研究机构（NIMS）提出了“信息集成型物质和材料研发计划”（Materials Research by Information Integration Initiative，MI2I），在蓄电池材料、磁性材料、导热控制、热电材料等领域开展数据驱动型的新型研究，以构筑数据驱动的信息化物质探索和材料研发新模式
		科学技术基本计划（每年更新）	由日本内阁发布，重点方向包括超智能社会、先进材料、纳米技术、信息技术等

㊀ 新材料产业发展之我见（4）——国外新材料政策解读：宋锡滨 2019［R/OL］.［2019-03-16］https：//mp. weixin. qq. com/s? src = 11&timestamp = 1596268606&ver = 2495&signature = CSNBf91r4z2RMyqpM-gahv9N1v31jZ * hIVRuL- 0XZ4SDtnXhHES-5JR09Kwal3MITpTHDL * lsbJFsE7VWbb8IpmL-yzHslBlQY60Zg89H-TcSXYbxhzMsu0uhINU3sKV&new = 1.

㊁ 徐斌．日本信息集成型物质材料研发计划研究［J］．全球科技经济瞭望，2019，34（3）：30-39.

（续）

国家	产　　业	文　　献	文 件 内 容
德国	纳米材料、电子、信息通信、激光、生物等领域	《德国2020高技术战略》（2010年）	德国经济的未来竞争力主要依赖在生物技术、纳米技术、微电子学和纳米电子学、微系统技术、材料技术领域内的领导地位
		《德国工业4.0战略》（2013年）	与新材料相关的领域包括3D打印、纳米技术与先进材料等
		《纳米技术行动计划2015》《纳米技术行动计划2016》（2015、2016年）	该计划包含纳米科技相关的广泛主题，包括6个行动领域
		数字化战略	由德国联邦政府发布，主要面向5G关键材料
韩国	生态材料、生物材料、纳米材料、碳材料、高性能结构材料等	《韩国科技发展长远规划2025年构想》（1999年）	列出了建立产业竞争力开发必需的材料技术清单：下一代高密度存储材料、生态材料、生物材料、自组装的纳米材料技术、未来碳材料技术、高性能高效结构材料、用于人工感觉系统的智能微型传感器、利用分子工程的仿生化学加工方法、控制生物功能的材料
		《纳米技术推广计划》（2003年）	推动纳米技术发展
		《世界一流材料项目计划》（2009年）	支持十大核心材料：柔性显示器基板材料、高纯度碳化硅材料、LED用蓝宝石结晶材料等
		第四次科学技术基本计划	由韩国国家科学技术审议会发布，主要面向人工智能、3D打印、先进材料等产业
		3D打印产业振兴计划（2014、2016、2019年）[1]	由韩国未来创造科学部发布，主要面向3D打印设备、材料、软件等技术
俄罗斯	智能材料、金属间材料、高温金属材料、聚合物材料、纳米结构复合材料和涂层	《2030年前材料于技术发展战略》（2014年）	包括18个战略方向，主要有以下5个方向：单晶耐高温合金发动机叶片、自组织纳米复合材料涂层、高梯度定向结晶技术、真空熔炼技术、发动机材料与国际标准接轨
		俄罗斯的矿产资源十分丰富，石油、天然气、煤炭、铁、锰、铜、铅、锌、镍、钴、钒、钛、铬的储量均居世界前列，在发展新材料产业方面，俄罗斯当前把发展新材料等相关技术产业作为国家战略和国家经济的主导产业进行大力扶持、推动和实施，并取得了初步成效	

[1] 新材料产业发展之我见（4）——国外新材料政策解读：宋锡滨2019［R/OL］．［2019-03-16］https：//mp. weixin. qq. com/s？src = 11&timestamp = 1596268606&ver = 2495&signature = CSNBf91r4z2RMyqpM-gahv9N1v31jZ * hIVRuL-0XZ4SDtnXhHES-5JR09Kwal3MITpTHDL * lsbJFsE7VWbb8IpmL-yzHslBlQY60Zg89H-TcSXYbxhzMsu0uhINU3sKV&new = 1.

二、国内发展情况

我国新材料产业扶持政策力度大，发展迅速，整体产值增速远高于世界平均水平，在研发和产业化方面都取得了长足的发展。我国的新材料产业以市场为导向，产学研结合紧密，在新材料部分领域取得了突出成果，达到国际顶尖水平，甚至领先水平。

我国新材料产业总产值已由2010年的0.65万亿元增至2017年的3.1万亿元，年均增速超过25%，远超世界平均增速，空间布局日趋合理，产业集聚效应不断增强，环渤海、长三角、珠三角等地区新材料综合性，产业集群，优势突出，中西部地区一批特色鲜明的新材料产业基地初具规模。

以企业为主体，以市场为导向，“产、学、研、用”相互结合的新材料创新体系逐渐完善，新材料国家重点实验室工程技术研究中心、企业技术中心和科研院所实力大幅提升，在重大技术研发及成果转化中的促进作用日益突出。石墨烯、超材料等前沿新材料领域取得明显进展，碳纤维、高温合金等开始规模化生产，部分领域实现了与国际先进水平并跑甚至领跑。

集成电路用靶材、新能源电池材料、航空铝合金先后进入台积电、特斯拉、波音等国际巨头采购体系。稀土功能材料，硬质合金电池材料，出现了一批市场占有率居全球首位的企业。高性能钢铁材料、锌合金材料、工程塑料等性能质量不断提升，产品结构不断优化，有效地支撑了高速铁路、载人航天、海洋工程、能源装备等重点工程的顺利实施。

以测试评价平台、生产应用示范平台、资源共享平台、参数库平台为代表的生产应用协同创新体系正在建立应用驱动材料研发的机制；以制造业创新中心为核心的多层次、网络化制造业创新体系逐步形成，创新生态环境不断优化；以公共市场化为特征的企业网络协同运营协同平台逐步创立，实现了产品全生命周期内资源的最充分利用，提升了行业运行效率和经济效益。

我国新材料产业起步较晚，在产业规模、技术装备、创新能力、开发技术上与国际先进水平存在较大差距。核心技术和专业装备水平落后，关键材料的保障能力不足，大量高端材料严重依赖进口，产品稳定性不足，可靠性有待提高。

新材料是强国之基，是保障中国制造实现由大变强的物质基础。党中央国务院高度重视新材料产业发展，材料的基础性、先导性作用，获得广泛认同，材料先行渐成业界共识，新材料在国家创新驱动发展战略中的作用越来越大。未来几年是国家实施制造强国建设、调整产业结构、推动制造业转型升级的关键时期。新一代信息技术、航空航天装备、海洋工程和高技术船舶、节能环保、新能源等领域的发展，为新材料产业提供了广阔的市场空间，也对新材料质量性能、保障能力等提出了更高的要求。

三、大湾区发展情况

1. 大湾区

根据“十三五”规划，大湾区将新材料列为重要发展方向，增大产业规模，特别是前沿材料和高端材料的产业规模。根据规划，2020 年广东省的新材料产业规模将达到两千多亿元。其中，深圳是新材料产业发展的重要基地，深圳的新材料产业发展迅速，产业规模不断扩大。详细数据见《广东战略性新兴产业发展“十三五”规划》。

“十三五”期间，广东省将重点发展三大新材料，着力打造以广州、深圳、佛山、中山、肇庆等市为重点的高性能复合材料及战略前沿材料产业基地，以及以广州、湛江、韶关、阳江等市为重点的高端精品钢材生产基地。

“十三五”期间广东省新材料与高端装备产值规模发展目标为 2020 年达到 1 万亿元。

近年来，深圳新材料产业随着深圳经济的迅猛发展进入快速增长的阶段，逐渐成为深圳新的经济增长点。新材料产业规模自 2010 年以来保持着年均增长率接近 20% 的高增长速度，产业规模不断扩大。2015 年新材料产业规模约 1 494 亿元，同比增长 18.5%；2016 年新材料产业规模达 1 651 亿元，同比增长 10.5%；据深圳市统计局公布数据显示，2017 年，新材料产业规模达到 1 968 亿，同比增长 14.0%；2018 年新材料产业规模达到 2 215 亿元，同比增长 12.6%；2019 年新材料产业规模达到 2 043 亿元，同比增长 14.8%；2020 年新材料产业规模预计达到 2 950 亿元。

大湾区新材料产业结构主要是由支撑领域、优势领域和新兴领域构成。其中支撑领域的细分行业主要包括电子信息材料、新能源材料、生物材料等；优势领域的细分行业主要包括新型功能材料、功能一体化材料等；新兴领域的细分行业主要包括超材料、纳米材料、超导材料等。

大湾区的新材料产业的重点细分领域包括电子信息材料、绿色低碳材料、新型结构和功能材料、前沿材料和生物材料。其中，新型结构和功能材料产业规模依然保持着绝对领先地位，占比份额最大，为 59.54%，这主要得益于大湾区新型结构和功能材料的企业数量较多，覆盖领域较广。绿色低碳环保材料的发展得益于新能源产业的快速发展，其产业规模占比 15.42%，位列第二。电子信息材料领域得到快速发展，主要集中在显示材料和微电子材料两个细分领域，其产业规模居中，产业规模占比13.68%。前沿材料和生物材料发展稳定，由于相关领域的企业数量较少，产业规模占比相对最小，分别为6.71%和3.65%。

大湾区新材料产业发展优势明显，有较多支持产业和企业创新的政策，有良好的法治环境和高效的政务环境，有利于企业发展。

大湾区产业关联效应较强。在大湾区新材料产业结构中，电子信息材料、新能源材料的发展基础较为雄厚，已成为全行业关联效应最强的优势领域，其产值占据深圳整个行业的比例约35%。同时新材料产业和其他战略新兴产业的电子信息产业、新能源产业，与整个新材料行业内部形成纵向与横向关联，形成比较完善的产业链条。

拥有良好的工业基础条件，拥有一批优势企业。大湾区新材料产业拥有较好的工业基础条件，在部分新材料细分领域具有较大的产业发展基础优势。

拥有良好的区位优势。大湾区交通便利，交通设施便利，是陆海空一体化国家交通枢纽中心，信息和各种生产要素交流便捷，开放合作空间广阔。

2. 深圳市

新材料产业已成为深圳新的经济增长点，企业超过3 000家，其中规模以上企业超过500家，全市新材料技术专利超过1万件，一批默默无闻的中小企业在细分领域跻身行业三强之列。上市企业50余家，国家级高新技术企业超过400家，深圳新材料领域以高校、科研机构为依托的创新载体达110多家，新材料领域申报相关专利1万余件，其中发明专利6 000余件，编制或参与制定标准400多项。其中，支撑领域主要集中在电子信息材料、新能源材料、生物材料等细分行业，包括比亚迪、南玻等一批百亿级以上规模龙头企业或上市公司。

优势领域主要集中在新型功能材料、功能结构一体化材料等细分行业，如通产丽星、王子新材等领军企业。新兴领域主要是超材料、纳米材料、超导材料等细分行业，包括光启、德方纳米等技术领先的企业及研究机构。从产业规模看，优势领域占深圳新材料行业的半壁江山，支撑领域约占1/3。很多在外界并不出名的中小企业，却在各个细分领域排名全行业前列。深圳新材料产业领域“黑马”频出，大批创新型中小企业覆盖众多领域，在全国新材料产业发展中，“领头羊”的角色日渐显露。2017年深圳新材料产业细分领域产值比重如表6-3所示。

表 6-3　2017 年深圳市新材料产业细分领域产值比重

细分领域		产业规模占比（%）	
新型结构和功能材料	先进结构材料	29.76	59.54
	新型功能材料	29.78	
绿色低碳材料	储能材料	26	15.42
	太阳能材料	1.12	
	节能环保材料	6.04	
电子信息材料	显示材料	5.92	13.68
	照明材料	0.83	
	微电子材料	5.95	
	光电子材料	0.98	
前沿材料	前沿材料	6.71	6.71
生物材料	生物医学工程材料	0.84	3.65
	生物基材料	2.81	

深圳宝安区、龙岗区的工业经济较为发达，支撑了本区新材料产业的发展，南山区拥有数量众多的高等院校、研究机构、创新载体等，极大地促进了新材料产业创新能力的提升，福田区聚集了多个新材料龙头企业，总部经济效益明显。光明新区、龙华新区、坪山新区以自身优势产业为依托，涌现了为数众多的新材料知名企业。大鹏新区、盐田区、罗湖区新材料产值较低。深圳市新材料产业分布情况如图 6-1 所示。

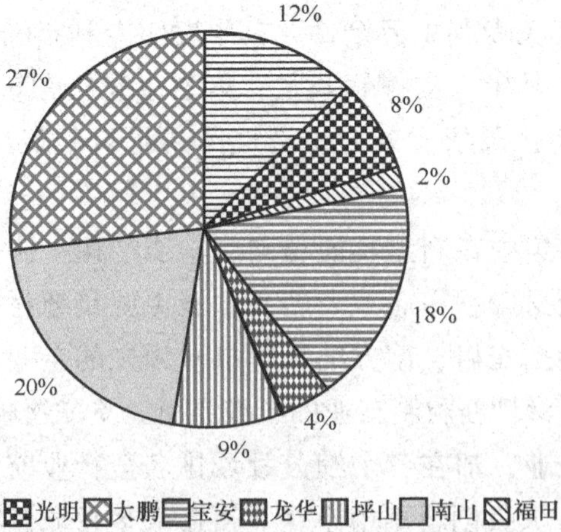

图 6-1　深圳新材料产业分布情况

资料来源：深圳市新材料行业协会

深圳的新材料产业具有产业优势特色明显、新兴领域发展迅速、市场需求广阔、产业发展环境日趋优化等特点，有利于快速形成产业整合，形成产业化优势。

产业优势特色明显。深圳新材料产业结构中，电子信息材料、新能源材料的发展基础较为雄厚，已成为全行业关联效应最强的优势领域。新型显示、半导体照明、微电子等领域加速扶持产业链前端材料项目，涌现了以丹邦科技、顺络电子、盛波光电等为首的技术创新能力强的龙头企业；深圳作为全球重要的新能源材料产业聚集区，拥有完整的充电电池产业链。此外，在特种玻璃产业开始向整个产业链发展。

新兴领域发展迅速。从新材料行业内部结构看，新型功能材料、功能结构一体化材料占整个行业约50%，拥有中金岭南、南玻等行业领军企业；生物材料发展势头迅猛，拥有格林美、光启等技术领先企业及单位，产业规模虽较小但拥有高附加值；无机非金属材料拥有较强的产业基础，南玻集团、信义玻璃、中天精工、维达力等企业具有成熟的技术和领先的市场占有率；纳米港是目前亚洲最大的碳纳米管生产企业之一；嘉达高科、格林美已成为国内领先的技能环保材料技术先导企业。

市场需求空间广阔。从全国范围看，作为新材料行业的下游产业，电子信息、新能源、节能环保、生物、高端装备制造等战略性新兴产业的迅猛发展，进一步拓展了深圳新材料产业的需求与发展空间。同时，在珠宝、钟表等传统优势传统材料产业中，随着创意设计等产业链前端环节和生产技术水平提升，产业转型升级过程中对新材料产生大量需求，大大拓展了深圳新材料产品的应用范围。此外，从国际上看，随着“一带一路”倡议的实施，国外基建项目不断增多，也使深圳新材料产品在原有出口基础上，进一步增大了市场需求空间。

产业发展环境日趋优化。一是产业政策体系日趋完善。深圳作为全国创新型城市，先后出台了《关于加快建设国家创新型城市的若干意见》《深圳国家创新型城市总体规划》《深圳市新材料产业振兴发展政策的通知》等文件，政府持续推进法治和政务环境深化改革。二是创新创业氛围浓厚。作为典型的移民城市，深圳具备浓厚的创新创业氛围，鼓励创业，宽容失败等理念，极大地推动了大多数新材料中小企业创业发展环境。三是金融环境不断优化。深圳市金融市场日益合理，资本产品和金融投资创新体系日趋完善，已成为我国非常有影响力和比较优势的金融城市。

第四节 产业发展趋势及挑战

一、产业发展趋势

高新技术发展促使材料不断更新换代。高新技术的快速发展对关键基础材料提出了新的需求，同时材料的更新换代又促进了高技术成果的产业转化。如微电子芯片集成度及信息处理速度大幅提高，成本不断降低，硅材料发挥了重要作用。新兴产业如氮化镓等化合物半导体材料的发展，催生了半导体照明技术。太阳能电池转化率不断提高，极大地推动了新能源产业发展。镁钛合金等高性能结构材料的加工技术取得突破，成本不断下降，研究与应用重点由航空、航天以及军工领域扩展到高附加值民用领域。

绿色、低碳成为新材料发展的重要趋势。欧美等发达国家已经通过立法，促进节能建筑和光伏发电建筑的发展，功能材料向微型化、多功能化、模块集成化、智能化等方向发展用以提升材料的效能。纳米技术与先进制造技术的融合将产生体积更小、集成度更高、更加智能化和功能化的产品。

跨国集团在新材料产业中占据主导地位。目前，新材料产业的世界龙头企业集团凭借其技术研发、资金和人才优势，在高附加值的新材料产品中占据主导地位。例如，尤尼明公司几乎垄断着国际市场上 4N8 及以上标准级的高端石英砂产品，信越、SUMCO、Siltronic、SunEdison 等企业占据国际半导体硅材料市场份额的 80% 以上，日本日立电工、住友电工、三菱化学和德国 FCM 占有 90% 半绝缘砷化镓市场份额。

新材料研发模式变革成为关注的重点。发达国家开始变革新材料的研究方法，加速材料从研发向应用的转化。美国启动了材料基因计划（Material Genome Initiative，MGI），使其材料从发现到应用速度提高一倍，成本至少减低一半，旨在保持其在核心科技领域的优势。

全球新材料产品趋于标准化。在经济全球化的大背景下，将各国材料和产品数据标准进行统一，更有利于市场应用的国际化。

新材料产业发展逐渐趋于以下几个方面：

1. 新材料产业规模持续增长

我国新材料产业规模一直保持持续快速增长。由 2016 年的 2.65 万亿元增长至 2017 年的 3.1 万亿元左右，与上年相比同比增长 16.98%，2018 年实现产值 3.9 万亿，与上年相比同比增长 25.8%；2019 年我国新材料产业总产值达到 4.5

万亿元，与上年相比同比增长15.38%。2020年预计达到5万亿，2021年有望突破7万亿。稀土功能材料、先进储能材料、光伏材料、玻璃纤维及其复合材料等产业产能居世界前列。在细分领域方面，特种金属功能材料占比约为32%，高端金属结构材料占比约为19%，先进高分子材料占比约为24%，新型无机非金属材料占比约为13%，高性能纤维及复合材料占比约为9%，前沿新材料占比约为3%。我国新材料产业增长规模如图6-2所示。

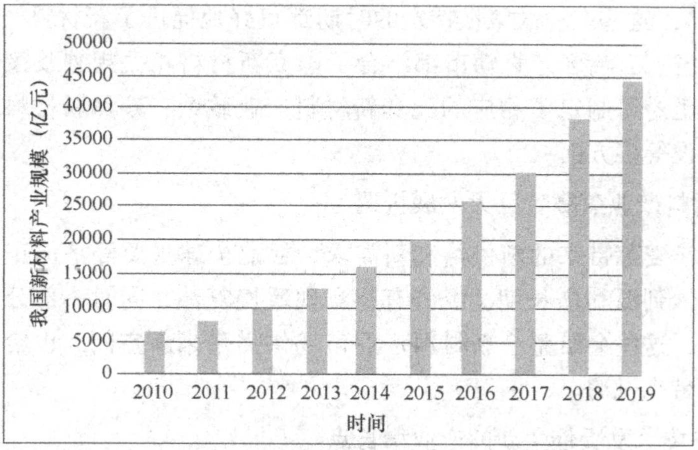

图6-2 我国新材料产业增长规模

2. 新材料产业布局和区域特色初步形成

随着全球化进程逐渐加快，新材料产业的发展呈现以下特点和趋势：绿色环保、贴近民生、应用拓展及智能复合。

从我国新材料发展来看，各个地区结合自身优势特点，发展各有侧重，初步形成了协调互补的整体产业布局。如以新疆、青海等为代表的资源优势突出的西部省份的稀土、有色金属原材料产业集群；以长三角、珠三角为代表资金、人才相对密集，产业配套设施齐全的东部综合性新材料产业集群；中部地区原材料工业基础较好，技术实力较强，同时又是重要的能源和原材料的生产基地，这些优势极大地推动中部地区在某些特定的新材料的精深加工产品方面的能力。

3. 新材料产品和新技术不断突破

从我国新材料发展的历程来看，随着科技水平的提高和新材料研究的深入，新材料研发和产业化结合更加紧密，推动了前沿性新材料产品和新技术不断取得突破。如在纳米材料、石墨烯材料的研发和应用方面取得了迅速发展，石墨烯触摸屏技术处于世界领先。在超导材料，低温材料和高分子材料研究和产业化成果也正在赶超世界先进水平，与世界先进水平的差距越来越小。

4. 政策持续支持新材料产业发展

我国的新材料产业之所以取得如此大的发展成绩，与国家和各级地方政府出台支持新材料发展政策密不可分。从“九五”期间国家出台《当前国家优先发展的高技术产业化重点领域指南》到工信部联合相关部委发布的《新材料产业发展指南》，这些产业政策在特定的时期都很好地促进了新材料产业发展。目前，全国各省、自治区、直辖市都结合了国家新材料相关规划政策、结合本地区发展特点也纷纷制定了相应的配套新材料产业政策，聚焦新材料技术研究和产业园区建设等多方面。

5. 新材料产业蕴藏着巨大发展机遇

世界经济复苏带来的新供给和新需求。目前全球主要经济体正逐步走出低迷期开始进入到温和增长期，经济有望实现缓慢复苏，同时一部分新兴经济体的快速发展，这些会给整个新材料产业市场供需带来新空间，也给大湾区发展新材料产业带来机遇。

6. 科技技术发展催生新的产业增长点

随着社会的发展，各国越来越重视科技技术发展，新技术不断突破，将极大地将高技术和新材料产业深度融合。我国政府也提出了“中国制造 2025”，创新驱动发展，大众创业、万众创新，“互联网 +”等重大战略，这些将极大地促进工业化和信息化发展，促进整个国家整个产业的发展，这些产业的发展将对新材料提出更多新的需求。

7. 区域化一体化经济新增长带来的机遇

区域联动，国家的“一带一路”倡议和“珠三角经济带”“粤港澳经济合作区”等多种区域经济一体化加快推进，使得分工协作的加深，推进产业结构的优化组合和生产要素的优化配置，这些都给大湾区新材料发展增长带来新的发展机遇。

二、产业发展挑战及措施

我国新材料产业未来的发展方向，在于从成熟走向优化，在前沿新材料领域，基础研究和原始创新仍是下一阶段重点，石墨烯、记忆合金一类的高性能材料仍在积极探索产业化方向，更需要关注下游应用从零的突破，因此整个市场空间的爆发可能仍需要向后推迟。

长远来看，未来政策扶持和产业化发展的重点还在于关键战略材料。从当前的经济发展阶段以及《中国制造2025》规划来看，制造业升级、装备材料国产化提升是未来发展的重点，十九大也明确提出我国要由制造大国向制造强国迈进，促进我国产业迈向全球价值链中高端，培育若干世界级先进制造业集群。从市场角度来看，近年我国先进制造业不断进步，新能源汽车产业引领全球，消费电子、家电品牌不断崛起，航空航天产业不断推进，先进制造在未来较长一段时间内，仍将是中国经济发展的动力源泉。

政策体系方面，深圳是国内城市中比较早提出支持新材料产业发展的城市，出台了一系列支持新材料产业发展的政策及计划，促进了新材料产业的发展。随着科学技术的发展，新的功能性新材料的出现，新材料产业发展面临新机遇和新问题，要进一步加强新材料产业政策的顶层设计，继续完善可持续可操作的政策体系，针对新材料产业中不同的细分产业现状和制约发展的因素各不相同，应在政策制定适时制定推动细分产业发展的政策，新材料产业政策的体系化和可操作性有待完善。具体措施有：①加强体制机制政策创新；②强化统筹协调；③建立常态化服务企业机制；④切实减轻企业负担；⑤重视产业联盟和协会的作用。

人才培养方面，2016年深圳出台了《关于促进人才优先发展的若干措施》。深圳作为新兴城市，相比传统的发达国家和地区，深圳在高等院校和科研院所数量上存在较大的欠缺，还未形成真正系统的人才培养教育体系。具体措施有：①继续加大国际人才引进力度；②健全完善人才联络机制；③重视人才本地化培育。

资本对接方面，需要有以下具体措施：①创新金融支持新方式；②建立健全新材料创业投资引导基金；③强化国家重大科技专项和高新项目的支持力度。

产学研构架体系方面，随着科技水平的发展，关键性技术、前沿性技术被不断突破，新材料产业与相关产业的融合越发明显，新材料产业发展越发呈现出多学科交叉，多部门参与的态势。政府应该引导企业、高校搭建产学联盟平台，进一步完善新材料产业创新体系，积极争取国家重点重大新材料产业技术研发和项目落户深圳，研究建立核心研究设施和仪器共享使用平台。

除此之外，还可以结合“军民融合发展”这一国家战略，充分利用深圳已有军工新材料产业发展的技术优势，优化配置资源科技力量和产业资源，从政策上鼓励优势新材料企业积极参与国防军工新材料、高精尖材料产品的研发和生产，实现寓军于民，探索建设军民融合市场化机制，积极推动军转民载体建设，推动新材料技术在军民融合领域发展。

需要从以下几个方面考虑，为各地区新材料产业发展提供支撑：

（1）建立以市场为牵引的新材料产业发展规划。市场化方面，要将资本资金、创新资源、支持领域进行聚焦，做到“集中力量办大事”。各个研究机构、大学平台、科研院所、高新技术企业区域集中，使得产业链上下游能够协同合作；政府机构所支持的产品、领域、技术等，聚焦重点，为企业提供产业支撑依据。“政、产、学、研”协同配合，让科研与市场紧密连接起来。

（2）深入进行供给侧改革，优化产业链供给关系。要加大高端产品的研发和生产，控制中低端产品产能。现有市场无法适应消费结构的变化，尤其是高品质、个性化的高端产品供应能力不足。对于企业而言，企业小、散、弱的问题已经开始凸显，关键零部件、核心工艺、基础材料，很大比例依然依赖进口，国产新材料难以融入全球新材料供应体系，我国的资源优势不能有效地转化为产业优势。

（3）发展核心技术与核心装备。我国研发能力相对薄弱，核心技术和专业装备也相对落后，目前为止，还是以引进吸收为主；科研机构注重研发，忽略了市场应用，产学研合作相互脱节，成果转化效率低。企业研发投入不足，创新效率低。新材料产业创新体系不完善，创新产业链条不完整，上下游缺乏沟通，应用推广较为困难；政策方面，国家缺乏新材料重大专项资金。科研机构、企业、产业链和政府的这些因素，成为新材料产业发展的瓶颈，制约着新材料未来的发展。

（4）培养专业领域高端创新人才。我国长期以传统工业为主，缺乏新材料下游市场的研究和相应人才的培养，高水平创新人才相对匮乏。例如，先进半导体产业、先进金属材料技术产业等。这些领域缺乏高端领军人才，没有形成大规模的产业集群，缺乏高端的创新创业团队，人才问题是新材料产业当下面临的主要问题之一。

（5）建立完整的计量、检测体系。新材料所涉及的领域广泛，应用场景更是多种多样。但是新材料和传统材料之间并无明显界定，产业结构之间存在交叉，学科之间存在交叉。国家层面，一直未推出相关标准和统计体系。“十三五”对新材料的分类变化，也导致统计标准体系难以建立。标准体系和管理体系不健全，不利于政府决策，也不利于产业发展，并且对后续的相关扶持和未来的重点部署也带来了一定的困难。

（6）绿色低碳发展新材料产业。党的十八大提出“五位一体”发展战略，党的十九大提出新的发展理念，突出了生态文明的战略地位。随着环保力度的加强和问责力度不断加大，必然对材料产业提出更加严格的要求，这对材料技术也是一个巨大的挑战。

【要点回顾】

本章在综合新材料学者的研究成果与国家统计数据基础上，系统地分析了我国新材料产业发展的来龙去脉，对未来国际新材料产业可能的发展趋势进行了总结，对我国新材料发展面临的挑战进行了简述，对大湾区新材料产业发展措施提出了建议。

【复习题】

1. 下列关于我国新材料产业较国际领先水平描述错误的是（　　）。

A. 核心技术和专业装备水平落后

B. 关键材料的保障能力不足

C. 产品稳定性不足，可靠性有待提高

D. 高端材料依靠国产实现自给自足

2. 以下关于我国新材料产业发展描述错误的是（　　）。

A. 建立以市场为牵引的新材料产业发展规划为各地新材料产业发展提供支撑

B. 我国新材料产业扶持政策力度不足，整体产值增速远低于世界平均水平

C. 新材料下游市场的研究和相应人才的培养为我国新材料发展提供有力的人才支持

D. 绿色低碳新材料产业是未来新材料发展的方向之一

第七章

高端装备制造产业

【学习目标】

1. 了解高端装备制造产业的定义和分类；
2. 熟悉高端装备制造产业的发展历程和发展情况；
3. 掌握高端装备制造产业的发展趋势及挑战。

【导入案例】

中国高铁

2015年7月17日，习近平总书记来到我国中车长春轨道客车股份有限公司。在总装车间，习近平总书记登上一列即将竣工的动车组头车并坐上旅客座椅体验，兴致勃勃地说，高铁动车体现了中国装备制造业水平。

2017年6月25日，由我国自主研发、具有完全自主知识产权的中国标准动车组"复兴号"正式命名，并于26日在京沪线上投入运营，标志着中国高铁迈出了"从追赶到领跑"的关键一步，我国铁路技术装备制造业迎来一个新的时代。

从绿皮火车到高铁，民生需求得到满足的同时，我国的高铁产业突破技术封锁，实现弯道超车，也促进了我国高端装备制造产业的经济增长与发展。

第一节　产业定义及分类

一、产业定义

高端装备制造产业是一个具有中国特色的产业概念，是指生产制造高技术、高附加值的先进工业设施设备的产业，是各项工业技术、信息技术的集成载体。

高端装备制造产业是一个相对低端装备制造业而言的概念，是装备制造业的高端环节，其知识密集型、高技术水平、高利润水平、高附加值、高成长空间、强竞争力、强带动作用的特点，使高端装备制造产业在产业链中占据核心高端地位。高端装备制造产业既包括传统装备制造业的高端部分，也包括新兴产业的高端装备制造领域，即传统产业转型升级和战略性新兴产业发展中所需的各类高端装备的研发与制造。

高端装备制造产业是《中国制造2025》中涉及的重点行业之一，与其他战略性新兴产业一起，代表着技术突破和市场需求的重点发展方向，是推动工业转型升级的引擎。高端装备制造业为各行各业产业升级、技术进步提供重要物质保障，其发展水平客观上决定着国民经济其他产业的科技含量、经济效益、发展速度和产业竞争力。高端装备制造产业集中体现力学、冶金、化工、材料、计算机技术等科技和产业领域的进步，能够有效带动基础设施的建设、产业结构的优化、优质产品的生产，提升劳动力素质，从而推动工业转型升级与产业整体发展。

总体来说，高端装备制造产业是指以高新技术为引领，处于价值链高端和产业链核心环节，集合智能制造、航空航天、轨道交通、海洋工程等各个产业领域，决定整个产业链综合竞争力的战略性新兴产业。

二、产业分类

《战略性新兴产业分类（2018）》将高端装备制造产业分为智能制造装备产业、航空装备产业、卫星及应用产业、轨道交通装备产业、海洋工程装备产业五个细分产业。

智能制造装备产业，广义上是指将先进制造技术、信息技术和人工智能技术等在装备产品上进行集成与融合的产业。

航空装备产业主要包括航空器装备制造、其他航空装备制造及相关服务两个领域，大型飞机、直升机、系列支线飞机、发动机等重要机载系统和关键设备的研发、制造、生产均属于这一范畴。

卫星及应用产业主要包括卫星装备制造、卫星应用技术设备制造、卫星应用服务、其他航天器及运载火箭制造四个细分行业，常见的航天飞船、北斗卫星的研制，移动通信服务、导航服务、高清电视传送等业务均属于这一领域。

轨道交通装备产业主要包括铁路高端装备制造、城市轨道装备制造、其他轨道交通装备制造、轨道交通相关服务四个细分行业，动车组、磁悬浮、地铁系统、有轨电车等核心零部件研制、相关系统运营管理均属于这一范畴。

海洋工程装备产业，广义上是指专门针对海洋资源的勘探、开采、加工、储运、监测等用途而研发大型工程装备和相关辅助装备的产业。

高端装备制造产业分类如图 7-1 所示。

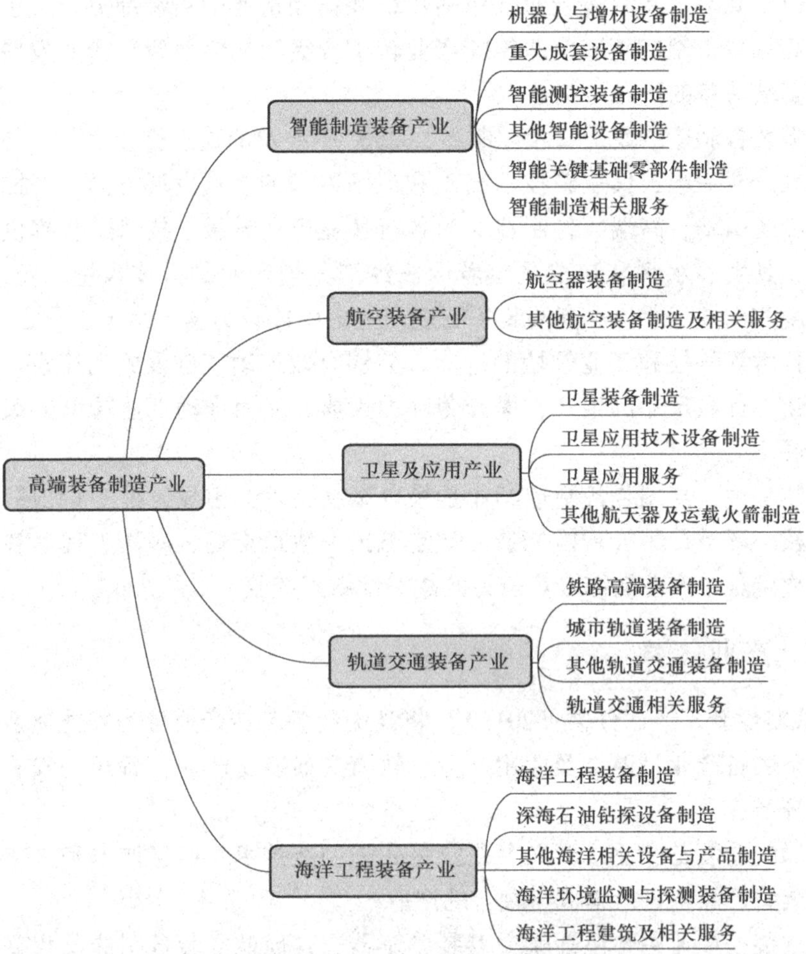

图 7-1　高端装备制造产业分类

《深圳市人民政府印发关于进一步加快发展战略性新兴产业实施方案的通知》(深府〔2018〕84 号）则将高端装备制造产业分为以下六个部分：

（1）减速器、高性能伺服电机等核心零部件以及传感器、控制系统等核心产品。

（2）工业母机、智能机床、先进成型装备、增材制造设备、机器人、可穿戴设备等。

(3) 制造技术和装备产品、智能电子制造成套设备、智能检测与装配装备等。

(4) 无人机、航空电子元器件、微小卫星、通信卫星、卫星导航等航空航天装备和产品。

(5) 科学仪器、工业自动化仪表及系统、电子测量和电工仪表、专业仪表等高精尖产品。

(6) 深海深空技术及装备。

第二节 产业发展历程

高端装备制造业这一提法在20世纪末初次出现。近几年，国家相关政策的出台带来了研究的高峰期，对于高端装备制造业的研究也从简单的概念性研究上升到了对产业实际状况及发展路径的探究。同时，自2015年实施《中国制造2025》以来，我国在载人航天与载人深潜、大型飞机、北斗卫星导航、超级计算机、高铁装备、百万千瓦级发电装备、深海石油钻探设备等高端装备制造领域均取得了一系列重大技术突破，彰显出我国高端制造产业的整体实力正在逐步提升，产业的发展前景广阔。

1998年12月9日，中央经济工作会议，国家首次提出“装备制造业”的概念；

2003—2008年，神舟五号、六号、七号，嫦娥一号的成功发射标志着我国在航空装备技术上取得多项世界领先的成果。

2010年10月10日，国务院在《国务院关于加快培育和发展战略性新兴产业的决定》(国发〔2010〕32号) 中首次提出加快培育和发展高端装备等战略性新兴产业。

2011—2016年，天宫一号目标飞行器和神舟八号飞船成功对接，天宫二号空间实验室正式发射入轨神舟十一号载人飞船与天宫二号实现自动交会对接，则代表着我国在航空装备技术上的进一步发展。

2012年6月，“蛟龙号”载人深潜器在马里亚纳海沟创造了下潜7 062m的中国载人深潜纪录，也是世界同类作业型潜水器最大下潜深度纪录。

2012年12月31日，国家统计局发布《战略性新兴产业分类（2012）（试行)》中，高端装备制造业位列七大战略性新兴产业。

2015年5月19日，国务院正式印发《中国制造2025》。

2015 年 8 月，中国自主研制的大型无人军机“彩虹五号”首飞成功，从外形尺寸到起飞重量都达到了国际上的领先水平。

2015 年 11 月，我国首颗 40nm 北斗多模射频基带一体化芯片正式量产。

2017 年 6 月 25 日，由我国自主研发、具有完全自主知识产权的中国标准动车组“复兴号”正式命名，标志我国铁路技术装备制造业在高铁领域实现了“弯道超车”，迎来一个新的时代。

2017 年 2 月，半潜式钻井平台“蓝鲸一号”命名交付，代表了当今世界海洋钻井平台设计建造的最高水平，将我国深水油气勘探开发能力带入世界先进行列。

2017 年 5 月，我国首架自主研制的大型客机 C919 成功在上海浦东机场空域首飞。

2018 年 11 月 26 日，国家统计局发布《战略性新兴产业分类（2018）》，对高端装备制造业进行了重新定义与分类。

2018 年 12 月 8 日，嫦娥四号卫星成功发射，成为世界第一个在月球背面软着陆和巡视探测的航天器。

2019 年 1 月，全球首台百万千瓦级水电机组精品转轮完工，标志我国掌握了百万千瓦等级巨型水轮机组的核心技术，开创了世界水电百万千瓦级水轮发电机组的新纪元。

2019 年 5 月 31 日，华中科技大学谢庆国教授团队发明的全数字 PET/CT 装备通过国家药品监督管理局注册审批，获得市场准入和对外销售资质。该成果意味着国产全数字 PET 打破国际技术垄断，我国高端医疗仪器开发取得了重大突破。

2019 年 12 月 17 日，由中国船舶集团设计建造的我国第一艘国产航空母舰在海南三亚某军港交付海军。该航母的入列使中国首次拥有自主设计的航母，实现了从改建到自建航母的历史性跨越。

2020 年 1 月 11 日，被誉为“中国天眼”的国家重大科技基础设施 500m 口径球面射电望远镜（FAST）顺利通过国家验收，正式开放运行。这是中国建造的射电望远镜第一次在主要性能指标上占据制高点，标志着“中国制造”开启了领跑时代。

2020 年 6 月 23 日，我国在西昌卫星发射中心用长征三号乙运载火箭成功发射第 55 颗北斗导航卫星。这是我国从航天大国迈向航天强国的重要标志，也是“十三五”期间我国实现第一个百年奋斗目标过程中航天领域完成收官的首个国家重大工程。

2020年7月23日，长征五号遥四火箭一飞冲天，将我国首个火星探测器“天问一号”送入地火转移轨道，宣告中国进入了行星探测时代。

我国高端装备制造业在经历初期的模仿和自力更生阶段的摸索后，形成了具有相当规模和一定水平的高端装备制造体系。近十年来，我国高端装备制造业在政策的引导下蓬勃发展，产业规模及盈利能力不断上升。回顾多年来的发展历程，我国高端装备制造业既取得了许多重大突破，也面临着发展瓶颈的约束。大力发展高端装备制造业，是我国谋求经济稳步、高质量、快速发展的必然选择。

第三节　产业发展情况

一、国际发展情况

（一）国际高端装备制造产业的发展概况

国际金融危机发生后，多个装备制造强国陆续制定并出台了相关战略以抢占21世纪先进制造业的制高点，涉及智能装备、机器人、3D打印等多个装备制造领域。主要发达国家纷纷将高端装备制造产业作为着力点，加大战略布局力度，抢占全球科技和产业竞争高地，重塑国家竞争优势，均致力于促进先进制造技术与信息技术融合，聚焦发展高端装备。

从全球发展格局来看，美国、日本、加拿大、欧盟部分成员国、俄罗斯等国家在高端装备制造业上仍处于全面领先地位，新加坡和中国、巴西、印度等新兴国家则奋力追赶。当今世界制造强国无一不是高端装备制造业强国，它们的共同特征是拥有强大的高端装备制造能力，制造业水平总体上处于全球产业高端。

美国是多领域高端装备和技术的掌握者、引领者和控制者，在智能制造（主要为机器人）、航空航天（主要为发动机）、卫星及应用装备、轨道交通、海洋工程（主要为深潜器、深海钻探船）等高端装备制造领域均处于世界顶级水平；欧洲空中客车和美国波音一同垄断全球民航客机市场，同时在航天领域，能源开采设备等领域领先；俄罗斯的高端装备制造业在航空和卫星等领域具有优势；日本的高端装备制造业在精密数控机床、工业机器人、智能仪表等众多领域保持国际领先地位；韩国的高端装备制造业在海洋工程装备领域领先。近年来，这些发达国家纷纷实施“再工业化”战略，力图以技术优化提升传统装备制造业，利用高端制造保持产业优势，在新一轮的国际分工中谋求抢占产业链高端市场地位。

（二）国际高端装备制造产业的发展模式

纵观全球高端装备制造业，主要的发展模式有以下两种：

(1) 以美国为代表的国家技术创新为驱动，以高度发达的市场经济体制与强有力的贸易政策为支撑的模式。为促进本国装备制造业发展，美国政府采取了以技术进步战略为主，以资金、财税、贸易等相关支持政策为辅的策略，政府始终将技术作为支持的重点，通过促进提高技术创新能力来达到产业竞争力提升的目的。

(2) 以日本、法国、俄罗斯等为代表的国家以产业政策为导向，政府制定倾斜的财税政策与产业发展规划来支撑产业发展的模式。日本是仅次于美国的制造业大国，也是较为成功地运用法律、政策等手段实现装备制造业振兴的国家。第二次世界大战以后，为了改变日本制造业的落后状况，实现制造业的现代化，日本政府实行了一系列的产业振兴政策。

（三）国际高端装备制造产业的发展经验

纵观发达国家各自在高端装备制造产业的发展进程，均体现出重视产品的优质性能、严格把控重量，不断扩大供应范围并向全球市场进军，高度重视专业人才的培养与积累，以及重视知识产权的孵化与保护等特点。具体来看，可总结为以下四方面：

(1) 高度重视产品性能和质量控制。发达国家制造业的发展都经历了一个逐渐发展的过程，初期阶段重在功能需求，随着本国逐渐掌握相关技术，逐步推出重视产品性能和质量控制的相关措施。如德国在第二次世界大战后全力促进机床工业的发展，采取了制定机床精度标准，鼓励传统技术与现代电子技术结合，鼓励企业更新产品结构等措施。日本在 20 世纪 50 年代推行“逆向工程”，将美国、德国等国竞争对手的产品买来进行拆解，不断提高模仿产品的质量和功能，逐渐掌握先进技术并不断创新，从而走上了“日本制造”崛起之路。

(2) 走全球化和本土化相结合的道路。德国装备制造业的发展除了本国市场需求和第一次世界大战、第二次世界大战对装备制造的推动外，还不断开辟本土以外的市场需求。德国纺织机械的出口额 50 多年来一直居于全球首位。作为世界纺织技术的主要输出国，德国机械出口数量一度占到其年产量的 90%。

(3) 高度重视人力资本的培养和积累。德国工程技术及其人员素质在全球名列前茅，企业新入职员工必须要经过严格培训，且合格后才可上岗，这为产品质量提供了保证。日本采取基础教育和企业培训相结合的形式，新人进入公司后先进行一段时期的轮岗，再根据个人的能力和意愿进行人力资源的优化配置，当前许多国家的企业纷纷模仿的“管理培训生”模式就来源于此。美国则高度重视人才的培养和吸引，把争夺世界各国优秀人才作为一项国家战略，通过不断打造优越的环境、修订移民法和绿卡政策等方式来吸引和留住优秀人才。

（4）支持科学研究和自主创新，保护知识产权。美国政府通过美国联邦机构和发展计划增加对基础研究的投资，通过美国国家科学基金会资助可以实现技术瓶颈突破的项目，对企业研发和技术改造给予税收抵免等优惠，鼓励研究型大学与企业联合研发和实验，设立国家技术奖等。德国也高度重视先进技术的研发，支持鼓励研发创新活动，制造业企业拥有的专利数量多年来居于全球前列。随着本国技术水平的提高和装备制造业的发展，发达国家都在不断加强和完善对企业研发成果的保护。日本于20世纪70年代至90年代末的自主创新和自主专利时期就开始重视支持产权法与国际接轨，及时制定、修改和完善国内知识产权立法，并于21世纪初推出“知识产权立国”的发展战略，制定和实施了一系列法律法规保护知识产权。

二、国内发展情况

近年来，随着制造强国战略（《中国制造2025》）的实施，我国高端装备制造业不断发展，不断突破。同时，我国正处于从工业化中后期向后工业化转变阶段，高端装备制造在国民经济中的地位日益凸显。在工业经济运行质量效益稳步提升、经济新旧动能切换的背景下，高端装备制造业展现出良好发展态势。

（一）宏观数据

据国家统计局《2019年国民经济和社会发展统计公报》显示，全年规模以上工业企业[1]中，战略性新兴产业增加值比上年增长8.4%，其中，高技术制造业[2]增加值增长8.6%，占规模以上工业增加值的比重为14.4%；装备制造业[3]增加值增长6.7%，占规模以上工业增加值的比重为32.5%。全年规模以上服

[1] 我国“规模以上工业企业”是指年主营业务收入在2 000万元以上的工业企业。

[2] 高技术制造业包括医药制造业，航空、航天器及设备制造业，电子及通信设备制造业，计算机及办公设备制造业，医疗仪器设备及仪器仪表制造业，信息化学品制造业。

[3] 装备制造业包括金属制品业，通用设备制造业，专用设备制造业，汽车制造业，铁路、船舶、航空航天和其他运输设备制造业，电气机械和器材制造业，计算机、通信和其他电子设备制造业，仪器仪表制造业。

务业[一]中，战略性新兴服务业[二]企业营业收入比上年增长12.7%。全年高技术产业投资[三]比上年增长17.3%，工业技术改造投资增长9.8%。全年服务机器人产量346万套比上年增长38.9%。

（二）结构特点

据2019年中国装备制造企业协会发布的《2019年中国装备制造业100强》名单显示，行业整体趋稳向好，重工业依然扮演了重要角色，其中黑色冶金、汽车及零部件制造业分别是营业收入和利润总额方面的最大贡献者，机械工业运行延续分化走势，船舶工业将持续好转，智能制造加速发展，高端装备创新发展。另外，虽然100强中的民营企业数量增多，但在排名前10位的企业中，仅有3家属于民营企业。此外，根据中国企业联合会、中国企业家协会颁布的《2019中国制造业企业500强榜单》显示，2019中国制造业企业500强中的38个行业类型中，营业收入规模最大的5个行业均为重化工行业，其营业收入总额占到500强收入总额的比重为51．55%。与此同时，2019中国制造业企业500强中发明专利数前10位企业共拥有发明专利数136 622件，占到当年500强发明专利总数的50．38%，行业表现出龙头企业成为创新的主体的特征。而2019中国制造业企业500强的前200名大多为国有企业。

由此可见，国有企业目前仍然是高端装备制造产业发展的中流砥柱；我国的高端装备制造产业呈现出“国重民轻”的结构特点。民营企业数量虽然在逐步增加，但总体实力较弱。但总体而言，我国高端装备制造业的产业组织结构正趋于多元化，在国有企业蓬勃发展的同时，民营企业也取得了长足的发展。

（三）发展态势

尽管与拥有数百年工业化历史的欧美发达地区相比，我国高端装备制造领域在自主创新能力、资源利用效率、产业结构水平、信息化程度、质量效益等方面还存在一定差距。但整体来看，经过改革开放40多年发展，加上国家对高

[一] 规模以上服务业统计范围包括年营业收入1 000万元及以上，或年末从业人员50人及以上的交通运输、仓储和邮政业，信息传输、软件和信息技术服务业，房地产业（不含房地产开发经营），租赁和商务服务业，科学研究和技术服务业，水利、环境和公共设施管理业，教育，卫生和社会工作；年营业收入500万元及以上，或年末从业人员50人及以上的居民服务、修理和其他服务业，文化、体育和娱乐业法人单位。

[二] 战略性新兴服务业包括节能环保产业、新一代信息技术产业、生物产业、高端装备制造产业、新能源产业、新材料产业、新能源汽车产业七大产业中的服务业相关行业。

[三] 高技术产业投资包括医药制造、航空航天器及设备制造等六大类高技术制造业投资和信息服务、电子商务服务等九大类高技术服务业投资。

端装备制造业自主化技术体系建设的重视，我国目前已经形成了门类齐全、具有相当规模和技术水平的产业体系，在高端装备制造领域，总体上并不依赖于国外。甚至在某些领域，仅仅从份额和销售金额上来看，中国公司已经占据了领先地位。从长远来看，随着产业政策红利的持续释放及新技术、新业态、新模式的蓬勃发展，我国高端装备制造产业的未来发展前景广阔。

三、大湾区发展情况

2019 年 2 月 18 日中共中央、国务院印发的《粤港澳大湾区发展规划纲要》，将“粤港澳大湾区”定义为包括香港特别行政区、澳门特别行政区和珠三角九市（广州市、深圳市、珠海市、佛山市、惠州市、东莞市、中山市、江门市、肇庆市）。

《粤港澳大湾区发展规划纲要》对未来高端装备制造业在该地区的发展做出了规划与安排：围绕加快建设制造强国，完善珠三角制造业创新发展生态体系；促进产业优势互补、紧密协作、联动发展，培育若干世界级产业集群。《粤港澳大湾区发展规划纲要》提出：

推动互联网、大数据、人工智能和实体经济深度融合，大力推进制造业转型升级和优化发展，加强产业分工协作，促进产业链上下游深度合作，建设具有国际竞争力的先进制造业基地。

提升国家新型工业化产业示范基地发展水平，以珠海、佛山为龙头建设珠江西岸先进装备制造产业带，支持佛山深入开展制造业转型升级综合改革试点。以深圳、东莞为核心，在珠江东岸打造具有全球影响力和竞争力的电子信息等世界级先进制造业产业集群。

推动制造业智能化发展，以机器人及其关键零部件、高速高精加工装备和智能成套装备为重点，大力发展智能制造装备和产品，培育一批具有系统集成能力、智能装备开发能力和关键部件研发生产能力的智能制造骨干企业。

发挥香港、澳门、广州、深圳创新研发能力强、运营总部密集以及珠海、佛山、惠州、东莞、中山、江门、肇庆等地产业链齐全的优势，加强大湾区产业对接，提高协作发展水平。依托香港、澳门、广州、深圳等中心城市的科研资源优势和高新技术产业基础，充分发挥国家级新区、国家自主创新示范区、国家高新区等高端要素集聚平台作用，联合打造一批产业链条完善、辐射带动力强、具有国际竞争力的战略性新兴产业集群，增强经济发展新动能。

推动新一代信息技术、生物技术、高端装备制造、新材料等发展壮大为新支柱产业，在新型显示、新一代通信技术、5G 和移动互联网、蛋白类等生物医药、高端医学诊疗设备、基因检测、现代中药、智能机器人、3D打印、北斗卫星应用等重点领域培育一批重大产业项目。围绕信息消费、新型健康技术、海洋工程装备、高技术服务业、高性能集成电路等重点领域及其关键环节，实施一批战略性新兴产业重大工程。要深化供给侧结构性改革，着力培育发展新产业、新业态、新模式，支持传统产业改造升级，加快发展先进制造业和现代服务业，瞄准国际先进标准提高产业发展水平。

1. 珠三角地区

发展至今，我国的高端装备制造产业初步形成了以环渤海、长三角、珠三角为核心，以东北等传统老工业基地为基础，以及中西部快速发展的产业空间格局，呈现出明显的产业集聚特征。其中，珠三角地区是我国智能装备制造重要区域，是机床、智能机器人、海洋工程和航空服务业的研发和生产基地。珠三角九市占据了广东制造业500强企业数量的近九成。其中，广州和深圳两个城市拥有全省数量最多的广东制造业500强企业，同时也是广东制造业百强企业主要集聚地。深圳更是九市中唯一入选企业平均营业收入超过百亿的城市，达到131.8亿元。

据《广州市先进制造业发展及布局第十三个五年规划（2016—2020年）》显示，“十二五”期间，广州先进制造业总体实力稳步提升，对工业经济的支撑及带动作用明显增强。“十三五”期间，预计先进制造业规模将进一步增大。此外，根据《广州市先进制造业强市三年行动计划（2019—2021年）》，到2021年，广州先进制造业增加值达3 000亿元以上，力争实现先进制造业增加值占规模以上制造业增加值比重达70%左右。打造高端装备制造（智能装备及机器人、轨道交通装备、船舶与海洋工程装备）国家级先进制造业集群，集群规模预计达到1 200亿元，推进国家级和省级制造业创新中心、重点实验室、工程实验室等创新平台建设，推动现代服务业与先进制造业深度融合发展。

据深圳市统计局2020年发布的《2019年深圳经济运行情况》显示，2019年深圳先进制造业增加值增长5.5%，高技术制造业增加值增长5.9%。从主要行业看，计算机、通信和其他电子设备制造业增长5.5%，电气机械和器材制造业增长7.1%，专用设备制造业增长8.9%，通用设备制造业增长7.2%，医药制造业增长10.2%。同时，深圳近年来不断完善政策支撑体系，持续加大对战略性新兴产业和未来产业的扶持力度，致力于推动装备制造业向精密制造、高端智能制造等方面转型升级，政策导向明显，主攻智能制造方向，即主要围绕机器人、可穿戴设备和智能装备产业，兼顾航空航天和海洋装备工程等领域，并以“互联网+先进制造”为重点方向，深化制造业与互联网的融合，大力发展装备制造业。为积极推动以上相关产业的发展，近年来，深圳市政府在机器人、智能装备等高端制造装备产业，相继出台了一系列发展规划和扶持计划等成套产业扶持政策，以助力企业做大做强，进而实现产业有质量地发展，推动工业制造业转型升级。

2. 香港特别行政区

香港特别行政区2017年人均本地生产总值达366 000港币，折合将近48 000美元，从产业方面观察可以看到，其第三产业占了99%，第二产业占比仅为1%，四大主导产业金融服务行业、旅游行业、贸易及物流行业、专业服务及其他工商业支援服务行业所创造的增加值为13 675亿港币，占本地生产总值的55%，体现出本地制造业的空心化。与此同时，香港的制造业在早期的产业转移过程中，将绝大多数缺少自有品牌、自主创新能力的劳动密集型的出口加工企业转移到珠三角地区，这种产业在空间上的转移虽然通过使用珠三角低廉的生产要素，延续了既有产业的低水平发展，缓解了当时香港的产业升级压力，但也失去了产业升级的机遇，使香港的制造业并没有实现同步升级；并且，加上实体产业的空心化，以及科研、创新的缺失，使香港基本失去了“再工业化”的可能，高端装备制造产业也就无从可谈。

3. 澳门的特别行政区

澳门特别行政区高端装备制造产业的发展情况和香港类似。澳门受面积、自然资源等要素限制，没有第一产业；第三产业高度发展，占GDP的比例每年基本维持在90%以上。其中，博彩旅游业、建筑地产业和金融保险业更是澳门的三大支柱产业；第二产业在GDP中占有少量份额，也基本维持在10%以下的水平运行，且主要表现为纺织制衣业、水、电及气体生产供应行业建筑业。因此，澳门的产业结构单一并存在“极化”现象，存在资本技术密集型低、实业空心化等问题，并不具备“再工业化”的条件。

第四节 产业发展趋势及挑战

一、产业发展趋势

在全球新一轮产业技术革命的推动下，高端装备制造业正在成为各国重点发展方向。例如，美国启动《先进制造业伙伴计划》，以“信息技术、新材料、新能源”等为主攻领域；德国政府提出“工业4.0”战略，确立了“智能生产和智能工厂”两大主题；我国发布的《中国制造 2025》制造强国战略则强调，要在“高档数控机床和机器人、航空航天装备、海洋工程装备、轨道交通装备”等多个高端装备制造领域进行技术突破，并提出我国的高端装备制造业要向“智能化、绿色化”转变。

在发达国家实施“再工业化”战略的同时，发展中国家对低端制造业资源的抢夺也给我国工业的发展带来巨大挑战。同时，随着人口老龄化的到来，我国企业用工成本的不断上升，高端智能装备在越来越多的领域替代人工成为更多企业的选择，这也为我国高端装备制造产业的发展提供了广阔的市场。此外，到 2020 年，我国将基本实现工业化，目前正处于扩大内需、加快基础设施建设和产业转型升级、经济结构调整的关键时期，对高端装备有着巨大的市场需求。因此，大力培育和发展高端装备制造业，既是提升我国产业核心竞争力的必然要求，也是抢占未来经济和科技发展制高点的战略选择，对于我国加快转变经济发展方式、实现由制造业大国向制造业强国转变具有重要的战略意义。

综上所述，高端装备制造产业已经成为新一轮区域竞争的焦点，其未来在我国的发展必将围绕我国制定的“中国制造 2025”战略展开，同时体现出主要依靠本国产业土壤，更加注重自主创新与培育，在新兴的应用领域尤其是相关科技服务领域具有大放异彩的发展特点，同时，在高端装备制造产业发展日趋成熟的进程中，产业内企业间的资源重组与并购联合也将增多。总的来说，我国高端装备制造业在未来的发展将展现出以下趋势和特点：

1. 以《中国制造 2025》为行动纲领

《中国制造 2025》由百余名院士专家着手制定，是我国实施制造强国战略的第一个十年行动纲领。其指出我国高端装备制造业未来发展的指导思想：“以促进制造业创新发展为主题，以提质增效为中心，以加快新一代信息技术与制造业深度融合为主线，以推进智能制造为主攻方向，以满足经济社会发展和国防建设对重大技术装备的需求为目标，强化工业基础能力，提高综合集成水平，完善多层次多类型人才培养体系，促进产业转型升级，培育有中国特色的制造文化，实现制造业由大变强的历史跨越。”发展过程中，应遵守创新驱动、质量为先、绿色发展、结构优化、人才为本的基本方针；遵守坚持“市场主导，政府引导”“立足当前，着眼长远”“整体推进，重点突破”“自主发展，开放合作”的基本原则。总的来说，《中国制造 2025》为我国制造业未来十年的发展做出了顶层规划和路线图设计，致力于通过一系列的努力，实现中国制造向中国创造、中国速度向中国质量、中国产品向中国品牌的三大转变，推动中国到 2025 年基本实现工业化，迈入制造强国行列。

2. 内需市场依旧是快速增长的有力支撑

全球经济危机的深层次影响仍在继续，我国出口增长明显出现回落态势。与此同时，随着全球贸易保护主义的抬头，扩大出口将遇到越来越多的摩擦、壁垒和障碍，国际竞争也将更趋激烈。在这种情况下，我国高端装备制造产业的出口必然面临严重的压力，需要扩大内需以保障我国高端装备制造产业的平稳、快速发展。此外，我国正处在经济和科技发展的转型升级期与重要战略机遇期，市场空间大，内需潜力大。因此，扩大内需市场是我国高端装备制造业应对全球经济危机的必然要求，也是我国快速发展高端装备制造业的有力支撑。

3. 自主化步伐明显加快

近年来，虽然我国高端装备制造产业依旧处于大而不强、自主研发能力差、关键技术对外依存度高、核心技术受制于人的劣势，具有自主知识产权的高端装备较少的现状。但是，在国家政策的支持下，我国高端装备制造产业中的企业不断加强技术创新和技术改造，整体技术水平持续提升，也开发出了一大批具有自主知识产权的高端装备，在高端电力装备、工程机械、数控机床等诸多主机领域高速发展。综合来看，随着我国增强自主创新能力、振兴装备制造业的一系列重大措施的实施，未来我国高端装备制造产业企业必将加大对相关产业和技术的研发投入，加快相关新产品、新工艺和新技术的研发，将创新摆在企业与产业发展的核心位置，逐步完善我国高端装备制造产业集群创新生态环境的培育与建设，为我国高端装备制造产业的发展提供广阔空间。

4. 企业并购重组和战略合作趋势更加凸显

形成具有国际竞争力的大型企业团体是高端装备制造产业振兴的重要标志。高端装备制造业在我国的工业体系中，基础好、产业组织程度较高，便于进行产业重组。通过企业之间的兼并重组，可以使产业中的企业达到统一整合行业资源的目的。培育大企业集团、形成一批集系统设计、系统集成、工程总承包和全程服务为一体的大型高端装备企业集团，是产业发展到一定阶段的必然趋势，也是产业竞争到一定阶段的必然要求与选择。

5. 海洋工程装备、金属增材制造、机器人是关键增长点

随着第三次工业革命的到来，信息技术与制造技术深度融合、技术集群突破与加速扩散，以及能源开发由浅海向深海的推进，全球高端装备制造产业未来必将在海洋工程装备、增材制造、智能机器人等领域实现快速成长与发展。目前，国际海洋工程装备业从设计到生产过程已经高度分工，出现了从欧美向日本、韩国、新加坡等亚洲国家转移的趋势，而我国造船业所具有的技术、资

金和劳动力综合优势将更加突出，迎接产业转移大有希望。同时，石油和天然气仍将是未来很长一段时间内全世界消费的主要能源，而陆地和近海的油气资源已过度开发，这将推动各国转向深海寻找油气资源。据IEA（2018年）统计，全球海洋石油和天然气探明储量为354.7亿t（按1桶≈0.1364t折算）和95万亿m^3，分别占全球总储量的20.1%和57.2%。从探明程度看，海洋石油和天然气的资源总体探明率仅分别为23.7%和30.6%，尚处于勘探早期阶段。且浅水（水深小于400m）、深水、超深水的石油资源探明率分别为28.1%、13.8%和7.7%；天然气分别为38.6%、27.9%和7.6%。未来，海洋油气是全球重要的油气接替区。作为海洋大国，我国海洋油气资源丰富，总体看勘探程度相对较低，海洋油气是我国长期、大幅增产的重要领域。根据国务院发布的《全国海洋主体功能区规划》，明确表示“2020年我国将形成储近用远的海洋油气资源开发格局，并基本完成海洋主体功能区的整体布局”。对于海洋油气资源开发表示要“加快推进资源勘探与评估，加强深海开采技术研发和成套装备能力建设”。此外，《海洋工程装备制造业中长期发展规划》就明确指出“经过十年的努力，使我国海洋工程装备制造业的产业规模、创新能力和综合竞争力大幅提升，形成较为完备的产业体系，产业集群形成规模，国际竞争力显著提高，推动我国成为世界主要的海洋工程装备制造大国和强国”。

增材制造方面，正不断向系统化、平台化、生态化方向发展，在工业级应用方面，3D打印更强调金属增材制造的低成本批量化应用。由于增材制造在数字化、轻量化、性能、设计、建模模拟测试、制作周期等方面具有独特优势，未来发展潜力巨大。

机器人方面，根据国际机器人联合会（IFR）和Loup Ventures的数据，2020年全球工业机器人的市场价值预计将达到140亿美元，同比增长13%，售出的机器人数量与2019年相比增长20%；2020—2022年，预计全球工厂将安装近200万台新的工业机器人；到2025年，预计工业机器人市场将增长至338亿美元。与此同时，根据我国相关部门的统计，2019年我国每万名工人拥有机器人数量为21台，与韩国、日本、德国等机器人运用较普遍的国家的250～350台，美国、意大利等国家的150台，世界平均水平的55台相比，差距较大。此外，根据IFR2020年发布的《全球机器人技术研发计划》，2019年我国在机器人技术研究上的投入为5.77亿美元。由此可见，未来我国的机器人产业将迎来快速增长期。

6. 现代制造服务业将兴起

随着信息技术的发展和消费需求的变化，传统的提供产品供应的方式已经不能满足市场的需求，向客户提供成套设备、安装工程、设备维修和售后服务成为新的方向，高端装备制造产业将逐渐向提供更丰富的产品和服务延伸。

目前，国外的服务型制造运用已经很广泛。根据通用电气年度报告数据显示，近几年服务业收入已经占公司总收入的2/3以上；以生产计算机而闻名的IBM现在却是信息技术服务业的领先企业，目前服务收入占IBM总收入的比重为60%（包括技术服务、商务服务、金融服务）。发达国家服务型制造的水平明显高于正处在工业化进程中的国家。德勤公司《基于全球服务业和零件管理调研》显示，美国制造与服务融合型的企业占制造企业总数的58%，芬兰是52%，荷兰是40%，比利时是37%。与此同时，该调研结果还显示，服务为制造企业贡献了26%的销售收入，在航空和国防领域这一数字更是高达47%，而服务化程度最高的10家企业的服务销售占比均超过了50%。这意味着，服务已经成为制造企业收入和利润的重要来源，并发挥着越来越大的作用。而我国的多数制造企业目前开展的服务型制造尚处于初级阶段，服务化产出水平比较低。国内做得比较好的，如陕鼓的服务化产出水平在12%左右，海尔在15%~16%之间，洛阳轴承厂在7%~8%之间，中兴通讯在19%~20%之间，而国外上市公司一般会高达50%左右。不过，我国沿海发达地区，尤其是长三角、珠三角等区域，为了应对压力、持续发展，许多企业主动开展服务型制造的相关工作，一些企业已将研发设计和整体解决方案作为重要业务。通过一些专家学者的调研发现，在投入占比大体相当的前提下，东部企业在服务型制造方面的利润与收益情况更为突出，更能够体现投入少、利润高的特征。

因此，未来在高端装备制造产业的产品总价值中，服务业部分增加值将越来越多，服务环节在高端装备制造业中的作用也将越来越大。开展服务型制造是中国制造企业特别是行业骨干企业突破低端锁定向价值链高端延伸，增强国际市场掌控力和话语权的重要路径，也是中国实现从制造大国向制造强国转变的关键途径。

二、产业发展挑战

经过多年的发展，我国高端装备制造业目前已经初成体系，且正处在爬坡过坎的关键时期，产业的发展普遍存在自主研发与创新能力低、缺乏核心竞争力、产业利润水平低、产业集群效应不明显的问题；产业结构逐步优化的同时仍存在产业高端化发展不足、产业空间分布不均衡等问题。我国学者认为，导致我国高端装备制造产业发展瓶颈的主要原因在于：自主创新能力不足、高端人才缺失、财政补贴和税收优惠的力度有待提高，以及缺乏产业市场的开发与研究等。

因此，为突破影响我国高端装备制造产业发展的掣肘，我国可能将面临技术、人才、市场、资本等多方面相交叉的复合挑战。具体来说，将表现在以下几点：

1. 技术创新能力需进一步提高

高端装备制造业的发展离不开前沿核心技术的推动，而核心技术的开发需要雄厚研究基础的支持。我国产业起步晚，发展慢，基础共性研究少，原始创新能力有限。近年来，我国技术创新取得了不少成果，但这仍然不能改变我国高端制造核心技术受制于人的局面。我国的装备自给主要集中在中低端领域，大量高端设备及其关键零部件对外依存度较高。例如，我国无法提供成套海洋工程高端装备，核心装备国产化率低，在装备前端设计和新型装备制造上也几乎为空白。改革开放后，我国制造业通过直接引进国外先进技术，国内大小产业实现了跳跃式发展。然而近年来，“重引进模仿、轻吸收创新”的发展倾向还没能改观，行业似乎陷入了“引进，落后，再引进，再落后”的恶性循环。企业只是一味地引进成熟技术，不加以消化吸收再创造，并没有从根本上解决自主研发的落后问题。

再者，工业软件作为在工业领域里广泛应用的软件，已经渗透和广泛应用在各个工业领域和制造环节，对于高端装备制造有重大意义。工业软件技术支撑了绝大部分的生产制造过程，对于智能制造的转型有重要作用。目前欧美企业制造的工业软件占据大部分市场和技术主导地位，而我国工业软件研发才刚刚起步，距离世界前沿水平还有较远的发展历程。

2. 人才培养体系需进一步完善

高端装备制造业属于战略性新兴产业，其高技术、高附加值的特性强调了高端人才的必要性。总体上，我国产业的人力资源排名世界前列，但研发人员的密度相较发达国家来说差距甚远。教育内容和产业内容的脱节是我国在人才培养方面的一大缺陷。我国的教育模式更注重知识的理解与掌握，对于产业的现实需求把握不够，对于实践环节的重视不足。因此，我国高端装备制造业不仅缺少知识型人才，也缺少会技术、懂操作的专业人才。此外，我国的科研环境与国外相比也存在一定的差距，人才激励机制不健全，这也造成了一部分高端人才的流失。

3. 市场亟待进一步突破

市场需求也是影响我国高端装备制造业未来发展的一大重要因素。如今，我国的高端装备制造以及其他战略性新兴产业发展不长，市场需求存在不稳定性。政府通常运用政府购买的手段，来推动新兴产业的发展。实际上，这种推动作用是暂时的。未来的发展仍需要国内外市场的进一步开拓。究其根本，首先，我国政府在产业发展初期，忽视了对于国内市场的积极引导。因此，产业的扩张脱离了市场的供需关系，出现了产能过剩的现象。此外，国际市场方面，发达国家对我国的“产业阻击”现象屡见不鲜。一种是出于政治目的，例如2018 年初美国对我国发起的“贸易战”。其本质是用贸易制裁为我国高端制造产品的出口设限，从而阻碍我国制造业的转型升级。另一种则是由于我国制造产品的质量水平不高，无法满足国际市场的技术标准。

4. 金融支持亟待提升

一方面，由于高端装备制造业存在着“新兴性”，市场对于高端装备的盈利能力不甚了解。因此目前产业投融资渠道单一，信贷支持有限。除了国家的财税政策支持外，大部分战略性新兴产业内的企业需要借助银行贷款，并没有获得足够的金融扶持。多数企业的研发热情不高，发展受限。另一方面，产业内部仍存在着中小民营企业融资难的问题。国有企业拥有先天的体制优势，通常能够顺利获得大额低息贷款。相比之下，民营企业和中小企业则更难吸纳资金。作为技术创新的主体，企业难以获得充足的资金支持，也就很难释放自身活力。产业内部资源配置效率低下，对于小微民营企业的金融服务体系有待建立完善。

要增强高端装备制造业的竞争力，推动产业向中高端迈进，应该主动参与国际分工合作，加强对于国外先进技术的引进、消化吸收能力，鼓励企业进行再创新。也要加大财税政策倾斜，降低金融门槛，扩大产业资金规模。与此同时，用严谨规范的质量管理体系来打造“中国装备品牌”，将产业推向国际。

【要点回顾】

本章在综合相关学者的研究成果与国家统计数据的基础上，系统地描述了我国高端装备制造产业的定义和分类、发展情况，以及未来的发展趋势与挑战。

【复习题】

1. 下列不属于当今高端装备制造业发展的主要模式是（　　）。

A. 以资本为导向

B. 以产业政策为导向

C. “需求—创新驱动”模式

D. “引进—落后—再引进”模式

2. 中国制造业企业500强中（　　）占多数，（　　）目前仍然是中国高端装备制造产业发展的中流砥柱。

A. 民营企业；民营企业　　B. 国有企业；民营企业

C. 国有企业；国有企业　　D. 民营企业；国有企业

第八章

海洋经济产业

【学习目标】

1. 了解海洋经济产业的定义和分类；
2. 熟悉海洋经济产业的发展历程和发展情况；
3. 掌握海洋经济产业的发展趋势及挑战。

【导入案例】

海洋强国之路

2018年8月16日，在国家自然资源部、深圳市人民政府以及国内相关涉海部门、研究机构和企业的支持下，全国海洋产业发展研讨会暨第三届深圳海洋发展论坛在深圳举行。

围绕国家“海洋强国”战略、《全国海洋经济发展“十三五”规划》以及深圳建设全球海洋中心城市的战略部署，该论坛以“梦逐大海，走向深蓝”“科技兴海，共筑强国梦”为主题，分别对创新驱动海工装备发展、走进大数据时代共建智慧海洋、海洋生物产业创新发展和海洋金融及海洋现代服务业进行了深入探讨，分别邀请了八名以上行业专家、企业代表做演讲，全面研讨海洋相关技术和产业。此论坛搭建了一个为全国海洋科技的项目对接、技术交流和投融资服务合作的高端平台，促进了海洋产业的成果转化和新兴海洋产业领域间的合作。

第一节　产业定义及分类

一般认为，现代海洋经济产业是指直接或间接开发海洋资源及空间的相关产业的生产活动。也就是说，海洋经济是海洋经济产业的总体概述，海洋经济产业则是海洋经济的具体载体和表现形式，是所有同属性海洋经济活动的集合，同时也是海洋经济的发展基础和前提。深圳在海洋经济产业方面一直以来走在我国的前列。从深圳对海洋经济产业的产业扶持方面来理解海洋经济产业，主要分为海洋电子信息、海洋生物、海洋高端设备、邮轮游艇及其他海洋资源利用方面的产业。

一、产业定义

海洋经济产业又被称为“海洋开发产业”。2008 年 3 月国务院发布的《全国海洋经济发展规划纲要》把海洋经济定义为“海洋经济是开发利用海洋的各类海洋产业及相关经济活动的总和。”海洋经济产业是涉海性的人类经济活动，根据《中华人民共和国海洋行业标准》的分类方法，凡属以下五个方面之一的经济活动，无论其所在地是否为沿海地区，均视为海洋经济产业：

（1）直接从海洋中获取产品的生产和服务。

（2）直接从海洋中获取的产品的一次加工生产和服务。

（3）直接应用于海洋和海洋开发活动的产品生产和服务。

（4）利用海水和海洋空间作为生产过程的基本要素所进行的生产和服务。

（5）与海洋密切相关的科学研究、教育、社会服务和管理。

二、产业分类

根据中华人民共和国国际质量监督检验检疫总局、中国国家标准化管理委员会发布的《海洋及相关产业分类》，海洋经济产业可以根据海洋经济活动的性质分为海洋产业和海洋相关产业两类，并分为海洋经济核心层、海洋经济支持层和海洋经济外围层三个层次。

海洋产业是指开发、利用和保护海洋所进行的生产和服务活动。海洋产业包括主要海洋产业和海洋科研教育管理服务业，主要海洋产业包括海洋渔业、海洋油气业、海洋矿业、海洋盐业、海洋船舶工业、海洋化工业、海洋生物医药业、海洋工程建筑业、海洋电力业、海水利用业、海洋交通运输业、滨海旅游业等，是海洋经济核心层。海洋科研教育管理服务业包括海洋信息服务业、海洋环节简称预报服务、海洋保险与社会保障业、海洋科学研究、海洋技术服务业、海洋地质勘查业、海洋环境保护业、海洋教育、海洋管理、海洋社会团体与国际组织等，是海洋经济支持层。

海洋相关产业是指以各种投入产出为联系纽带，与海洋产业构成技术经济联系的产业。海洋相关产业包括海洋农林业、海洋设备制造业、涉海产业及材料制造业、涉海建筑与安装业、海洋批发与零售业、涉海服务业等，是海洋经济外围层。

第二节 产业发展历程

在“海权”思想指导下，濒海国家葡萄牙、西班牙、荷兰、英国、美国、俄罗斯和日本等国先后崛起为海洋强国，这些国家迄今依然是国际秩序中的主要海洋经济产业强国。进入21世纪以来，涉海大国在《联合国海洋法公约》和时代发展的影响下制定了海洋法规或海洋战略，掀起了“海洋强国”竞争的新一轮热潮。

一、国际发展历程

15~17世纪，随着新航路的开辟，葡萄牙、西班牙等早期殖民国家通过殖民扩张，攫取了大量的资源财富，逐步确立了长期的海上霸权。其他殖民国家从中看到了商业利益，纷纷进军海洋。到大航海时代后期，英国、荷兰等新兴海洋国家成为新的海洋霸主，并带动工业和制造业进一步发展。西方国家利用海洋资源，不断征服世界，先后成为海洋强国乃至世界经济强国。纵观世界发展，涉海国家的强盛都离不开海洋，海洋既是国家安全的屏障，也是促进经济发展的重要依托。

美国历来重视海洋战略及政策的制定和实施。20世纪60年代，美国通过了《海洋资源与工程开发法》并提交了《我们的国家与海洋》报告，指导美国接下来海洋政策的制定和实施。进入21世纪，美国重新反思其海洋政策，提出了新的政策原则，要加强对生命与财产的保护、海洋资源的可持续利用；要保护海洋环境、防止海洋污染；加大技术投资、促进能源开发。美国海洋经济的发展主要集中在高科技领域，并通过高科技的应用，对传统的海洋经济产业如渔业进行了升级。此外，美国还将计算机技术、新材料、新能源等广泛应用在船舶设计和生产中，使现代船舶制造的自动化、现代化程度得到提高，并大大提升了海洋资源开发利用的效率。

欧洲的边界2/3以上是海岸，拥有68 000km的海岸线，相当于美国的7倍、俄罗斯的4倍。其中，英国是非常典型的岛国，有丰富的海洋资源，对于海洋的开发历史悠久，海洋经济产业有较长的发展历史。英国涉海经济活动产值数额巨大，占英国GDP的比例接近5%。英国的海洋政策主要经历了两个阶段：第一阶段为2000年之前，以制定分散的、单一的产业或区域的经济政策为主。根据用途可分为：渔业方面、油气勘查和开采方面、与皇室地产有关的政策、与规划有关的政策等。第二阶段从2001年至今，以制定综合性的高层次的海洋经济政策为主。例如，2003年英国政府发布了《变化中的海洋》，建议用新的管理方法对各类海洋活动进行综合管理和制定综合性海洋政策；2008年，英国自然环境研究委员会发布《2025海洋科技计划》，重点支持气候、生物多样性、海洋资源可持续利用十大领域等；2010年英国政府发布《海洋能源行动计划》，提出在政策、资金、技术等多方面支持新兴的海洋能源的发展；2013年8月，英国商业、创新和技术部和英国能源和气候变化部联合发布了英国最新的海上风电产业发展战略《海上风电产业战略——产业和政府行动》。这一系列政策的发布带动了英国海洋产业产值的不断增长。

日本是国土面积狭小且四面环海的群岛国家，国内资源匮乏但区位优势明显——四通八达的海上运输航道、巨大的海洋资源库、攻守兼备的天然屏障等。从全球来看，日本是较早制定海洋规划的国家之一，早在20世纪60年代，日本政府在海洋规划中提出了基本设想和推进措施，为海洋技术的积累和海洋经济产业的发展奠定了基础。随着日本海洋经济产业的不断发展，20世纪90年代，日本政府的海洋规划全面展开，丰富了规划内容，加强了针对性。进入21世纪，日本在进一步加强海洋技术规划的同时还加入了国际合作的内容，规划内容由针对性较强转向整体协调发展。

二、 国内发展历程

我国海域辽阔，跨越热带、亚热带和温带三大气候带。海洋资源种类繁多，如海洋生物、石油天然气、固体矿产、可再生能源、滨海旅游等资源丰富，开发潜力巨大。20世纪90年代以来，我国海洋经济发展进入快速成长期，海洋经济增长速度高于同期国民经济增长速度，成为国民经济新的增长点。

中华人民共和国成立以来，国家对海洋经济产业逐步重视起来。根据海洋经济产业政策的制定、海洋产业生产总值的变化以及主要海洋经济产业的发展，将海洋经济产业的发展划分为以下四个阶段：

（一）海洋经济产业发展的初始阶段（1949—1977年）

19世纪60年代，我国逐渐意识到发展海洋的重要性。1961年4月，中国远洋运输总公司成立。1964年7月，国家海洋局（SOA）成立。1965年3月，海洋地质调查第一大队成立并开始进行渤海海区的石油勘探工作。1970年5月，国务院批准“627工作筹备组”成立，负责海上浮船的钻井工作，之后逐步成立第二、第三、第四海洋地质调查大队。在远洋交通运输的发展上，我国与多个国家签订了海运协定。1977年3月，全国水产会议顺利召开。

这一阶段，我国的海洋经济产业以海产品的捕捞为主，并逐步开始了“养捕并举”。之后，我国开始建立了与海洋相关的机构，为海洋经济产业的发展奠定了基础。虽然海洋盐业的管理力度一度出现了萎缩，水产工作也停滞不前，但是在海洋地质调查和远洋运输方面取得了较大的进展。

（二）改革开放下海洋经济产业的全面发展（1978—2002年）

在改革开放的背景下，我国海洋经济产业的各个子产业得到不同程度的政策支持和发展。其中，我国的海洋油气产业也得到了进一步的规划。1979年，我国与外国12家石油公司签订了《南海北部的地球物理勘探协议》。1982年2月15日，国务院批准成立中国海洋石油总公司。1993年，中国海洋石油总公司与美国阿科（ARCO）公司签订了合作合同，之后陆续地与国外多个石油公司签订了合作开发海洋油气田的合同。1991年1月，全国首届海洋工作会议在北京召开，会议讨论通过了《九十年代我国海洋政策和工作纲要》，要求积极开发海洋资源、发展经济。1995年5月国家海洋局等部门联合发布了《全国海洋开发规划》，对国家海洋资源的开发做出了科学的部署。1996年国家制定了《中国海洋21世纪议程》，制定了海洋可持续发展战略。此外，我国海洋渔业由“捕捞为主”向“养殖为主”转变，积极开发远洋捕捞、扩大远洋渔业。同时，我国还和多个国家签订了渔业协定，海洋渔业得到了长足的发展。

这一阶段，国家通过一系列的立法和科学规划，国家海洋经济产业得到规范，制定了可持续发展战略，为海洋经济产业发展进入快车道奠定了基础。

（三）海洋经济产业的快速发展阶段（2003—2012年）

2003年以来，国家出台了多项关于海洋资源开发、海洋环境保护、海洋科技发展方面的经济政策，极大促进了海洋经济产业的加速发展。2003年5月，国务院发布《全国海洋经济发展规划纲要》，对我国海洋经济的发展做出了全面科学的规划。2004年9月，国务院发布了《关于进一步加强海洋管理工作若干问题的通知》，对海洋管理工作做出了具体规定。2006年11月，《国家“十一五”海洋科学和技术发展规划纲要》发布。2011年，国务院颁布了《全国海洋经济发展“十二五”规划》，对我国海洋传统产业、海洋新兴产业、海洋服务业做出了详细的规划。

这一阶段，在国家政策的引导与支持下，我国海洋经济产业快速发展。我国海洋经济产业生产总值从2003年的11 952.3亿元增长到2012年的50 172.9亿元，增加了约320%。海洋经济产业的年平均增长速度达13.5%，超过国家整体经济增长速度。另外，海洋经济新兴产业在这一时期也实现了快速发展，

2003 年，海洋生物医药产业的增加值仅为 16.5 亿元，2012 年增长到 184.7 亿元。在这一时期，海洋电力产业、海水利用业也实现了快速的发展。

（四）海洋经济产业发展新常态（2012 至今）

党的“十八大”以来，我国海洋经济产业的发展进入了新常态：海洋经济产业的总体发展已经开始放缓，海洋新兴产业发展迅速，传统海洋经济产业加速转型。我国通过一系列相关政策的颁布，引导海洋经济产业结构的优化和升级。2012 年，国务院发布了《全国海洋经济发展规划（2011—2015 年）》，提出要实现海洋经济产业总体实力的进一步提升、海洋科技能力的进一步加强、海洋经济产业结构的进一步优化和海洋经济产业调控体系的进一步完善。2016 年国家海洋局发布《全国科技兴海规划（2016—2020）》，提出“到 2020 年，形成有利于创新驱动发展的科技兴海长效机制，构建起链式布局、优势互补、协同创新、集聚转化的海洋科技成果转移转化体系。”2017 年 5 月，《全国海洋经济发展“十三五”规划》提出要不断拓展海洋经济产业发展空间，提高综合实力，调整海洋经济产业结构和布局，加强对海洋科技的支持。

第三节 产业发展情况

一、国际发展情况

海洋经济在世界各国的定义略有差异，但都指开发利用海洋的各类产业及相关经济活动的总和。随着近年来的发展，世界海洋经济产业传统的海洋渔业、油气勘探业、交通运输业和滨海旅游业四大支柱产业外，近 20 年来还形成了包括海洋医药、海水利用、海洋能源等海洋新兴产业。目前世界海洋经济产业呈现以下态势：

（一）海洋经济产业产值高速增长

近 30 年来，随着世界海洋大国尤其是欧美海洋经济强国将实现经济进一步发展的目光投向了蓝色海洋领域，世界海洋经济产业产值持续高速增长，世界各大海洋强国从国家战略角度认识和规划海洋经济发展蓝图，纷纷出台了一系列与海洋资源开发相关的法规政策，并成立专门的协调机构确保国家战略发展规划的落实，以促进海洋经济的快速发展。

全球海洋 GDP 从 1970 年的 1 100 亿美元，到 1980 年约为 3 400 亿美元，1990 年增至 6 700 亿美元，2000 年高达 13 000 亿美元，几乎每 10 年翻一番。海洋经济在世界经济中所占的比重也逐步提高，20 世纪 60 年代世界海洋经济产值为 100 亿美元，仅占世界经济生产总值的 0.73%，21 世纪初的世界海洋经济产值却已占世界 GDP 的 4%，在世界海洋强国中海洋经济的比重占到国家 GDP 的 7% ~15%。

（二）海洋经济产业结构不断优化

作为传统海洋经济主体部分的海洋渔业，虽然总量保持上升趋势，但在现代海洋经济中所占的比重正在下降。据联合国粮食及农业组织 2005 年的报告统计，全世界 52% 的渔业储量开发已达饱和状态，24% 的渔业储量已被过度开发，其中 7% 的渔业储量已枯竭。传统海洋渔业正在面临限制开发的境地。

联合国粮食及农业组织发布的《2020 年世界渔业和水产养殖状况》报告指出，全球人均鱼类消费量已创下每年 20.5kg 的新纪录，并有望在下个十年进一步增加。预计到 2030 年，鱼类总产量将增至 2.04 亿 t，较 2018 年增长 15%，水产养殖的份额也将较目前的 46% 有所增长。报告显示，目前约有 34.2% 的鱼类种群在生物不可持续的水平下被捕捞，比例过高。就全球而言，这一趋势未见好转。令人稍觉宽慰的是，捕捞上岸的鱼类中有 78.7% 属于生物可持续的种群。此外，许多主要物种的可持续性趋势正在改善。

海洋油气业一直是世界海洋经济的重中之重。全球近海陆架已探明的海洋石油储量约为 1450 亿 t，占世界总储量的 45%；海底天然气储量约 43 亿 m^3，占世界总储量的 1/3，已有 100 多个国家和地区在海上开发石油，发现的油气田约 1 600 个，200 多个油气田在投产。

海洋油气的勘探目前已经达到 500m 以上的深水甚至 1 500m 以上超深水的程度。世界海洋油气勘探最典型的特征是油田分布不均匀，油和气分布也不均匀，因此导致开采的难度越来越大。

在世界海洋交通运输业方面，全球共有港口 9 800 多个，其中贸易港 2 300 多个，年吞吐量亿吨级的超过 10 个。海洋交通运输业从单一的纯海洋运输逐渐向综合化物流服务的转化，实现了产值的突破式发展，国际航运成为其发展的大方向。

2014 年，在全球经济放缓和油价走低的背景下，国际海运货物量上涨了 3.4%，达 98.4 亿 t，大约占商品贸易总量的 4/5，其中亚洲尤其是发展中国家占据主体部分；世界船队增长了 3.5%，约 4 200 万总吨，仅中国、韩国、日本三个国家就建造了超过 90% 的吨位。

具体来说，全球商船总数为 89 464 艘，总吨位为 17.5 亿载重吨，其中希腊的船舶拥有量高居全球首位，占世界总量的 16% 以上，其次是日本、中国、德国和新加坡。

随着人们生活消费水平的极大提高，发达国家充分挖掘海洋资源的观赏性、娱乐性和健康性，发展的滨海旅游娱乐业效益显著。盛行于美国、加拿大、日本及欧洲各国的海洋旅游业将旅游观光和水族观赏等休闲活动和现代渔业有机结合起来，充分利用现有的渔业设置和资源环境，提高了渔业的经济、社会和生态环境效益。海洋旅游业主要包括潜水、帆船、水下观光、海洋公园和海岛开发等，发展态势良好。生态保护型开发、健康型开发、特色型开发已成为各国滨海旅游发展的共识。2019 年，全球主要沿海国家国际出入境旅游人数总计超 10 亿人次，国际旅游收入高达 1.479 万亿美元。

（三）海洋新兴产业的迅速发展

随着高新技术的应用，对资源、能源、空间的开发利用和可持续发展催生了一批海洋新兴产业，海洋权益以及海上安全越来越显示出强大的发展潜力。

从各产业现状来看，海洋可再生能源中海上风电发展较为成熟。根据世界海上风电论坛（WFO）发布的数据显示，2019 年，全球共新建海上风电场 16 个并投入运行，共新增装机容量 5.2GW；主要分布在中国、英国、德国、丹麦、比利时。截至 2019 年年底，全球已投运海上风电场共有 146 个，累计装机容量达到 27.2GW，同比增长 23.4%；海洋工程装备制造的先进技术主要掌握在欧美等发达国家手中，装备制造基地在中国、韩国、新加坡等亚洲国家；新兴邮轮经济中，据国际邮轮协会（CLIA）统计数据，2018 年，全球邮轮游客量达到 2 850 万人次，北美地区邮轮游客量达到 1 420 万人次，依然是全球最大的邮轮市场。海水淡化市场增长最快的是以沙特、以色列、阿联酋等为代表的中东地区，其次是美国、澳大利亚、阿尔及利亚、西班牙等国家。而海洋生物医药行业作为新兴产业中高风险、高投入但回报最快的行业一直受到欧美各国的重视，美国、日本、瑞士等发达国家积极在全球收集、筛选优质海洋生物资源，建立资源养殖基地。截至 2015 年 7 月，世界海洋生物医药产业规模已达数百亿美元，未来这一行业将成为发达国家竞争最激烈的领域之一。

二、国内发展情况

我国是一个海洋大国，我国的领海由渤海（内海）和黄海、东海、南海三大边海组成。内海和边海的水域面积约 470 万 km^2。海洋作为我国经济社会发展的重要战略空间，是孕育新产业、引领新增长的重要领域，在国家经济社会发展全局中的地位和作用日益突出。2012 年，党的十八大首次提出“建设海洋强国”的战略目标；2016 年，“十三五”规划纲要提出“拓展蓝色经济空间”的新命题，加快建设海洋强国是我们国家既定战略方针；2017 年，党的十九大进一步提出“加快建设海洋强国”。这反映出我国对海洋事业的高度重视以及对海洋开发、保护和管控的新要求。

2015—2019 年，我国海洋经济产业继续保持稳步增长，总体实力再上新台阶，产业结构不断优化，新兴产业和新业态快速成长，海洋经济的“引擎”作用持续发挥，推动国民经济高质量发展。2019 年全国海洋生产总值为 89 415 亿元，比上年增长 6.2%，海洋生产总值占国内生产总值的 9.0%。其中，海洋第一产业增加值为 3 729 亿元，第二产业增加值为 31 987 亿元，第三产业增加值为 53 700 亿元。据测算，2018 年全国涉海就业人员 3 684 万人。具体有关数据如图 8-1 及图 8-2 所示。

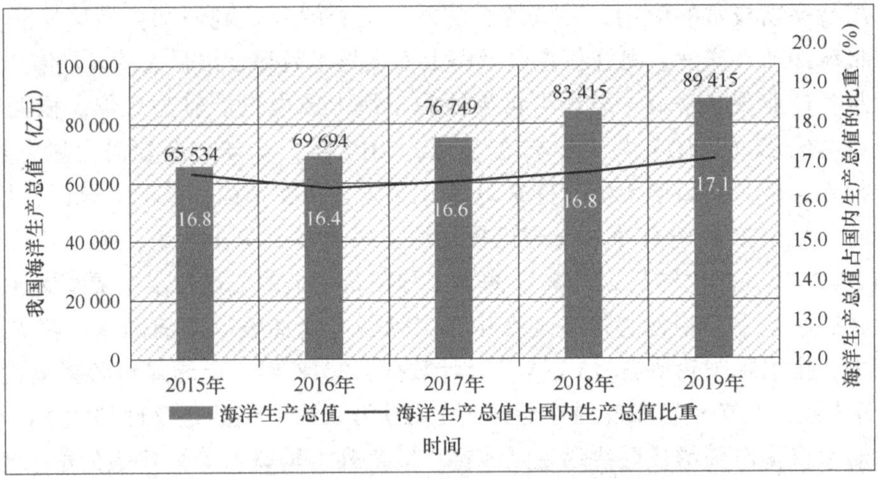

图 8-1　2015—2019 年海洋生产总值情况

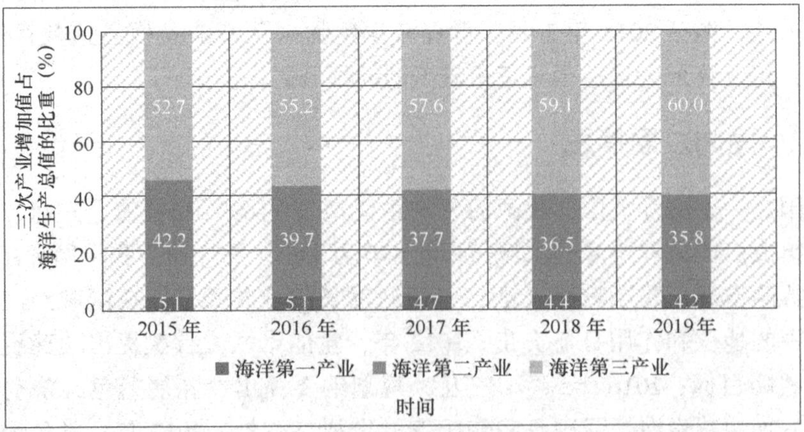

图 8-2　2015—2019 年海洋三次产业增加值占海洋生产总值比重

我国海洋经济产业的发展特点具体如下：目前，我国北部、东部和南部三个海洋经济圈基本形成，环渤海、长江三角洲和珠江三角洲的海洋经济居引领地位，一些内陆省份海洋经济逐步发展，浙江舟山群岛、广州南沙、大连金普、青岛西海岸等国家级新区以及福建平潭、珠海横琴、深圳前海等重要涉海功能平台相继获批设立。山东、浙江、广东、福建、天津等全国海洋经济发展试点地区工作取得显著成效，重点领域先行先试取得良好效果，海洋经济辐射带动能力进一步增强。随着一批跨海桥梁和海底隧道等重大基础设施相继建设和投入使用，沿海区域间的融合进一步加强，海洋经济布局进一步优化。

我国海洋经济产业结构出现积极变化，海洋经济三次产业结构由2010年的5.1：47.7：47.2，经调整后为2018年的4.4：37.0：58.6。在此期间，传统海洋经济产业加快转型升级，海洋油气勘探开发进一步向深远海拓展，海水养殖比重进一步提高，高端船舶和特种船舶完工量有所增加。新兴海洋经济产业保持较快发展，年均增速达到19%。海洋服务业增长势头明显，滨海旅游业年均增速达15.4%，邮轮游艇等旅游业快速发展，涉海金融服务业快速起步。

近年来，我国海洋科技创新与应用取得新成效，一批海洋关键技术取得重大突破。“蛟龙”号载人潜水器、深海遥控无人潜水器作业系统海试成功，海洋深水工程重大装备及配套工程、3000m水深半潜式钻井平台验收完成，南极深冰芯钻探第一次试钻成功。海洋科技成果转化率超过50%，海水淡化设备国产化率显著提升，兆瓦级海洋潮流能装备正式并网发电，200kW波浪能装备初步具备远海岛礁应用能力。

2018年11月，发改委、自然资源部发布了《关于建设海洋经济发展示范区的通知》(发改地区〔2018〕1712号）文件，《关于建设海洋经济发展示范区的通知》明确了各示范区要落实目标任务、强化示范引领，明确职责分工，加强指导督促。海洋经济发展示范区的建设，通过构建海洋产业集聚发展的载体和平台，充分发挥产业集聚效应和规模效应，促进海洋经济持续健康发展；有利于将海洋战略性新兴产业培育壮大，以及现代海洋服务业提质增效；有利于促进海洋领域创新链、产业链、资金链和政策链“四链融合”，以及各项资源有效整合和高效利用，从而带动区域海洋经济和社会可持续发展，推动海洋经济高质量发展。

下面就海洋工程装备制造产业、海洋生物领域、海洋电子信息领域等我国新兴海洋经济的重点产业的发展情况进行介绍。

1. 海洋工程装备制造产业

国务院发布《关于加快培育和发展战略性新兴产业的决定》，将海洋工程装备制造产业第一次提升到国家发展战略层面，后来又陆续发布了《海洋工程装备制造业中长期发展规划》《海洋工程装备科研项目指南》《海洋工程装备制造业持续健康发展行动计划（2017—2020 年）》等一系列政策，全面为发展海洋工程装备制造产业“保驾护航”。

在国家政策强有力的支持下，我国海洋工程装备制造产业快速发展，紧抓全球海洋工程装备市场高度繁荣的历史机遇，其发展突飞猛进，全球份额占比接近一半。2018 年，我国承接各类海洋工程装备 44 艘/座，合计 38 亿美元，同比增长 84%，全球市场份额达到 45%，超越韩国和新加坡位居全球首位。

我国由过去主要从事浅水装备的建造领域，开始向深水装备建造领域进军，并从事装备的改装和修理。在自升式钻井平台和半潜式钻井平台建造领域我国占据主导地位，自升式钻井平台市场占有率为 77%。此外，随着深海油气新发现的增加和已发现的深海油气田投入开发，深海钻井平台将更加紧俏。在海洋工程装备市场，我国已经出现群雄并起的苗头，在世界海洋工程装备市场占据一席之地。

在海洋工程辅助船方面，太平洋道船集团、中船集团和中船重工位列前三名；在设备改装方面，中远船务和中船集团、中船重工齐头并进。中国海洋工程装备产业不仅在总的市场规模上不断发展，转型升级也在持续推进，并取得以下丰硕成果：

（1）在产品体系方面，覆盖面已由传统的中低端海洋工程辅助船、自升式钻井平台和 FPSO 等逐步延伸到半潜式钻井平台、经济型钻井船、FSRU 等高端装备各个领域。

（2）在产业布局方面，我国已形成了环渤海地区、长三角地区、珠三角地区等三大海洋工程装备制造产业聚集区，产业集群效应显现，中集、中远、中船等一大批骨干企业脱颖而出。研发设计方面，通过收购兼并 F&G、Basso Technology 等一批全球领先的设计企业，中国设计能力大幅提升。

（3）在核心配套方面，海洋钻井包、动力定位系统、海洋起重机、自升式平台锁紧系统和升降系统、油气处理设备等核心配套设备取得突破，部分实现产业化。

2. 海洋生物领域

我国海洋生物产业起步较晚，发展水平较低，但发展速度较快，特别是自 1996 年海洋技术被列入国家“863 计划”以来，随着一系列海洋生物资源开发利用的关键技术日臻成熟，海洋生物产业发展逐渐走向规范化。据不完全统计，国内从事海洋药物研究的单位有数家，包括中国海洋大学、国家海洋局第一海洋研究所、中国科学院海洋研究所等一整套的海洋生物医药研究院所，形成了上海、青岛、厦门、广州四个海洋生物技术和海洋药物研究中心。海洋生物医药开发、生产企业有几百家，形成了以长三角、珠三角和环渤海三大都市圆心的发展体系，其中，青岛是我国海洋药物及海洋生物制品研发和生产基地，海洋生物医药产业规模居全国第一。此外，国际知名生物医药企业入驻中国，也对中国本土企业研发和生产能力的提升起到了重要作用。

海洋生物产业规模快速壮大。进入21世纪以来，在一系列生物产业发展政策的引导和激励下，我国生物产业发展取得了快速突破。按照《国务院关于加快培育和发展战略性新兴产业的决定》的要求，到2020年，我国的生物产业规模将达到10万亿元左右。在全国生物产业蓬勃发展的大背景下，我国海洋生物产业快速崛起，2005—2019年，我国海洋生物产业增加值从17亿元增长至443亿元，14年间增长了26倍。

目前我国海洋药物品种30余个，申请有关海洋药物专利80余项，国内海洋生物产业相关的上市企业主要有5家，主要涉足海洋药物、海洋功能食品等产品的开发与生产。

3. 海洋电子信息领域

在海洋船舶电子领域，由于核心技术、专业人才缺乏等问题，使我国船舶配套产业链较为薄弱。国内造船企业普遍从发达国家进口船舶电子设备，导致采购成本居高不下。国内无法生产高精尖船舶电子产品，只能依赖进口，这与我国海洋经济产业的迅猛发展形成鲜明对比。

在海洋探测设备方面，我国已具备了生产制造系列化深海传感器的能力。有国家“863计划”的支持，我国研制出了多种海洋观测仪器，如高精度CTD（温盐深仪）、ADCP（海流剖面仪）、重力仪等，使得我国海洋探测能力取得长足发展，推动了海洋经济产业的发展；在海洋观测及取样设备上，我国也有了较大的成果。目前，我国海洋观测平台实现了多角度、多维度、立体式发展，从卫星及航空遥感到水下观测平台，从被动观测平台（浮标、浅标等）到主动观测平台（水下滑翔机、载人潜水器等），再到拖曳观测平台（深海声学拖体、超宽频海底剖面仪等），还有深海取样装备（深海电视抓斗、多管取样器等），基本上与国际同步。

在海洋观测方面，我国已初步建立涵盖岸基海洋观测系统、离岸海洋观测系统以及大洋和极地观测的海洋观测网基本框架，在我国海洋防灾减灾、科学研究等领域发挥了重要作用。由科技部、教育部、中国科学院等支持的陵水声学观测实验网和东海海底观测示范网均在相继建设，用以支持未来国家海底长期科学观测系统的技术验证和建设。

国家海洋局印发《全国海洋观测网规划（2014—2020 年）》，提出到 2020 年，建成以国家基本观测网为骨干、地方基本观测网和其他行业专业观测网为补充的海洋综合观测网络，覆盖范围由近岸向近海和中远海拓展，由水面向水下和海底延伸，实现岸基观测、离岸观测、大洋和极地观测的有机结合，初步形成海洋环境立体观测能力。

三、大湾区发展情况

（一）大湾区

作为世界四大湾区之一的粤港澳大湾区，其因海而生，与海共荣，天然具有海洋的基因与属性。做大做强海洋经济、加快构建现代海洋经济产业体系，将为粤港澳大湾区经济高质量发展提供强大引擎。《粤港澳大湾区发展规划纲要》明确提出“大力发展海洋经济”“加强粤港澳合作，拓展蓝色经济空间，共同建设现代海洋经济产业基地”。

广东省作为大湾区发展的中坚力量，其发展影响辐射整个大湾区，作为大湾区海洋经济产业的风向标，广东省海洋经济产业发展显得尤为重要。香港则拥有发达的港口物流、航运服务、海洋金融保险、科研教育及其他专业服务等综合优势。澳门以滨海旅游为主。

2019 年，广东省海洋生产总值达 11 万亿元，比上年增长 9%，高于同期全省地区生产总值 2.2 个百分点，连续 25 年位居全国首位。海洋生产总值占全国海洋生产总值的 23.6%，占全省地区生产总值的比重为 19.6%，海洋经济已成为广东经济发展的新增长极，广东省也成为我国海洋经济发展的核心区之一。广东省 2019 年海洋三次产业结构比为 1.9：36.4：61.7，一、二、三产业增加值分别为 6 820 亿元、7 392 亿元和 6 847 亿元，同比增速分别为 8.0%、11.3% 和 7.7%，海洋经济产业结构得以优化；省财政设立专项，支持海洋电子信息、海上风电、海洋生物、海工装备、天然气水合物、海洋公共服务等海洋六大产业领域创新发展，新技术、新成果不断涌现。广东全省 14 个沿海地级以上市，从区域上分为珠三角海洋经济优化发展区、粤东海洋经济重点发展区和粤西海洋经济重点发展区。海洋经济的区域发展布局与已上升为国家战略的粤港澳大湾区建设，以及广东省“一核一带一区”的区域发展新格局高度契合。前海、南沙、横琴三大自贸区全部位于珠三角沿海城市，粤东、粤西地区则具备显著的海洋资源和生态优势。

当前，粤港澳大湾区加快基础设施互联互通，构建现代化的综合交通运输体系。《粤港澳大湾区发展规划纲要》明确提出，要提升珠三角港口群国际竞争力。巩固提升香港国际航运中心地位，支持香港发展船舶管理及租赁、船舶融资、海事保险、海事法律及争议解决等高端航运服务业，并为内地和澳门企业提供服务。增强广州、深圳国际航运综合服务功能，进一步提升港口、航道等基础设施服务能力，与香港形成优势互补、互惠共赢的港口、航运、物流和配套服务体系，增强港口群整体国际竞争力。粤港澳大湾区海洋经济发展应充分发挥三地在海洋经济产业上的互补优势，加强分工合作，共同打造具有国际竞争力的现代海洋经济产业体系。

（二）广州市

广州作为广东省的省会城市，在发展海洋经济产业中自然发挥着重要的作用。广州大力发展海洋经济，统筹海陆一体化发展，建设海洋经济强市取得了较好的成效。

广州海域自北起黄埔老港西港界向南至进口浅滩，形状狭长、面积460km^2，处于珠江水系的虎门、蕉门、洪奇门、横门等东四口门的入海口。优越的地理环境造就了广州海洋经济产业集聚，基础设施完善，对外开放水平高，科技创新实力强的基础优势，使其能够更好地发挥先锋示范作用。

广州以龙穴造船基地为核心，积极发挥中船集团龙头企业作用，推动形成集造船、修船、海洋工程、邮轮及船舶相关产业于一体的海洋工程装备制造产业集群。以无人船、潜水器和水下机器人为突破口，推动人工智能技术在海洋的应用和发展，在钻井平台、水下机器人、半潜船制造、可燃冰开采设备等领域形成一批龙头企业和集聚基地。

《2019年广东省海洋经济发展报告》显示，广州积极发展船舶和海洋工程装备制造业、海洋科研教育管理服务业、高端滨海旅游业。海洋创新能力显著提升。截至2019年年底，广州共建成生物医药领域国家级工程中心（实验室）13家、专业孵化器13个，各级重点实验室153家、工程技术中心115家、企业技术中心51家。天然气水合物钻探岩心库、深水码头和海洋地质科技创新中心、新型地球物理综合科学考察船“实验6”号等建设进展顺利，启动建设极端海洋动态过程多尺度自主观测科考设施等。广州推动船舶及海洋工程装备制造业向高端化发展。在发展中海洋经济产业的同时，广州也注重海洋生态文明的建设。生态保护在海洋经济发展中至关重要。广州强化山水林田湖海“生命共同体”意识，强调生态保护与修复的系统性思维，以珠江水系为脉络，以流域空间为载体，统筹森林、河涌、湖库、湿地、农田、海洋等自然资源系统保护。

（三）深圳市

深圳是南海区域经济最发达的城市之一，是我国实施南海开发最具条件的城市。同时毗邻香港，与香港在海洋科技、教育、人才引进等方面的合作具有得天独厚的优势。位于珠江出海口并作为全国经济中心城市，深圳海洋经济产业发展有利于辐射粤东、粤西，并带动全国海洋经济联动发展。

由于深圳优越的地理位置，使得其拥有丰富的资源，具有完善而庞大的现代产业体系，尤其以电子信息产业为主，可以通过融合渗透，快速延伸嫁接到海洋电子、海洋工程装备制造等产业。作为六大战略性新兴产业之一的生物产业，连续多年保持高速增长，产业规模位居国家生物产业基地城市前三位，为海洋生物产业发展奠定了良好的产业基础；完善的科技创新生态体系及科技创新政策，以企业为主体的区域创新体系初步建立，创新载体、国家级科研机构和新型研发机构建设成效显著，全社会研发投入占生产总值比重居全国领先水平，科技成果转化能力优势突出，为海洋科技创新和产业化提供了良好的体制机制保障。

深圳海域面积 1 145km^2，海岸线 257km，具备海洋经济产业发展的资源条件。金融业规模也位居全国前列，创投活跃，服务企业能力强，可为海洋经济产业发展提供强大的资本支撑。因此，发展海洋经济产业，瞄准未来、打造新优势、争当全国海洋发展“排头兵”成为深圳的必然选择。海洋经济产业成为打造“深圳质量”的新突破。

（四）珠海市

珠海近年来海洋经济产业发展迅速，成为大湾区发展较为迅猛的城市之一，尤其珠海港的快速发展，同样离不开珠海得天独厚的地理环境。

珠海地处珠江出海口，濒临南海，连接着珠江三角洲与内地广阔的腹地，毗邻港澳，紧靠东南亚。是珠三角城市中海洋面积最大、岛屿最多、海岸线最长的城市。全市海域辽阔，滩涂广布，海岛众多。作为港珠澳大桥内地接口城市，珠海将成为内地唯一与香港、澳门同时陆路相连的城市，是 21 世纪海上丝绸之路、粤港澳合作、中国与东盟国际经济合作的前沿，是实施南海综合开发战略的桥头堡。

2019 年珠海港实现货物吞吐量超过 1. 27 亿 t，集装箱吞吐量达到 269 万标准箱。高栏港码头的后期建设，有力地推动了珠海港成为珠三角集疏运体系规模等级最高、多式联运体系最完善的现代化多功能海港。

第四节 产业发展趋势及挑战

一、产业发展趋势

我国对海洋经济产业的未来发展十分重视。2017 年 10 月，党的十九大报告强调“坚持陆海统筹，加快建设海洋强国”。这体现了我国在大政方针上紧紧把握时代脉搏，与时俱进。

以下从产业结构、经济辐射带动能力、交通网络建设、海洋生态保护等方面，讨论我国海洋经济产业发展的趋势。

（一）产业结构方面

我国目前基本形成了滨海旅游业、海洋渔业、海洋工程建筑业、和海洋交通运输业四大支柱产业，各主要海洋经济产业增长势头良好。海洋电力业、海洋生物医药业和海水利用业属于海洋战略性新兴产业，目前占海洋经济产业总增加值的比重还较小，但近年来发展迅速，增长速度保持在 10% 以上，发展前景极为广阔。未来在“一带一路”建设的不断推进下，我国现有的海洋产业在基础、人力、市场以及合作潜力等方面的优势将逐渐显现。此外，随着“海上丝绸之路”的区域开发平台建设，各沿海城市海洋经济的发展和区域一体化的进程将相互促进，成为海洋经济发展的新机遇，并将有力带动区域联动发展，促进海洋经济产业结构的优化升级。全球的海洋经济产业空间重心正向亚太地区逐步转移，产业结构逐步向高级化方向转型，更加强调促进海洋产业结构快速升级。其中，滨海旅游业的兴起将带动海洋第一、第二、第三产业的融合发展。

（二）经济辐射带动能力方面

海洋经济产业的发展将通过贸易与合作带动海岸沿线国家和地区的经济发展，随着海洋经济合作机制的完善与海洋经济的进一步开放，将促使资金、技术、商品、信息、人才等资源的流动与优化组合，资源配置效率进一步提高，从而实现合作共赢的目的。另外，海洋经济产业的发展促进了港口的发展，港口不仅对当地存在着联动发展关系，而且作为对外交流合作的窗口，可进一步辐射内陆地区，促使整体经济的深入发展。注重海洋经济产业的发展，发挥其辐射带动作用也是党和国家的工作重点之一。党的十九大提出要推动形成全面开放新格局，要以“一带一路”建设为重点，坚持“引进来”和“走出去”并重，遵循共商、共建、共享原则，加强创新能力开放合作，形成陆海内外联动、东西双向互济的开放格局。同时，赋予自由贸易试验区更大的改革自主权，探索建设自由贸易港，进一步发挥海洋产业的辐射带动作用。

（三）交通网络建设方面

交通基础设施的建立健全是促进经济发展的重要基础，是促进贸易投资的条件。未来，我国沿海各城市将在“一带一路”倡议等政策的推动下，进一步完善现有的交通网络以及相关配套的安全防护措施和交通管理措施，特别是完善口岸和航空基础设施建设，努力打造海陆空一体化的交通网络。根据党的十九大报告指出的“坚持陆海统筹，加快建设海洋强国”战略思想以及“一带一路”倡议，我国在交通网络方面将进一步加强国际合作，着力打通内陆开放、向西开放通道，畅通海上开放通道，在提升向东开放水平的同时，加快向西开放步伐，推动内陆沿边地区成为开放前沿，实现开放空间逐步从沿海、沿江向内陆、沿边延伸，构建全方位、多层次、复合型的互联互通网络。推动建立统一的全程运输协调机制，促进国际通关、换装、多式联运有机衔接，逐步形成兼容规范的运输规则，实现国际运输便利化。我国的海洋经济发展将得益于口岸基础设施建设，畅通陆水联运通道，推进港口合作建设，增加海上航线和班次，加强海上物流信息化合作，形成陆海统筹、东西联动的全面开放新格局。交通网络的进一步发展完善将大大促进我国海洋经济产业的发展。

（四）海洋生态保护方面

海洋生态保护方面，海洋环境污染具有特殊性，污染会发生转移，因此海洋污染无法进行各地区的分别治理，需要更加全局化的治理方案。近年来，深海环境、气候变化等领域的研究取得了新的进展，对于海洋生态环境的价值也有了更加充分的认识。当前海洋环境污染在短期内并不会对海洋经济产业造成严重伤害，但是会对海洋经济产业的可持续发展造成影响。目前，我国利用“一带一路”倡议建立海洋生态屏障，推进与各国生态保护的技术合作，严格查处沿海的违法污染企业，对沿海的工业园区进行统一的管制和治理，努力促进对海洋生态的保护和治理。同时，我国提出以陆海统筹推进海洋强国建设的战略，树立尊重自然、顺应自然、保护自然，牢固树立发展和保护相统一的理念，建立自然资源资产产权制度，落实资源总量管理和全面节约制度与资源有偿使用和生态补偿制度，将绿色发展的理念应用于海洋生态，以期实现海洋经济的可持续发展战略。

二、产业发展挑战

我国海洋三次产业结构仍有待优化升级。一方面，占基础地位的海洋渔业其重要性并无减少，但海洋渔业粗放型发展状况却并无改善，导致渔业资源严重衰退，海洋传统优势产业面临严峻挑战；另一方面，海洋第三产业等新兴海洋产业与欧美国家相比，竞争力较低，海洋服务业等新兴海洋产业在我国有巨大的发展潜力，但因为缺乏相应的政策、资金及科技支持，其发展优势存在各种限制。

金融服务有待加强。海洋经济产业资金需求量大、周期长、风险高，而完善的金融服务将有利于控制海洋经济产业的资金投入存在风险问题。目前我国海洋相关企业提供的金融服务已不能满足需求，以中国进出口银行、国家开发银行为主的政策性金融对企业规模和盈利前景要求高，主要服务对象为大中型国有企业；商业性银行贷款利率高、期限短，中小企业在信贷、抵押等方面无法满足银行要求；中小型企业及民营企业融资渠道窄，融资成本高。

海洋产业的资源贡献率与自身科技等资源优势地位不匹配，技术水平有待进一步提升，应在保护资源的前提下，深度开发利用资源，提高产业科技含量。目前我国海洋经济产业仍集中在以海洋油气、港口、海洋渔业、海洋基础设施为主的传统海洋产业，技术层次偏低；而高技术、高附加值，代表着未来海洋产业发展方向的海洋新兴产业刚刚起步；海洋科学技术发展水平和创新科研能力与欧美发达国家相比有很大不足；海洋人才培养匹配度较差并有待提升。

我国沿海各省政府管理机构对海洋经济的发展重视程度有待提高，大部分省份内部海洋开发管理机制不完善，政府宏观指导效率不高，海洋执法体系与执法能力建设相对滞后。省份之间严重缺乏相互之间的信息交流和协作也导致各省及全国海洋经济投入产出效率低下。海洋管理和法规方面，目前中国的海洋管理职能部门是国家海洋局，虽然海洋管理体制已经日渐完善，但随着对海洋权益和海洋资源争夺的趋势日益激烈，现行的海洋管理体制的弊端和问题也逐渐显现出来。由于有关海洋综合性法律缺乏，各地各机构出台的政策法规又存在一定交叉和冲突现象，这将限制我国海洋经济产业进一步发展。

【要点回顾】

本章简单介绍了海洋产业的定义及分类，使读者对于海洋产业有了更进一步的了解。先了解世界海洋经济的发展历程及发展情况，然后回望国内的海洋发展历程及发展情况。

【复习题】

1. 下列关于海洋经济产业描述错误的是（　　）。

A. 内陆城市直接从海洋中获取产品的生产和服务不属于海洋经济产业的内容

B. 我国海洋渔业粗放型发展，导致渔业资源衰退，海洋传统优势产业面临严峻挑战

C. 海洋经济产业资金需求量大、周期长、风险高

D. 海洋经济产业包括与海洋密切相关的科学研究、教育、社会服务和管理的活动

2. 以下关于海洋经济产业描述错误的是（　　）。

A. 我国海洋三次产业结构仍有待优化升级

B. 随着“海上丝绸之路”的区域开发平台建设，各沿海城市海洋经济的发展和区域一体化的进程将相互促进，成为海洋经济发展的新机遇

C. 完善的金融服务将有利于控制海洋经济产业的资金投入存在的风险问题

D. 总体而言，我国海洋科学技术发展水平和创新科研能力处于国际领先地位

第九章

粤港澳大湾区科技与产业发展前瞻

【学习目标】

1. 了解粤港澳大湾区的国家战略政策；
2. 熟悉粤港澳大湾区区域科技产业布局；
3. 掌握粤港澳大湾区科技与产业的融合发展以及未来的科技前瞻。

【导入案例】

粤港澳大湾区

2019年2月18日，中共中央、国务院印发了《粤港澳大湾区发展规划纲要》(简称《规划纲要》)。粤港澳大湾区包括香港特别行政区、澳门特别行政区和珠三角九市，这是我国开放程度最高、经济活力最强的区域之一，在国家发展大局中具有重要战略地位。粤港澳大湾区建设是习近平总书记亲自谋划、亲自部署、亲自推动的国家战略，是新时代推动形成全面开放新格局的新举措，也是推动“一国两制”事业发展的新实践。根据《规划纲要》，大湾区要建成充满活力的世界城市群、国际科技创新中心、“一带一路”建设的重要支撑、内地与港澳深度合作示范区，成为高质量发展的典范。

第一节　粤港澳大湾区成为国家战略

粤港澳大湾区作为我国目前综合实力最强、开放程度最高、经济最具活力的区域之一，拥有巨大的发展潜力。作为我国最重要的经济湾区，粤港澳大湾区将成为一个强大的辐射器，产生数倍的效益。

一、粤港澳大湾区发展规划纲要发布

《规划纲要》划分了大湾区范围，提出了明确的战略定位，要把大湾区建设成充满活力的世界级城市群，具有全球影响力的国际科技创新中心，成为“一带一路”建设的重要支撑，形成内地与港澳深度合作示范区，最终为大湾区人民营造一个宜居宜业宜游的优质生活圈。

在空间布局上，以香港、澳门、广州、深圳四大中心城市作为区域发展的核心引擎并增强对周边区域发展的辐射带动作用。科技创新引领，通过推进优化区域创新环境、构建开放型区域协同创新共同体、打造高水平科技创新载体和平台的方法推进“广州—深圳—香港—澳门”科技创新走廊建设，探索有利于人才、资本、信息、技术等创新要素跨境流动和区域融通的政策举措，共建粤港澳大湾区大数据中心和国际化创新平台，并确立大湾区一国两制三关税区的独特优势。

大湾区充分发挥各自的产业优势，实现产业错位发展，构建具有国际竞争力的现代产业体系，由广州、深圳高科技产业和战略新兴产业带动大湾区的产业升级，由东莞、中山、佛山等珠三角城市承接科技成果转化和规模生产；由香港为产业提供现代化服务，澳门发展海洋经济和展示平台。

二、建设国际科技创新中心

世界上一流的湾区，都具有一流的创新能力。创新是粤港澳大湾区建设的动力源泉，我国应依托国际自主创新示范区建设，充分发挥粤港澳科技优势，积极吸引和对接全球创新资源，加快区域创新体系建设，推动内地和港澳科技合作体制机制创新，深化粤港澳科技创新交流，支持共建国际化创新平台，联合实验室和研发中心加快创新成果转化，支持粤港澳在创新孵化、科技金融、国际成果转让等领域开展深度合作，打造国际科技创新中心。将粤港澳大湾区打造成科技创新高地不仅是大湾区各地发展的需要，也是落实国际创新驱动发展战略、建设世界科技强国的必然需求。

从城市的创新能力来说，广州、深圳、香港是知名的创新城市。全球创新指数指出，深圳地区毫无疑问已经成为非常具规模的科技创新中心，在这个指标上，深圳不仅超越北京、上海，也超越了全球数个知名的创新地区。而区域创新能力必然将为深圳地区经济持续注入发展活力。深圳拥有完善成熟的创新创业环境，涌现了像华为、中兴、腾讯等一批世界领先的高科技企业，被称为“中国硅谷”。2019 年深圳高新技术产业增加值为 9 230. 85 亿元，同比去年增长

11.3%，全市战略性新兴产业增加值 10 155.51 亿元，按可比价计算，增长 8.8%。其中，新一代信息技术产业增加值 5 086.15 亿元，增长 6.6%；数字经济产业 1 596.59 亿元，增长 18.0%；高端装备制造产业 1 145.07 亿元，增长 1.5%；绿色低碳产业 1 084.61 亿元，增长 5.3%；海洋经济产业 489.09 亿元，增长 13.9%；新材料产业 416.19 亿元，增长 27.6%；生物医药产业 337.81 亿元，增长 13.3%。截至 2019 年年底，深圳拥有国家、省、市级重点实验室、工程实验室、工程（技术）研究中心和企业技术中心等各类创新载体累计达到 2 260 家，与五年前相比实现了翻番。其中国家级 118 家、省部级 605 家，覆盖了国民经济社会发展主要领域。尤其需要指出的是，深圳围绕第三代半导体、人工智能、脑科学等前沿领域，设立了 13 家基础研究机构和一批国家重大科技基础设施。不仅如此，深圳的创新环境还吸引了众多世界 500 强在深圳设立总部，如苹果公司华南运营中心、微软公司物联网实验室、高通公司的无线通信和物联网技术展示中心等。深圳地区已具备了世界级的创新生态环境，在制度、人才、创新网络等多方面具有国际竞争力。深圳完善的创新环境及发达的高科技产业优势，重点布局新一代信息技术、绿色低碳、新材料、数字经济、生命健康等战略新兴产业，突破关键和核心技术，已取得世界领先地位。广州和香港高校林立。广州的高校数量在珠三角居于首位，依托中山大学、华南理工大学等高校和研究性企业，广州在基础前沿科技上实现重点突破，重点在云计算、智能制造、机器人等领域掌握核心技术。而香港拥有数所全球闻名的高校，如香港大学、香港科技大学、香港中文大学等，能够为大湾区输送高素质的科技人才，也能为大湾区提供科技研发成果。同时，以佛山、东莞、中山等为代表的制造业发达城市，构建了庞大的产业体系，可以让创新发明迅速落地，实现产业化；深港两地的交易所也为大湾区内科技创新企业提供了重要的资金支撑，由此也产生了众多的产业基金、风险投资等，带动了金融业的繁荣。澳门和珠海依托澳门大学、中山大学珠海校区、横琴粤澳合作中医药科技产业园等重点在微电子、海洋设备、中医药等方面实现创新突破，同时发挥澳门和葡语国家、拉丁语国家的联系网络，对接大湾区与葡语国家、拉丁语国家的创新资源。利用大湾区各个城市的创新要素优势，构建一个以深圳、香港、广州、澳门、珠海为核心的创新级，辅以其他城市的产业创新优势的区域创新网络。

目前大湾区内聚集了深圳国际生物谷、深圳高新区、深圳空港新城、坂雪岗科技城、东莞松山湖、滨海湾新区、广州科学城、广州中新知识城、琶洲互联网创新集聚区、广州大学城国际创新城十大核心创新战略平台。推进各高校、科研院所与各地产学研平台、专业院校和企业的沟通交流合作，实现创新从研发到科技成果的商业转化。

另外香港落马洲河套地区毗邻深圳，2017 年年初，深圳、香港两地正式签署《关于港深推进落马洲河套地区共同发展的合作备忘录》，同意合作发展河套地区为“港深创新及科技园”。2019 年 8 月 12 日，香港特区政府推动落马洲河套地区兴建港深创新及科技园，预计在 2021 年或之前提供首批土地，以发展创科园第一期的楼宇与相关设施。

三、协同构建具有国际竞争力的现代产业体系

粤港澳大湾区以先进制造业和现代服务业为主，港澳地区服务业产值占 GDP 比重在 90% 左右，广东省九市制造业基础雄厚，形成了先进制造业和现代服务业双轮驱动的产业体系。未来还需要进一步培育壮大战略性新兴产业、打造先进制造业产业集群和构建现代服务业体系，以此突破经济发展的全面转型与升级，引领中国经济走向世界。

（一）培育壮大战略性新兴产业

将战略性新兴产业摆在大湾区经济社会发展更加突出的位置，发挥产业政策导向作用，打造一批产业链条完善、辐射带动功能强、国际竞争力大的战略新兴产业集群。壮大新支柱产业，重点推动新一代信息技术、生物技术、高端装备制造、新材料等产业成为新支柱产业。培育建设一批新一代显示、新一代通信技术、高端医学诊疗设备、北斗卫星应用等领域重点项目，实施一批信息消费、海洋工程装备制造、高技术服务业等重点领域和关键环节的重大工程。加快建设粤港澳大湾区国家生物产业基地，推动形成珠海、佛山、中山等生物产业优势集聚区。以广州新材料国家高技术产业基地为核心，在粤港澳大湾区各地因地制宜布局建设一批特色新材料产业基地。扶持新优势产业，大力扶持新能源、节能环保、新能源汽车等成为新优势产业。加快太阳能光伏产业发展和产品推广应用，有序推进风电产业规模化发展。大力发展节能环保产业，积极推广工业节能技术与装备、高效节能电器等节能环保产品，加快推进广东省产业转移工业园分布式光伏发电推广应用，创建一批节能环保生产基地，推动粤港澳大湾区形成以节能环保技术研发和总部基地为核心的产业集聚带，在粤东西北地区形成以资源综合利用为特色的产业集聚带。实施新能源汽车推广计划，推进新能源汽车开发和产业化，建设珠江口岸新能源汽车关键零部件产业带和环大湾区新能源汽车配套产业带。持续形成和发挥大湾区战略性新兴产业对中国经济乃至世界经济的先导作用。

（二）打造先进制造业产业集群

粤港澳大湾区具有一定规模的制造业发展基础。围绕广州、香港、澳门三座城市形成了较明显的制造业集聚圈层，可以此作为发展基础，发展先进制造业。然而，目前粤港澳大湾区承担了大量“分厂经济”主导的生产制造、中转贸易、离岸外包等分支业务，但并未形成真正具有全球影响力的以知识技术、资本市场、创新思想等为依托的产业集群。为打造先进制造业产业集群，粤港澳大湾区应增强制造业核心竞争力，加快制造化与工业化深度融合，大力推动制造业转型升级和优化发展。具体规划如下：实施智能制造工程，建设一批具有国际先进水平的智能制造协同创新平台和在国际上具有较大影响力的智能制造示范基地，培养具有系统集成能力、智能装备开发能力和关键部件研发生产能力的智能制造骨干企业；加快制造业结构调整，大力培育优势产业，围绕装备制造、汽车、石化、电子信息等重点领域和项目，打造龙头企业、推动产业做大做强；实施绿色制造工程，重点推进有色、化工、建材、轻工、印染等传统制造业实行绿色改造，建立以资源节约、环境友好为导向的采购、生产、营销、回收及物流体系，打造绿色供应链；优化制造业布局，推进大湾区制造业错位协调发展，加快建设珠江西岸先进装备制造产业带和配套产业区，重点打造智能制造、新能源汽车，高性能船与海洋工程装备制造、通用航空装备等先进装备制造产业集群和特钢产业集群；以广州、深圳为核心，开发电子信息技术、生物技术等重要领域，进一步拓展芯片设计、装备、模组制造及下游终端和应用开发产业链在珠江东岸形成电子信息产业集群，引领周边城市电子信息产业发展，加快建设沿海重化工产业带；发展石化中下游产业和高附加值精品钢材，建设惠州、茂名、揭阳、湛江四大石化基地和产能超十万吨级的湛江钢铁基地。

（三）构建现代服务业体系

粤港澳大湾区已经具有了相当的现代服务业发展基础。香港作为拥有一流水平的国际现代服务业中心，加上较完善的法律体系和素质较高的服务业专业人才，可以担当服务业特区的龙头和辐射源角色；澳门作为一个较为独特的地区，可以作为服务业特区的重要一翼；以珠三角为核心的广东地区，则作为整个特区的支撑腹地，将发挥重要的资源整合及要素重组效应，从而产生出核子裂变式的巨大经济效能。研究发挥大湾区高端产业链协同创新优势，探索以大湾区高端产业形态促进腹地与沿线国家经济增长，研究产业投资扶持培育大湾区的本土企业发展壮大，形成高端产业集群，将大湾区打造成“一带一路”建设的重要高端产业服务基地。粤港澳大湾区应瞄准国际先进水平，打造“大湾区服务”品牌。大力培育新业态和新商业模式，实现服务业优质高效发展，推动生产性服务业向专业化和价值链高端延伸，打造总部经济发展载体，加快推进广州国际金融城、前海深港现代服务业合作区、中德（佛山）工业服务区、珠海十字门中央商务区等开发建设。在多个服务行业都应加快加强发展。

加快现代物流业发展，大力发展第三方、第四方物流和冷链物流、快递物流、供应链管理，加快建设现代物流公共信息平台和物流标准体系。鼓励企业加强电子商务应用，建设大湾区国家移动电子商务试点示范工程。充分发挥广交会、高交会和中国（湛江）海洋经济博览会、中国国际中小企业博览会等国际著名品牌效应，做大做优会展业。大力发展知识产权服务业，全面提升法律服务、会计审计等商务性专业服务水平。发展高技术、高附加值领域服务外包业务，建设大湾区服务外包示范园区。积极运用“互联网+”、新模式、新技术、时尚文化元素等改造提升生活性服务业，增强生活性服务业的便捷性和智能化。加快发展商贸服务业，支持传统专业市场升级打造“专业市场+电商+物流”的商业模式。大力发展健康服务业，形成以医药产品、医疗及康复器械、健康管理服务领域为重点的健康服务产业集群。大力发展体育产业，打造具有国际竞争力的知名企业和自主品牌。加快发展文化产业，满足城乡居民文化消费需求。加快发展旅游业，大力推动生态休闲旅游、文化旅游、商务旅游、红色旅游、乡村旅游等旅游业态，建设大湾区国际休闲旅游目的地。全面提升大湾区现代服务业发展水平。

第二节　粤港澳大湾区区域科技产业布局

粤港澳大湾区核心城市特色主导产业具体分布如表9-1所示。

表9-1　粤港澳大湾区核心城市特色主导产业

城　市	产业门类
广州	石油化工、汽车制造、电子产品制造
深圳	金融服务、电子信息、生物医药、新能源、新材料
香港	贸易和物流，金融服务、专业及工商业支援服务业与旅游业
澳门	博彩旅游、出口加工、建筑地产、金融服务
佛山	机械设备、家电、陶瓷、金属加工、家具
肇庆	金属加工、电子信息、汽车零配件、食品饮料、生物制药、林产化工、农业等
中山	电子电器、五金家电、灯饰光源、装备制造、健康医药、纺织服装

（续）

城　市	产业门类
江门	交通及海洋装备、石油化工、电子信息、包装印刷及纸制品、食品饮料、现代农业
珠海	电子信息、石油化工、家电电气、精密机械制造、生物医药、电力能源
惠州	电子信息、石油化工、汽业及现代服务业
东莞	电子信息、电气机械、纺织服装、家具、玩具、造纸及纸制品业、食品饮料、化工

资料来源：根据各政府门户网站信息整理所得。

在《规划纲要》的战略指引下，为建设国际科技创新中心和构建具有国际竞争力的现代产业体系，随着粤港澳三地互联互通加速推进，未来产业发展格局将呈现以下三大发展趋势：

1. 从产业承接向产业引领转变

粤港澳大湾区尤其珠三角九市以往基本上居于全球及地区产业结构演变过程中的承接者地位，包括被动承接港澳台地区、日韩、欧美等发达程度不同经济体的外移产业。如今，粤港澳大湾区要力争成为全球产业结构升级的引领者，实现从产业承接向产业引领的转变，为此，大湾区交叉学科的迅速发展，受到国内外科技管理界的广泛关注，采取各种措施推进跨领域科技创新。在知识交叉创新的驱动下，产业融合成为产业发展的重要趋势，并有加速融合的势头。加强技术与产业预见，在超前研发领域部署重兵，大幅度提高科技投入，培养和吸纳高科技人才，创造新产业并引领产业发展。

2. 从区域竞争向区域协同转变

大湾区作为对外开放高地，已经融入全球经济活动中，大湾区要建成世界一流湾区，科技创新是唯一出路，而要实现科技创新和现代产业体系的建设，大湾区城市之间需要形成科学合理的产业布局，以产业协同互补代替原有的同质化竞争关系。然而，大湾区要实现从区域竞争向区域协同转变，需要在“一国两制”的大背景下，重点要在技术上推进粤港澳三地互联互通的基础上，以制度创新深化粤港澳大湾区的软联通，使得资本、技术、人才创新要素高效流通，提高资源及要素的配置效率。

3. 树立产业改革与升级的发展理念

粤港澳大湾区规划的颁布从国家层面进行统筹协调，统一指挥、统一协作，以便更好地让先进城市带动落后城市发展。必须通过深化改革转变经济发展的方式，破解传统发展模式的瓶颈制约，才能在未来的产业变革中赢得更多的空间。自贸区是集改革、开放、创新于一体的平台，将自贸区建设成为粤港澳深度合作示范区，促进大湾区产业改革与升级，加强两区九市在先进制造业、战略性新兴产业、现代服务业等多个产业上要素的自由流动，增加城市间、产业间的融合程度，以形成合力抵御外部环境的潜在变化，增加大湾区的整体抗风险能力。到2020年，形成以现代服务业和先进制造业为主的产业结构，形成具有世界先进水平的科技创新能力，形成粤港澳三地分工合作、优势互补、具有全球核心竞争力的大都市圈之一。

一、广东省出台推进粤港澳大湾区建设实施意见和三年行动计划

广东省将推进大湾区建设分成“三步走”进行：第一步到2020年，构建起协调联动、运作高效的大湾区建设工作机制，在规则相互衔接和资源要素便捷有序流动等方面取得重大突破，为大湾区建设打下坚实基础。第二步到2022年，大湾区基本形成科技创新能力突出、产业布局优化的国际一流湾区和世界级城市群。第三步到2035年，大湾区全面建成宜居宜业宜游的国际一流湾区经济体。

广东省委、省政府于2019年7月9日印发《中共广东省委广东省人民政府关于贯彻落实〈粤港澳大湾区发展规划纲要〉的实施意见》(简称《实施意见》)，同时，广东省推进粤港澳大湾区建设领导小组印发《广东省推进粤港澳大湾区建设三年行动计划（2018—2020年）》(简称《三年行动计划》)，形成广东省推进大湾区建设的“施工图”和“任务书”。

《实施意见》包括重大意义和总体要求、重点工作任务、保障措施等三个部分，主要着眼长远发展，对大湾区到2035年的建设目标，对未来十多年广东省要重点推进落实的大事要事进行谋划，突出战略性和协调性。《三年行动计划》包括九个方面100条重点举措，主要着眼中期安排，把近中期看得比较准的、可以加快实施的重点工作进行分工部署，进一步量化阶段性目标。《实施意见》《三年行动计划》主要从优化提升空间发展格局和建设国际科技创新中心两方面对粤港澳大湾区提出建设意见及规划，详细内容如下：

在优化提升空间发展格局方面，包括以香港、澳门、广州、深圳四大中心城市作为区域发展的核心引擎引领大湾区建设，发挥香港—深圳、广州—佛山、澳门—珠海强强联合的带动作用，推动大湾区深度参与国际合作，提升整体实力和全球影响力。链接中心城市优势资源的平台不断搭建，产业共建项目接连落地。香港科技大学与福田区创新创业项目签约，打响了香港高校创新资源落户合作区的“第一枪”；珠海出台了支持粤澳合作中医药科技产业园发展的16条专项措施，并联合澳门大学共建横琴·澳门大学产学研示范基地；广州南沙

与佛山顺德签约，在粤港澳大湾区背景下谋划两地交通互联互通，产业、城市规划建设，文化等全方位合作。广东省还充分发挥广州、深圳以及珠海、佛山、东莞、中山等重要节点城市在产业、资金、人才等方面的优势和辐射带动作用，依托8个市级共建园和43个县区（镇）共建园。

在建设国际科技创新中心方面，包括配合国家实施粤港澳大湾区国际科技创新中心建设方案，加快创建综合性国家科学中心，争取国家在大湾区布局国家实验室，推进广深港澳科技创新走廊建设，向港澳有序开放科研设施和仪器的相关措施等内容。在构建现代化基础设施体系方面，包括配合国家编制实施粤港澳大湾区基础设施互联互通专项规划、城际（铁路）建设规划，研究谋划广中珠澳高铁项目等内容。在协同构建具有国际竞争力的现代产业体系方面，包括配合国家编制实施粤港澳大湾区构建现代产业体系专项规划，携手港澳建设国际金融枢纽等内容。在共建粤港澳合作发展平台方面，包括支持深圳前海、广州南沙、珠海横琴等重大合作平台建设，支持深港科技创新合作区建设等内容。

《实施意见》提出，强化轴带支撑功能。依托以高速铁路、城际铁路和高等级公路为主体的快速交通网络与港口群和机场群，加快形成高效连接的网络化空间格局。借助现代交通的快速迈进，粤东粤西粤北也纷纷搭平台、引产业，全面对接大湾区，将发展势能转化为源源不断的发展动能。

在清远市清城区石角镇的广清产业园，金发科技产业基地等重点项目正助力其打造高分子新材料产业集群。在揭阳滨海新区粤东新城，通过引入中委广东石化炼化一体化、海上风电、中海油 LNG 等临海重大产业项目，一个国家级临海产业重要集聚区正在这里快速崛起。深汕特别合作区积极利用海洋智慧港、深汕湾科技城、深汕科技生态园等平台的后发优势，争取布局机器人、人工智能、海洋科技等领域的重大科技专项。云浮与粤澳中医药科技产业园开发有限公司签署战略合作协议，助力云浮南药产业从资源输出型向高附加值的深加工产品转型。在各城市之间的产业互补协同下，珠三角核心区的新技术、新产业不断涌现，沿海经济带东西两翼现代产业快速成形，北部生态发展区经济增长明显加快。

二、广州全面推进粤港澳大湾区建设

《粤港澳大湾区发展规划纲要》将广州作为区域发展核心引擎之一，广州市印发《关于贯彻落实〈粤港澳大湾区发展规划纲要〉的实施意见》《广州市推进粤港澳大湾区建设三年行动计划（2018—2020年）》等系列配套文件，出台了《发挥广州国家中心城市优势作用支持港澳青年来穗发展行动计划》《广州市协同构建粤港澳大湾区具有国际竞争力的现代产业体系行动计划》《关于实施“广聚英才计划”的意见》等政策，形成了粤港澳大湾区建设的“施工图”“进度表”，构建远期、中期、近期相结合的贯彻实施体系。

2019 年，琶洲人工智能与数字经济试验区，腾讯、阿里巴巴等一批龙头企业的全国总部或区域总部将陆续建成，成为区域经济新增长点。这是广州积极推动粤港澳大湾区建设，协同打造具有国际竞争力的现代产业体系的缩影。2019 年 6 月 20 日广州发布《广州市协同构建粤港澳大湾区具有国际竞争力的现代产业体系行动计划》，将以“先进制造业、战略性新兴产业、现代服务业、海洋经济、都市现代农业”五大产业为主导，形成“一核、一廊、三翼、多极驱动”的产业空间布局，携手大湾区城市共建世界级产业集群。按照计划，到 2035 年，广州具有国际竞争力的现代产业体系基本建成，成为支撑国际一流湾区的核心引擎先行区。

2019 年 7 月 25 日，下一代互联网国家工程中心粤港澳大湾区创新中心落户广州—南沙，部署运营一台国际 IPv6 根服务器负责互联网最顶级的域名解析，被称为互联网的“中枢神经”。该中心是贯彻落实《粤港澳大湾区发展规划纲要》中关于构建新一代信息基础设施等国家战略的具体行动。下一代互联网国家工程中心主任刘东表示，在全球数字化的时代大潮下，IPv6 下一代互联网是未来发展的必由之路，基于 IPv6 根服务器的公共基础设施服务将更加助力南沙打造数据特区，支撑粤港澳大湾区发展成为数字经济、建设离岸数据中心等。目前，广州与港澳共建超过 30 个科技创新合作平台。

今年广州正式印发《中共广州市委、广州市人民政府关于实施“广聚英才计划”的意见》，出台支持港澳青年来穗发展行动计划，助力人才发展。广州与港澳民生领域交流合作成效明显。香港科技大学（广州）落户南沙，与香港中文大学、香港理工大学、澳门大学等港澳优质高校开展多领域的合作。广州科学城、增城“侨梦苑”等一批港澳青年创业就业平台加快建设，粤港澳（国际）青年创新工场和“创汇谷”已入驻 135 个项目团队。

三、深圳举全市之力推进粤港澳大湾区建设

《规划纲要》专门对深圳工作做出重要批示，要求深圳“抓住粤港澳大湾区建设重大机遇，增强核心引擎功能”。深圳在 2019 年的《政府工作报告》中提出要举全市之力推进粤港澳大湾区建设。《规划纲要》发布后，大湾区建设从开局起步转向全面铺开、纵深推进的阶段。随着《三年行动计划》推出 100 条重

点举措以落实《实施意见》提出的九大重点任务，大湾区建设路线图渐次展开。

深圳在这两份重要文件中出现多次，其重要地位不言而喻。深圳将在科技创新、基础设施联通、深港澳合作、重大平台建设等方面发挥好核心引擎作用，为粤港澳大湾区建设提供澎湃动力，推动深圳朝着建设有中国特色社会主义先行示范区的方向前行，努力创建社会主义现代化强国的城市范例。2018 年已经动工的深港国际中心，香港中文大学深圳校区也在龙岗落户，2016 年就已经有了第一批毕业生。2019 年，为推进粤港澳大湾区建设，深圳将会在更深的层次上做文章，包括探索建立本外币一体化的账户体系，设立人民币国际投贷基金，开展金融综合监管试点；扩大粤港澳联营律师事务所业务范围；建设粤港澳青年创业区等。

2019 年 1 月，深圳市政府代表团赴澳门出席深澳合作会议，深澳双方签署了加强两地法律、青年实习就业、文化创意产业等 3 个合作协议，两地携手更加密切。“深澳创意周”已成功举办两届，双方共同搭建了具有国际化、专业化、品牌化的文化旅游创新对话平台。其中深澳中医药创新研究院已经落户坪山。

在与周边城市深入交流后，深圳提出实施国际科技创新中心共建行动，就建设“广州—深圳—香港—澳门”科技创新走廊，推动大型科学仪器设施资源共享，试行科技投资资金出境绿色通道，深化大湾区产业合作。增强核心引擎功能，还要以重大项目平台为抓手。深圳在创新深港澳科技合作和优化大湾区科技资源配置机制方面，包括探索推行“事后奖励”“科技悬赏”“市区联动切块支持”等创新投入方式，通过设立联合基金、公益捐赠等方式多方筹集基础研究经费；探索鼓励香港、澳门机构和个人在深圳享受科技成果转化优惠财税政策，此外，深圳将建立更加灵活高效的科研项目管理机制，允许香港、澳门在深圳设立的研发机构享有内地研发机构同等待遇。推动科研资金跨境使用便利化，试点设立科技创业投资资金出境绿色通道，下一步深圳将积极打造一批科技创新走廊的支撑平台和关键节点，其中包括深港科技创新合作区、光明科学城、西丽湖国际科教城、107 国道科技创新走廊等。深圳也将发挥各区不同优势为区域合作注入科创新动能，例如，依托富士康、华为，加快建设梅观创新产业走廊，打造深港合作龙华示范区。以坪山高新区为支点，加快建设深港产业创新东部合作区。深圳未来将更加注重构建“基础研究 + 技术攻关 + 成果产业化 + 科技金融”全过程创新生态链，包括联合香港开展关键核心技术攻关，共同参与国家科技重大专项、重大科技项目和重大工程、重点研发计划等国家科技计划，集中攻克一批核心关键技术。同时，深圳将建立面向全球的科技成果转移转化体系，探索率先建立利用财政资金形成的科技成果限时转化制度，健全科技成果作价投资转化机制。

在《三年行动计划》涉及共建粤港澳合作发展平台的内容中，特别提到深圳前海深港现代服务业合作区和深港科技创新合作区打造一批集聚全球创新要素、推动科技创新的合作典范，其中包括前海深港现代服务业合作区和深港科技创新合作区以及新建的光明科学城和西丽湖国际科教城。

在前海，新城市建设将以更高水平推进，启动沿江高速前海段与南坪快速衔接工程、国际交流岛等重大项目规划建设，开工建设前湾会议中心、桂湾公园等公建配套设施，全年完成固定资产投资480亿元以上。在前海，制度创新将不断深化，深港金融合作创新政策继续创新出台，将有新的支持港澳青年在前海发展若干措施。前海将建成深港青年梦工场二期和粤港澳青年创业区，启动深港科技创新生态谷，建设跨境经贸合作网络服务平台、新型国际贸易中心、国际高端航运服务中心。

深圳将启动修编前海深港现代服务业合作区总体发展规划，深度推进粤港澳服务贸易自由化，在对港服务业开放方面“先行先试”，建设跨境经贸合作网络服务平台；推进前海粤港澳青年创业区建设，建设前海科技创新创业平台中心，允许科技企业区内注册、国际经营，打造集创业孵化、企业转型加速、技术成果转化、专业服务保障等功能于一体的国际科技产业服务平台。

四、香港多措并举积极参与大湾区建设

香港是大湾区内高度开放和国际化的城市，在《规划纲要》公布前后，特区政府积极作为、多措并举，抓紧其中蕴含的巨大发展机遇，立足“一国两制”独特优势，积极参与到大湾区建设中。特区政府成立“粤港澳大湾区发展办公室”，并委任大湾区发展专员，负责协调中央部委及粤澳及香港特区政府各政策局的具体落实工作。

《规划纲要》明确大湾区要建设成为国际科技创新中心，香港也借此契机深挖自身科研潜力。自2017年7月以来，在科技创新领域的投入约为1 000亿港元，提高在创新科技方面的能力，并提供额外税务扣减，以鼓励私营企业投资研发着力打造香港的科创生态环境，同时还成立了“大湾区院士联盟”“粤港澳高校联盟”，并与国家科技部建立合作关系。2019年3月还推出了两个全新资助计划——“粤港澳大湾区青年创业资助计划”和“粤港澳大湾区创新创业基地体验资助计划”，用以支持青年人在大湾区创业。

汇聚世界一流科研资源的香港科技园与广州高新区、广州开发区、黄埔区展开了密切合作，在生物材料快速通关、重大科技成果转化等方面携手。此外，

香港大学、香港中文大学也携手中国科学院广州生物健康院、广州再生医学与健康广东省实验室，在科技创新、战略性新兴产业、平台发展等各个领域全面合作。

五、澳门将参与大湾区建设纳入发展规划

为进一步对接国家发展的总体规划，澳门特区政府决定在首份五年规划的基础上，编制《澳门特别行政区五年发展规划》附件“澳门特别行政区参与粤港澳大湾区建设”。该附件的正式公布，标志着澳门正式将参与大湾区建设纳入本地五年发展规划。

澳门特区政府于2018年11月正式成立“建设粤港澳大湾区工作委员会”，并制定了一系列关于健全统筹协调机制、提升民生综合水平、合力推动经济发展、协同促进社会善治等具体施政工作。其中包括共建大湾区优质城市、促进教育发展、推动青年到人湾区创新创业就业、推动大湾区科技创新、促进跨境基础设施互联互通、建设绿色宜居城市、建设文化交流合作基地、加快建设宜游宜乐城市、推动特区经济适度多元、协助中小企业开拓发展、助力居民到大湾区就业、参与和助力“一带一路”建设、促进公共治理交流学习，以及强化法治交流合作等方面。

第三节　粤港澳大湾区科技与产业的融合发展

一、创新是引领大湾区发展的第一动力

湾区创新发展是一个系统工程，缺乏创新将会使大湾区失去竞争力。大湾区创新合作潜力巨大，但也存在一些制约创新发展的现实因素，为此，需要利用全球创新资源不断培育发展科技实力，推进产业转型和升级，形成持续发展的动力。

二、创新发展的重点

粤港澳地区是世界性都会区和城市群，粤港澳合作的成败和影响具有世界意义。粤港澳合作发展潜力巨大，通过协同创新融合广东、香港和澳门各自优势，将进一步提升粤港澳在亚洲地区经济格局的地位、影响力和竞争力，更好地服务粤港澳经济发展的战略目标。未来粤港澳创新发展的重点包括：全力支持香港巩固国际金融、贸易、航运中心的地位以及澳门巩固世界旅游休闲中心

的地位；推动粤港澳共同发展、创新发展、分工发展；进一步加强粤港澳经济、文化、教育、金融、信息环境等方面的融合，奠定粤港澳合作的基础。只有将粤港澳作为整体来考虑，才能产生和创新有足够拉动力的战略平台。例如，香港的现代服务业和广东的制造业各自具有优势，如何加强两者的合作和优势互补，是粤港澳合作一个重要方面；广东的物流业还应借鉴香港物流业的管理模式、经验和技术，促进产业发展；旅游业方面，广东可利用港澳资本、管理经验和港澳旅游网络，完善广东的酒店、旅游点等基础设施，开拓国际旅游市场，实现广东、香港、澳门旅游资源的优化组合，做大粤港澳的旅游产业。同时港澳在国际金融、贸易、航运中心等方面还具有独特优势，在银行、证券、保险、评估、会计、法律、教育、医疗等领域也应加大合作力度。

粤港澳大湾区在技术资金、信息人才、地理位置众多方面具有绝对优势，具有创新的先导条件，能够聚集新的产业。世界上已有的湾区都是在同一政治体系下建设的，而粤港澳大湾区是一国两制三关税区，因此需要三地政府发挥创造性思维。在《规划纲要》的大框架下，粤港澳大湾区探索一系列创造性的政策法规以及合作新模式，并依托其独特优势在新一轮发展中扮演重要的角色。大湾区将成为中国沿海连绵带的战略节点，共同推动中国经济融入全球经济。大湾区通过深化利用港澳世界窗口进行全球资源整合，进而全面提升本地经济全球融入度，形成具有全球竞争力的重要战略平台。

由于粤港澳大湾区内部的政治、金融、法律制度各不相同，需要破除制度和行政壁垒，促进人才资源等各种生产要素无障碍的自由流动，是粤港澳大湾区在面临众多机会的同时需要应对的最大挑战。未来通过进一步改革开放深化粤港澳大湾区内部的合作与发展，最终建设具有全球影响力的金融中心、贸易中心、航运中心和全球科技产业创新中心，成为全球经济规模最大、实力最强的大湾区。

三、未来科技前瞻

粤港澳大湾区的发展同时也离不开科技的发展，根据技术发展趋势进行不同的产业布局对大湾区在新一轮发展中具有重要的战略意义。本节回顾并总结目前国内外权威机构近两年对未来科技发展趋势的预测，详细信息如表 9-2 所示。国际著名的科技咨询公司高德纳公司提出的未来科技趋势主要涵盖以下三个方面：智能、数字以及网络。基于高德纳公司（Gartner）提出的框架，本书进一步丰富以上三个方面，并提出新生物医药技术为第四大未来科技趋势，具体如下：

表 9-2 国内外知名机构对未来科技发展趋势预测表

机构	人工智能	数字技术	网络互联	新生物医药技术
高德纳公司（Gartner Group）	自主化设备 增强分析 AI 驱动的开发	数字孪生 边缘计算 沉浸式体验 智能空间 量子计算	区块链 隐私与道德	
MIT Technology Review	对抗性神经网络 适合所有人的人工智能 巴别鱼耳塞		完美的网络隐私	人造胚胎 人造肉
德勤	智能音箱将会售出 1.64 亿台 人工智能变得“无处不在”	量子计算机兴起 电视体育博彩将带来巨大的收视率 电子竞技活动激增	5G 网络实现	
GP Bullbound	人力资源走向高科技 零售科技变得更智能 人工智能是简单重复的终结，而不是生活的终点	网络银行继续发展	加密货币继续发展	
CB Insights	以老年人为目标市场的智能家居 零售时代的到来 智能建筑使舒适、健康和效率最大化 最后一公里交付的自动化	地图成为各类真实世界数据的平面层 数据将成为地理政治的热点问题 数字产品隐藏的巨大市场	中国——社交网络创新的新标杆	家成为新的医疗诊所 科技为你的睡眠而来
Office of the Deputy Assistant Secretary of the Army	机器人与自动化系统 智能手机与云端计算 智能城市	量子计算 混合现实 数据分析 人类增强 先进数码设备 先进材料 太空科技	网络安全 社交网络	合成生物科技
阿里巴巴达摩院	语音人工智能在特定领域通过图灵测试 人工智能专用芯片将挑战 GPU 的绝对统治地位 超大规模图神经网络系统将赋予机器常识 自动驾驶进入冷静发展期	计算体系结构将被重构 5G 网络催生全新应用场景 数字身份将成为第二张身份证	区块链回归理性，商业化应用加速 数据安全保护技术加速涌现	

（续）

机　构	人工智能	数字技术	网络互联	新生物医药技术
麦肯锡	知识工作自动化 先进机器人 自动汽车		移动互联网 物联网 云计算	下一代基因组

（一）人工智能

未来，人工智能在各行各业得到进一步的应用。围绕人工智能将形成产业链，主要包括三个层面：渗透到各垂直行业的智能应用、服务及产品，技术及算法层面开发及创新，以及各类智能硬件提供的计算和存储能力。例如，自主设备是人工智能在应用层面上的典型代表，是指现有的工具设备结合人工智能技术以更好地代替人类完成任务的一类智能硬件设备，如自动驾驶汽车、无人机等。智能硬件相关技术、集成电路相关技术、智能终端、新型元器件等技术都是人工智能硬件重要的支撑性科技技术。

（二）数字科技

数字科技发展并增强真实物理世界，同样依赖硬件和软件两个方面科技的发展。其中，数字双生是未来数字科技的一个重要趋势。数字双生是物联网之后的阶段，表现为物品在产生之初就具有传感器及端点，拥有联网及数据的功能，有“物”和“数”两种特性。硬件方面，数字技术的进一步发展依赖于各类新型材料及制造技术，如新材料产业相关技术、高端装备制造产业相关技术、虚拟仿真设计技术等。数字科技可以基于新型显示技术增强现实体验，创造更佳的沉浸式的体验。未来将会有成百上千的边缘设备，包括传统计算设备、可穿戴设备、汽车、环境传感器和消费类电器等，将人们与数字世界连接起来，创造新的环境体验。

数字科技的广泛应用同时也依赖于更强大的计算能力。量子计算是一种非经典计算，擅长处理对于传统方法而言过于复杂或耗时的问题。量子计算领域的进展将对汽车、金融、保险、制药和军事等行业以及研究机构带来好处。

（三）网络互联

随着未来5G网络的推广以及云计算、社交网络等基于网络应用的发展，人们将日益关注网络安全以及隐私保护等问题。区块链作为一种分布式账本，能够实现信任，提供透明度，减少业务生态系统之间的摩擦，因而可降低成本，缩短交易结算时间，并改善现金流。区块链技术的应用将解决网络安全、供应链管理、云储存甚至是能源管理等涉及信息交互的问题。例如，区块链技术未来应用在能源互联网的建设，建设新能源如风电、核电的智能电网，优化当前的风电主控及变频技术、核电站控制系统等，解决其中各种信息交互、智能电网的控制和调度、分布式电源的协同控制及信息安全等问题。

与此同时，数字道德和隐私的问题日益受到来自个人、组织和政府关注。公共和私营部门在获取大量用户信息的同时，如何使用个人信息、是否积极主动采取保护用户有关隐私将成为评估组织信任水平的重要考量。

（四）新生物医药技术

生物医药产业是以研发为驱动的产业，其开发时间长、成本高，新技术的推广及市场化常常面临社会观念及伦理方面挑战。例如，人造肉技术是指基于活体动物获得的干细胞，在无菌等适宜的条件下培养发育成的可供食用的肉类。人造肉技术消耗能量和碳排放量较生产传统肉类少，但是目前生产成本远高于普通肉类，其推广又受到来自社会传统饮食结构习惯难以改变以及人们对食品安全的顾虑等阻碍。因此，未来的围绕生物医药产业形成的产业链条，不仅要包括开发周期长的生物医药基础研究，也要包括对技术的推广及相应观念的更新。

根据《规划纲要》，粤港澳大湾区将通过构建开放区域协同的创新共同体、打造高水平科技创新平台以及优化区域创新环境，逐步建设成为国际科技创新中心。要实现这一目标，粤港澳大湾区需要面向未来科技发展趋势，根据人工智能、数字科技、网络互联、新生物医药技术，特别是突破性技术的技术成熟期和演化路径，既要支持短期内将取得突破并将对社会民众生活产生重要影响的技术进行商业化、产品化，同时要兼顾对中远期支撑性技术及基础科学的研究。

【要点回顾】

本章在粤港澳大湾区科技与产业发展的相关研究与国家统计数据和政策的基础上，简单介绍了粤港澳大湾区的国家战略政策、区域科技产业布局以及科技与产业的融合发展以及未来的科技前瞻。

【复习题】

1. 关于粤港澳大湾区产业体系分布的描述，正确的是（　　）。

A. 澳门发展海洋经济和展示平台

B. 香港、澳门高科技产业和战略新兴产业带动大湾区的产业升级

C. 广州、深圳、佛山等城市承接科技成果转化和规模生产

D. 深圳为产业提供现代化服务

2. 粤港澳大湾区未来产业发展格局将呈现的发展趋势是（　　）。

A. 从产业承接向产业引领转变

B. 构建具有国际竞争力的现代产业体系

C. 从区域竞争向区域协同转变

D. 树立产业改革与升级的发展理念

3. 本文提出的未来科技趋势包括（　　）。

A. 人工智能

B. 网络互联

C. 数字科技

D. 新生物医药技术

E. 以上都是

附录 A

新一代信息技术产业相关技术

新一代信息技术作为《国务院关于加快培育和发展战略性新兴产业的决定》中确定的七个战略性新兴产业之一，在财税金融等政策上有较大扶持力度，发展迅速。新一代信息技术的发展推动了全球产业分工的深化和经济结构调整。由于新一代信息技术的不断升级，带动了人机互联、大数据技术、人工智能、虚拟现实等新兴产业的发展。而这些产业又驱动制造业发生革新，向着数字化、智能化、移动化、绿色化的方向发展，推动产业升级。本附录选取了两个新一代信息技术产业相关核心技术作为重点，下一代信息网络技术与新型显示技术，介绍了其定义、技术介绍、历史发展和未来趋势。同时，也简单介绍了其他新一代信息技术产业相关技术的定义，包括物联网技术、集成电路技术、智能硬件技术。

一、新型显示相关技术

新型显示技术已经广泛应用于商业，实现了新型显示屏幕的量产，如三星、华为、LG、柔宇科技等公司使用新型显示技术的屏幕都已成功面世。同时，显示与照明相结合也是新型显示技术的应用方向。

（一）定义

新型显示技术是被认为可能在未来超越传统技术的显示技术，包括柔性显示技术、印刷显示技术、激光显示技术、Micro-LED 显示技术、量子点显示技术等。

柔性显示技术利用柔软可弯曲的显示材料制造新型的柔性显示器。与目前大多数电子设备使用的传统硬屏显示器不同，柔性显示器可弯曲可变形。近年来，许多消费电子制造商越来越关注将该显示技术应用于电子阅读器、移动电话和其他消费电子产品中。

印刷显示技术是将印刷电子学应用于显示领域，是指以旋涂、丝印或喷墨打印等印刷方法，将金属、无机材料、有机材料转移到基板上，制成发光显示器件的技术。印刷显示技术的终极目标是实现全印刷发光显示器件，在常温、常压下以按需给料方式实现低成本制造。在目前印刷显示技术中，采用 OLED 材料来实现显示是主流且比较成熟的技术。

激光显示技术也称激光投影显示技术，是指利用激光为光源，产生更加真实和艳丽的色彩，提供更高的色域的技术。

Micro-LED 是一个新兴的平板显示技术。Micro-LED 显示器由组成单个像素元素的 Micro-LED 阵列组成。与广泛使用的液晶显示器（LCD）技术相比，Micro-LED 显示器提供了更好的对比度、响应时间和能源效率。

量子点显示器是一种利用量子点（Quantum dot，QD）、半导体纳米晶体来产生纯单色红光、绿光和蓝光的显示装置。量子点显示器的发光原理是通过光或电对量子点材料施加刺激，使量子点材料发出特定频率的光。该技术应用于 LED 背光 LCD，但也适用于其他使用滤色片的显示技术，如白色或蓝色/紫外线 OLED。

（二）技术介绍

1. 柔性显示技术

能够实现柔性显示的技术有很多，例如 OLED 技术、电润湿显示（EWD）、液晶技术、等离子管状排列（PTA）及电泳技术等。目前主流的柔性显示技术为 OLED 技术。

OLED 是基于有机材料的一种电流型半导体发光器件，由铟锡氧化物半导体薄膜（ITO）透明电极、空穴传输层、有机发光层、电子传输层、金属电极层组成。原理是用 ITO 和金属电极分别作为器件的阳极和阴极，在一定电压驱动下，电子和空穴分别从阴极和阳极注入电子和空穴传输层，电子和空穴分别经过电子和空穴传输层迁移到发光层，并在发光层中相遇，形成激子使发光分子激发，经过辐射发出可见光。

2. 激光显示技术

激光显示技术与原有的阴极射线管、液晶和等离子体等显示技术相比，在显示系统工艺构成上取得了光源升级换代的巨大进步，在色度学方面实现了重大突破。由于激光为线谱，色饱和度高，色彩鲜艳；又由于激光谱线丰富，可以选择实现大色域显示，解决显示技术领域长期以来悬而未决的大色域色彩再现的难题。

所以，激光显示技术能够最完美地再现自然色彩，是继黑白显示、彩色显示、数字显示之后的第四代显示技术。激光显示技术有两种显示原理，分别是三片式 HTPS LCD 液晶板（3LCD）和数字光处理（Digital Light Processing，DLP）。3LCD 以激光为光源，激光经过扩束、匀场、消相干后入射到相对应的光阀上，光阀上加有图像调制信号，经调制后的三色激光由 X 棱镜合色后入射到投影物镜，最后经投影物镜投射到屏幕，得到激光显示图像。DLP 技术则是将光线通过色轮高速旋转后颜色混合。最后经过棱镜透射出，呈现不同的色彩。

3. Micro-LED 显示技术

Micro-LED 的显示原理，是先将 LED 结构设计进行薄膜化、微小化、阵列化，后将 Micro-LED 批量式转移至电路基板上，再利用物理沉积制程完成保护层与上电极，即可进行上基板的封装，完成一个结构简单的 Micro-LED 显示。而要制成显示器，其晶片表面必须制作成如同 LED 显示器般之阵列结构，且每一个点画素必须可定址控制、单独驱动点亮。粘贴完成后 Micro-LED 阵列经由垂直交错的正、负栅状电极连接每一颗 Micro-LED 的正、负极，透过电极线的依序通电，透过扫描方式点亮 Micro-LED 以显示影像。

4. 量子点显示技术

目前的量子点显示屏是 LCD 面板的延伸，在普通 LCD 背光面板前放置一层量子点薄膜。该薄膜由微小的粒子组成，每个粒子根据其大小发射出自己独特的颜色。基本上，粒子的大小决定了它发出的光的波长，因此也就决定了不同的颜色。量子点可以产生超过 10 亿种颜色。

在第三代量子点显示技术中，粒子发生了改变，增加了一个新的金属合金核心和新的金属合金外壳。这种增强带来了更大的色彩精度，也可在较高的峰值亮度下实现色彩精度，提供更好的视觉体验。

（三）未来趋势

近几年来，新型显示技术呈多元化发展的趋势。小尺寸方面，OLED 市场占有率逐步上升，并呈现出柔性化发展趋势；大尺寸方面，仍以 LCD 为主流，量子点等新技术逐渐崛起，印刷 OLED 制程技术在加速研发中，随着相关材料、设备的逐渐成熟，未来两三年有望迎来大规模商用。

随着中国高世代面板集中投产，全球主要面板厂商纷纷转向量子点显示技术等面板技术。量子点显示具有高亮度、广色域、更深的黑场和低生产成本的优势。

目前，OLED 面板生产普遍采用精细金属掩膜板（FMM）真空蒸镀工艺，设备昂贵，材料消耗很大。喷墨印刷 OLED 工艺或许能成为未来的解决方案，相对于真空蒸镀工艺其具有以下优势：①工艺更加简单；②有机发光材料打印方式利用率更高；③在处理大型基板方面具有优势。

随着技术的成熟，可折叠、可卷曲屏幕成为面板的新趋势，柔性面板迎来新发展机遇。柔性面板具有 OLED 面板固有的技术优势，同时可以实现面板的可折叠、可卷曲。此外，由于采用了柔基板材料，其耐冲击、耐用性高于传统 OLED 屏幕，并可以实现任意剪裁，为下游产品形态多样性提供可能。

（四）产业应用

新型显示技术目前已经广泛应用于商业。除了显示效果本身的跃升，更灵活的技术原理，让柔性显示面板摆脱了对传统显示形态的束缚，折叠、卷曲、透明的自由特性，让它能完美嫁接于家居、车载、可穿戴、商显、VR/AR 等场景。柔宇科技、三星、华为等企业已经推出采用可折叠屏设计的手机产品，OPPO、苹果等可折叠屏手机也在研发中。如果更大面积的柔性屏幕投入商业化生产，那么电视、商场广告牌等诸多显示设备都可以转变为柔性形态。

此外，照明和显示的融合也是新型显示技术应用的一大趋势。灯具技术适应更多样化的需求以及显示控制技术成本的降低，使得产品在提供一定显示功能的同时也能够提供照明功能，可以应用于户外显示。相较于其他显示器件，Micro-LED 具有优越的自身优势如自发光、高亮度、高效率、低功耗、长寿命、极其宽广的工作环境等，使得 Micro-LED 有望在多项应用领域发挥其特长。例如，它可以在强光照的条件下依然保持高显示质量，因而被看作最具竞争力的户外显示方式。

二、其他新一代信息技术产业相关技术简介

（一）下一代信息网络相关技术

下一代通信网络（Next Generation Network，NGN）是电信核心和接入网体系结构的重要变革。下一代信息网络是一个定义极其松散的术语，泛指一个大量采用新技术，以 IP 技术为核心，同时可以支持语音、数据和多媒体业务的融合网络。下一代信息网络背后的基本思想是通过将所有信息和服务（如语音、数据和各种媒体）封装到 IP 包中进行传输，类似于在 Internet 上使用的包。本书主要介绍了光通信技术和 5G 移动通信技术。

光通信技术和 5G 移动通信技术这两项重要技术被认为将极大助力于下一代信息网络的发展。

1. 光通信技术

光纤通信是一种利用光脉冲通过光纤将信息从一个点传输到另一个点的通信技术。传输的信息本质上是由电话系统、有线电视公司和计算机系统生成的数字信息。光纤是由低损耗材料（通常是二氧化硅）制成的介质圆柱形波导。波导核心的折射率略高于外介质（包层），因此光脉冲通过全内反射沿光纤轴方向传播。

现代光纤通信系统通常包括光学发信机（将电子信号转换成光信号）、光纤/光缆、中继放大器、光收信机（恢复光信号为电信号）、其他器件。传输的信息通常是由计算机、电话系统和有线电视公司生成的数字信息。

2. 5G移动通信技术

第五代移动电话行动通信标准，也称第五代移动通信技术，简称5G。5G移动通信和前四代移动通信的不同之处在于前四代都是单一的技术，而5G则是前四代技术的总和与发展，这样就使得5G移动通信的峰值速率更高，而且更加的安全，覆盖范围也更加广泛。5G移动通信弥补了4G移动通信中所存在的漏洞，其技术更加的先进，而且能够满足当前人们对于网络的需求，是未来一段时间内发展的主流趋势。

5G移动通信的主要特征：①频谱利用效率将会有所提高；②可靠性更加显著，而且时延也大大缩短；③能源消耗降低。5G网络一旦应用，目前仍停留在构想阶段的车联网、物联网、智慧城市、无人机网络等概念将变为现实。此外，5G还将进一步应用到工业、医疗、安全等领域，能够极大地促进这些领域的生产效率，甚至催生出新的生产方式。

5G移动通信的关键技术包括：①同时同频全双工技术，是指在同一个信道上，在发送信号的同时也接收信号，实现双向同时操作的技术。②密集网络技术，密集网络所能产生的信噪比增益将会更加的客观，同时此方面也是密集网络充分发挥其作用的核心，密集网络技术的应用可以增加5G移动通信的优势，提高其灵活性，增加其覆盖面积。③多天线传输技术，是指使用有源天线进行列阵，然后与毫米波联系起来，之后就可以有效提高天线的覆盖面积以及性能的技术。④新型网络架构技术，此技术在应用中具有低时延以及低成本等多项优点。在此技术中，云架构是主要的入网架构。⑤智能化技术，在5G移动通信网络中，云计算是其中不可缺少的网络之一，此网络中包含的大型服务器是其主要构成，而此构成和基站进行连接采用的方式是交换机网络。⑥设备间直接通信技术，是指各通信设备之间可以进行直接的通信，不需要中间载体的技术。

（二）物联网

物联网（Internet of Things，IoT）是新一代信息技术的重要组成部分。物联网是通过二维码识读设备、射频识别（RFID）装置、红外感应器、全球定位系统和激光扫描器等信息传感设备，按照约定的协议，把任何物品与互联网相连接，进行信息交换和通信，以实现智能化识别、定位、跟踪、监控和管理的一种网络。物联网是在互联网概念基础上进行的一种应用拓展，根据物联网英语的字面意思可以理解为“物与物之间的互联网”。若干内置传感器和执行器的物体通过网络相连进行数据交换的系统就构成了物联网。

物联网技术主要分为四个层次：感知技术、传输技术、支撑技术、应用技术。

感知技术是用于物联网底层，来感知信息，进行数据采集的技术。数据采集是物联网实现“物物相连，人物互动”的基础。感知技术包括射频识别技术、传感器技术、GPS 定位技术、多媒体信息采集技术和二维码技术等。

物联网信息的传递依赖传输技术，即低功率广域网（LPWAN）技术。LPWAN 是一种无线通信广域网，旨在允许连接对象（如电池上的传感器）之间以低比特率进行远距离通信。低功耗、低比特率等特点将这种网络与无线广域网区分开来，后者旨在连接用户或企业，并携带更多数据，使用更多电能。在过去的三年内，共有超过 40 种以上低功率广域网传输技术出现，经过市场的洗礼后，NB-IoT、Lora、Sigfoxi 较广为人知。

NB-IoT 是从第三代合作伙伴计划（3rd Generation Partnership Project，3GPP）阵营发展出来的，这项技术补足了原有 3G/4G 的缺陷。NB-IoT 有望成为全球电信业统一的标准。

LoRa（Long Range）是由调频扩频（Chirp Spread Spectrum，CSS）技术发展而来的扩频调制技术，是首个低成本实现商用调频扩频的技术。LoRa 设备和 LoRa 技术使用的是一种长距离、低功耗的无线芯片组，在全球范围内被广泛应用于物联网网络。LoRa 技术支持多种智能物联网应用，旨在解决能源管理、自然资源减少、污染控制、基础设施效率、灾害预防等方面的问题。LoRa 是一种远程无线通信协议，与其他低功耗广域网（LPWAN）存在竞争关系。

支撑技术主要负责对物联网数据进行处理和利用，包括嵌入式系统、云计算技术、人工智能技术、大数据库与机器学习技术、分布式并行计算和多媒体与虚拟现实等。这些技术可以对物联网设备取得的数据进行存储、分析和应用。

应用技术是用于直接支持物联网应用系统运行的技术，包括专家系统、系统集成技术和编解码技术。

（三）集成电路

集成电路（Integrated Circuit，IC）是指半导体集成电路，即以半导体晶体材料为基片，经加工制造，将元件、有源器件和互连线集成在基片内部、表面或片面之上，执行某种功能的微型化电路。由于其体积小和成本低的特性，集成电路现在几乎应用于所有的电子设备中，并彻底改变了电子世界，是现代社会结构中不可分割的一部分。

集成电路在工业上的制作涉及三个步骤，分别是集成电路设计、集成电路制造、集成电路的封装，最后还需要对集成电路进行测试。

1. 集成电路设计

集成电路设计涉及电子元件的制造，如晶体管、电阻、电容器以及将这些元件互联到一块半导体（通常是硅）上。由于衬底硅具有导电性，并且常常形成单个元件的活性区，因此有必要采用一种方法来分离在衬底中形成的单个元件。必须注意晶体管的功耗和互连电阻，以及互连线、触点和 vias 的电流密度，因为与分立元件相比，集成电路包含非常小的器件，而在分立元件中这类问题不那么严重。集成电路设计流程如图 A-1 所示。

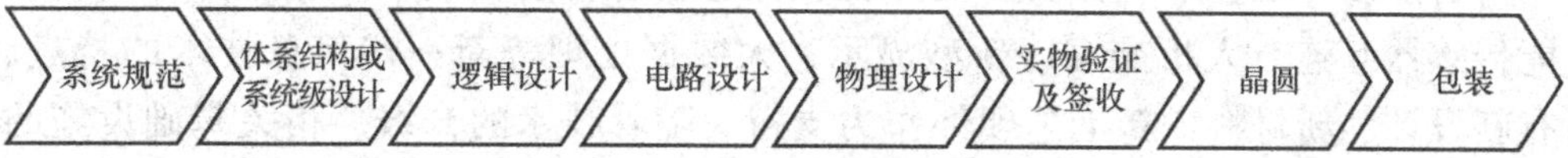

图 A-1　集成电路设计流程

2. 集成电路制造

数以百计的集成电路同时在一片薄薄的硅片上制成，然后被切割成单独的集成电路芯片。制造过程在严格控制的环境中进行。由于某些 IC 元件对某些频率的光很敏感，甚至光源也会被过滤。虽然制造过程可能因集成电路的不同而有所不同。集成电路制造流程如图 A-2 所示。

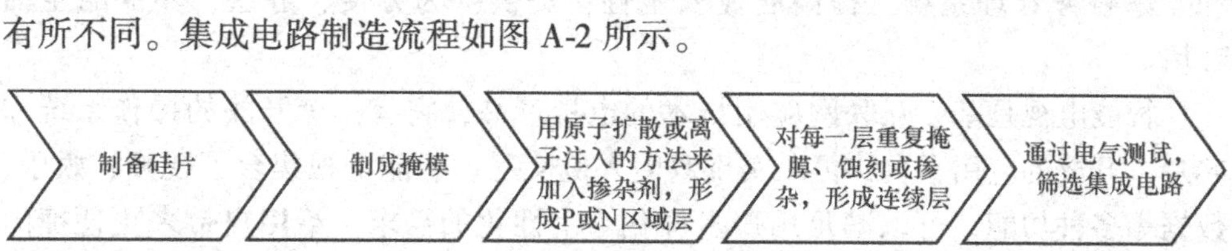

图 A-2　集成电路制造流程

3. 集成电路封装和测试

在电子制造中，集成电路封装是半导体器件制造的最后一个阶段，其中半导体材料块被封装在一个防止物理损伤和腐蚀的支撑盒中。这个过程被称为

“封装”。封装阶段之后是集成电路的测试。封装用以保护电路材料免受腐蚀或物理损伤，并允许安装将其连接到 PCB 上的电接点。集成电路有很多不同的类型，因此需要考虑不同类型的集成电路封装，因为不同类型的电路在外壳上会有不同的需求。

基本上可以进行四项通用测试来检查集成电路的状况：短路情况、泄漏情况、供电条件以及输入和输出条件。这些测试中的每一个都用于检查和验证芯片不同部分的完整性，以便识别任何问题，从而废弃不良集成电路。

（四）智能硬件

智能硬件是指具备信息采集、处理和连接能力，并可实现智能感知、交互、大数据服务等功能的新兴互联网终端产品，是“互联网 +”人工智能的重要载体。在手机、电视等终端产品实现智能化之后，新一代信息技术正加速与个人穿戴、交通出行、医疗健康、生产制造等领域集成融合，催生智能硬件产业蓬勃发展，带动模式创新和效率提升。目前的智能硬件清单很广泛，包括汽车、家用电器、地质设备、医疗仪器和设备等。智能硬件可以是电子设备，如手表、机器人、家用电器等，也可以是非电子设备，如汽车、门锁、房屋等。

智能硬件是基于平台底层硬件和软件的新型智能终端产品和服务，具有智能传感器互连、人机交互、新型显示、大数据处理等新一代信息技术的特点。有新设计、新材料、新工艺硬件作为支持。随着技术的升级、相关基础设施的完善和应用服务市场的不断成熟，智能硬件的产品形态从智能手机延伸到智能穿戴、智能家居、智能车辆、医疗保健、智能无人系统、电子商务等领域，成为信息技术与传统产业的交汇点。

智能家居以个人住宅为平台，利用综合布线技术、网络通信技术、安全技术、自动控制技术、音视频技术等整合家居生活相关设施，安排高效住宅设施和家庭事务管理系统，提高居住安全性，提供更为方便、舒适、环保的生活环境。

智能电视是基于互联网应用技术的电视产品，它有一个开放的操作系统和芯片，开放的应用平台，可以实现双向人机交互。智能电视集合了视频、娱乐、数据等多种功能，可以满足用户多样化、个性化的需求，给用户带来更便捷的体验。

智能汽车集环境感知、规划决策、多层次辅助驾驶等功能于一体，采用计算机、现代传感、信息融合、通信、人工智能和自动控制技术。目前，智能汽车的研究主要是为了提高汽车的安全性和舒适性，为人和车辆提供良好的交互体验。

可穿戴设备大多以便携配件的形式出现，集合了一定的计算功能和监控功能，可以连接到手机和各种类型的终端。主流产品形式包括腕表、鞋类、头戴式设备，以及智能服装、书包、拐杖、配件等非主流产品形式。

智能终端主要以互联网技术、监控和传感技术、显示技术等手段来实现，对生活中的各种设备进行智能化处理，改善人们的生活。

随着终端设备逐渐向智能化发展，电子元器件正进入以新型电子元器件为主体的新阶段。电子元器件原来只需要为适应整机小型化和新工艺的要求进行，而现在则需要向着满足数字技术和微电子技术发展所要求的方向，进行工业化改进。新型电子元器件具有高频化、微型化、薄片化、功耗低、响应速度快、分辨率高、精度高、模块化等特点。

附录 B

生物产业相关技术

生物医药作为国务院确定的七大战略性新兴产业之一，它担负着引导产业升级，维持我国经济高质量发展以及促进其他相关产业发展壮大并成为重要产业的任务。为了实现此目标，“生物医学产业应紧扣生命科学纵深发展、生物技术与信息技术融合的主题，提升生物医药、生物医学工程等优势领域的发展水平，创新发展精确医疗、数字生命等前沿交叉领域，打造世界领先的生命经济高地。”同时还应提前布局重大前沿领域。而重大前沿领域主要有以下五个方面：脑科学与类脑研究、精确医学影像、合成生物学、基因组学、免疫学，这也是本附录重点介绍的内容。本附录选取了脑科学作为生物产业相关核心技术的重点，介绍了其定义、技术介绍、历史发展和未来趋势。同时，也简单介绍了其他生物产业相关技术的定义，包括基因组学、合成生物学、医学影像、免疫学。

一、脑科学

脑科学是以大脑为研究对象的各门学科的总称，它不仅研究大脑的结构和功能，大脑与行为、思维的关系，还研究大脑的生化组成、神经网络及其规律等。脑科学是当前生命科学前沿领域之一，尽管目前对大脑的研究尚未有重大突破，但各国都十分重视对脑科学的研究，美国、日本、欧洲各国和中国先后建立相关政策以及研究机构。目前脑科学的研究趋势是“了解脑、保护脑、开发脑”。随着现代生物学技术的迅速发展，脑科学的研究已经在分子水平、亚细胞水平、细胞水平包括整体行为和心理水平同时进行。

（一）定义

脑科学的研究范围很广泛，可以涉及从生命科学各个领域，从数学、物理学、化学、信息学等当今任何一个学科，甚至人文科学。而狭义上讲，脑科学是研究脑的形态结构，细胞和化学的构筑，脑的感觉，运动和各种高级机能及其整合机制，脑的进化和发育过程，脑病的防治和预防，智能的开发，脑仿生学等学科。

脑科学是一门实验性科学，有关脑的结构和功能，发育和可塑性等的内容和结论都是来自于实体的观测和实验研究。脑科学的发展依赖于研究方法学的进步和创新性的思维。

（二）技术介绍

脑科学研究中所使用的技术主要有损伤法和电刺激法、离体研究技术、信号记录及检测技术和现代脑成像技术。

1. 损伤法和电刺激法

损伤法是一项古老的研究方法，它的出现奠定了中枢神经系统生理学的基础。损伤法就是通过破坏生物体大脑的不同部位或区域来研究生物体各种机能与该部位或区域的关系。电刺激技术是对脑损伤技术的发展，电刺激技术发现并描述出了大脑皮层运动区图谱。

2. 离体研究技术

通过离体脑片和离体神经元的记录技术推进了人们对神经元机能活动以及其调控机制的认识。与在体研究相比，离体研究技术的长处是记录和刺激点位的直观性、成分的便捷性和组织标本的稳定性。根据离体研究的目的不同，有三种离体水平：离体神经细胞、脑薄片和孤立脑。

3. 信号记录及检测技术

在大脑活动时会产生大量的电信号，如果想要了解这些电信号的具体含义，那么首先就需要尽可能地同时记录下如此大量的神经元细胞产生的这些电信号。最常用的方法还是在大脑组织里插入一根金属电极探针，以此来记录大脑活动的电信号。目前最新一代的神经电极探针，可以让电极尽可能地做到微型化，大大缩短了电信号在导线里的传输距离，尽可能地减少了信号的损失和失真等情况。这样能帮助科学家更容易发现大脑各组织结构之间的联络关系。

4. 现代脑成像技术

现代脑成像技术可以对人体的大脑在清醒的、不损伤的条件下观察它认知功能的秘密。通过脑成像技术，科学家能在大脑认知过程中观测特定的脑区是如何作用的，以及与不同脑区的相互作用。目前常用的脑成像技术有：计算机化 X 射线断层扫描术、同位素脑扫描、核磁共振成像等。

（三）未来趋势

国际脑研究组织将21世纪称为“脑科学时代”。目前人类对大脑的研究仍然是有限的，随着科技的飞速发展，相信未来脑控技术将在更多领域发挥更大的作用。脑科学的未来发展趋势主要有三个方面：了解脑，理解大脑功能及机理，弄清大脑认知功能；保护脑，疾病诊断与治疗脑相关疾病；创造脑，开发类脑智能。具体说明如下：

1. 了解脑

弄清楚大脑认知的原理，首先是弄清楚基本的脑认知功能。人们的感觉、对外界信息的接收，包括感知觉、学习和记忆等，这些都是基本的脑认知功能，果蝇、小鼠，甚至斑马、鱼、线虫等很多动物都有这种基本功能。还有一些高等动物才拥有的大脑高级认知功能，包括共情心与同情心、社会认知、合作行为、主观意识和语言等。

了解认知功能最关键的还是要制作出全脑神经连接图谱，为此人们需要知道大脑里神经元的种类和类型、各个脑区每一类神经元的输出纤维和输入纤维，以及它们的去向、电活动以及传导信息的方法，只有掌握了这些信息，人们才能绘制出大脑结构图谱和活动图谱。通过图谱，科学家才能够解析神经环路的最终功能。

2. 保护脑

在全球，脑科学的一项重大应用就是为健康服务。如何维持健康的大脑发育以及智力发育、维持大脑的正常功能、延缓大脑退化和脑相关疾病的诊断与治疗，都是健康生活所必需的。

包括各种神经类和精神类疾病在内的大脑相关疾病给社会带来了沉重的负担。因此，重大脑疾病的诊断和干预是未来脑科技领域一项非常重要的研究内容。只有充分了解它们的机理，才能够找到最有效的解决方法。但目前人们对这方面的了解有限，例如对阿尔茨海默综合征、癫痫病、抑郁症、精神分裂等脑疾病的形成的原因和治疗手段都尚未有重大的突破。想要解决这些难题，还需要科学家们数年的研究探索。

3. 创造脑

脑科学研究的另外一个重要应用就是脑机智能技术和类脑研究方面。在类脑智能领域中，未来很重要的几个发展方向是：脑机接口和脑机融合方法、各种大脑活动的刺激方法、调控方法以及新一代人工网络模型和计算模型。

此外，现有的深度网络计算模型与人脑相比，还有一定差距，如果能够更进一步研发出类人脑的新型计算模型和新的类似神经元的处理硬件，并将它们应用到新一代计算机上，将能做出更优秀高效的计算机，它们的计算能力也将更接近人类，并且能耗更低、效率更高。类脑计算机器人和大数据处理也是未来类脑研究的方向之一。

（四）产业应用

目前，脑科学确定了以阐明脑工作原理和运行机制为目标的研究方向，以脑重大疾病诊治和类脑智能为两大重要应用领域的局面，因此脑科学在产业上应用主要都是在健康医疗和类脑智能这两个方面。

1. 健康医疗

脑科学研究首先是保障人类健康的需要。在医疗健康领域，重点解决社会老龄化的问题和各种脑疾患问题。运用新的生物技术针对脑科学和脑疾病的研究是国际前沿热点方向。脑科学对人类的意义重大。至今，医学研究已经发现超过 500 种脑部疾病，如人们熟知的阿尔茨海默综合征、癫痫、精神分裂症、偏头痛、脑血管疾病和脑肿瘤等。

脑科学研究的突破，必将推动脑疾病防治的根本进步，提高人们的健康水平和生活质量。脑科学也必将带动中国产业转型和创新发展。2016 年 3 月，深圳举办了非人灵长类脑科学未来发展态势国际研讨会，提出依托生物医药产业，将深圳打造成科学前沿和药物研发并重的脑科学城市，对深圳在生物医药产业，尤其是对脑科学、脑疾病和脑技术领域的学科发展起到了积极的催化作用。2013 年美国政府公布了“推进创新神经技术脑研究计划”，目标关注新型脑研究技术，试图探索人类大脑工作机制、绘制脑活动全图，并最终找到治疗、治愈甚至预防诸如阿尔茨海默综合征、自闭症等神经系统疾病的方法，拓展人类在大脑健康医疗的认知。

2. 类脑智能

近年来，植根于脑科学的人工智能研发取得了突破性进展，引爆了新的科技和产业革命。国际高科技产业巨头已开启大规模投入，一大批创新产品已经推出，后续竞争异常激烈。随着新型人工智能被快速推广到公共安全、金融投资与风险调控、医疗诊断、新药开发等关系国计民生的重要领域，势必带来新一轮的产业革命。人工智能近年的突破主要归功于类脑的初步模拟、大数据和强大的计算能力。

目前取得突破的人工智能更多沿用经典的计算框架，如何借助脑科学的研究成果，突破现阶段模拟计算中的“瓶颈”，是人工智能推向类脑智能的必然路径。另外，类脑智能也将有助于破解当前脑科学研究中的核心难题，对真实神经系统的计算模拟将为脑功能的认识提供崭新的思路。

欧盟于2013年宣布“人脑工程”，并入选了欧盟未来新兴旗舰技术项目。目的是促进全新的集团性、协作性的整合方法，计划侧重以超级计算机技术来模拟脑功能。

3. 中国“脑计划”

中国在“十三五”规划纲要中也已经把脑科学和类脑研究列入国家重要规划项目。2012年中国科学院实施启动了“脑功能联结图谱”战略性先导科技项目，聚焦于重点研究特定的脑功能的研发。2018年先后成立的北京脑科学与类脑研究中心和上海脑科学与类脑研究中心，标志着我国脑计划正式拉开帷幕。北京、上海脑科学中心将立足世界脑科学与类脑研究前沿，聚焦国家在脑科学与类脑研究领域的战略需求，加快推动我国在该领域的重大突破和跨越，力争建设成为世界一流的脑科学研究机构。

二、其他生物产业相关技术简介

（一）基因组学

基因组学就是对所有基因进行基因作图，包括遗传图谱、物理图谱、转录图谱；核苷酸序列分析；基因定位和基因功能分析的一门学科。总而言之，就是在基因组水平上研究基因组结构和功能科学。基因组学研究的内容包括基因的结构、组成、存在方式、表达调控模式、基因的功能和相互作用等，是研究与解读生物基因组所蕴藏的生物全部性状的所有遗传信息的一门新的前沿科学。作为当今最活跃的学科之一，基因组学已经对生物学、遗传学、医药学乃至整个人类社会产生了深远影响。根据基因组学的定义，我们可以将基因组学分为结构基因组学、功能基因组学和比较基因组学。

1. 结构基因组学

结构基因组学是通过基因组作图、核苷酸序列分析、研究基因组结构、确定基因组成和基因定位的学科。结构基因组学的主要研究内容有：基因组测序和基因组作图。

2. 功能基因组学

功能基因组学是利用结构基因组学提供的信息和产物，在基因组系统水平上全面分析研究基因功能的科学。功能基因组学的主要研究内容有：进一步识别基因以及基因转录调控信息、弄清所有基因产物的功能和研究基因的表达调控机制。

3. 比较基因组学

比较基因组学是比较研究不同生物、不同物种之间在基因组结构和功能方面的亲缘关系及其内在联系的学科。比较基因组学的主要研究内容包括：通过研究不同生物，不同物种基因组结构和功能上的相似及差异，勾画出一张详尽的系统进化树；分析了解同源基因的功能；通过对序列差异性的研究有助于认识大自然生物多样性的产生基础。

基因组学研究中最核心的三项技术分别是重组 DNA 技术、分子杂交技术和聚合酶链式反应及其相关技术。

1. 重组 DNA 技术

通过采用类似于工程建设的方式，按照预先设计的蓝图，将一种或多种生物体的基因于载体在体外进行拼接重组构建成杂种 DNA 分子，然后转入另一种生物体内，以改变生物原有的遗传特性并表达出新的性状，获得新品种，生产新产品或研究基因的结构和功能。

2. 分子杂交技术

分子杂交一般是指核酸分子杂交，是指核酸分子在变性后再复性的过程中，来源不同但互补配对的 DNA 或 RNA 单链相互结合形成杂合双链的特性。而依据此特性建立的一种对目标核酸分子进行定性和定量分析的技术就称分子杂交技术，通常是将一种核酸单链用同位素或非同位素标记后，再与另一种核酸单链进行分子杂交，通过对同位素或非同位素的检测来实现对未知核酸分子的检测和分析。

3. 聚合酶链式反应及其相关技术

聚合酶链式反应（Polymerase Chain Reaction，PCR）是一种模拟天然 DNA 复制过程的核酸体外扩增技术。PCR 是在体外条件下，利用 DNA 聚合酶通过多次循环的合成反应，催化一段特异 DNA 片段的反应，其基本步骤有：变性，退火和延伸。根据研究和应用的不同目的，人们在 PCR 的基本思路上还开发出了许多衍生技术，如实时荧光定量 PCR 等。

（二）合成生物学

2010 年克雷格·文特尔（J. Craig Venter）团队创造了人类历史上第一个人造细胞 Synthia，在科学界引起了巨大反响，从而使合成生物学进入大众的视野。合成生物学是近年兴起的，综合了分子与细胞生物学、生物化学、生物信息学、系统生物学等学科，并与工程学、数学、计算机科学等领域交叉的一门新兴学科。

合成生物学是以工程学思想为指导，对天然生物系统进行重新设计和改造，同时设计并合成新的生物元件、组件和系统的崭新学科。目前研究包括两个方向：一个是“自上而下”的研究方向，通过对现有的，天然存在的生物系统进行重新设计和改造，修改已存在的生物系统，使之添加新的功能；二是“自下而上”的研究方向，通过设计和构造新的生物元件、组件和系统，创造自然界中尚不存在的人工生命系统。目前合成生物学的研究内容主要包括：底盘生物及其基因组的合成、简化与重构，以作为各类生物元件、组件及系统；生物大分子的合成、改造与模块化；合成及优化代谢网络；各类生物功能元件的标准化，以及基于标准化生物元件的基因路线的设计与多领域应用。

在合成生物学研究中最重要的技术包括 DNA 合成技术、DNA 测序技术和计算机模拟等。

1. DNA 合成技术

DNA 合成技术是支撑合成生物学发展的重要技术之一，是指在体外人工合成双链 DNA 分子的技术。它与寡核苷酸合成有所不同：寡核苷酸是单链的，所能合成的最长片段较短，而 DNA 合成则为双链 DNA 分子合成，所能合成的长度范围较大。DNA 合成技术在基因及调控组件的合成、基因回路和生物合成途径的重新设计组装，以及基因组的人工合成等方面都具有重要的应用。

2. DNA 测序技术

在进行分子水平的生物研究中，DNA 的序列分析是进一步研究和改造目的基因的基础。经过短短几十年时间，DNA 序列测定技术已发展了三代，从第一代传统的化学降解法和双脱氧链终止法到第二代能满足深度测序和重复测序的 Solexa 测序技术和 SOLiD 测序技术等，以及目前测序速度更快、成本更低，准确度更高的第三代测序技术。

3. 计算机模拟

合成生物学主要通过关注合成周期的各个步骤，从而设计工程生物系统。因此，模拟设计过程，在构建之前预测系统的表现是合成生物学一个重要的组成部分。在这一方面，合成生物学与系统生物学一样，都非常依赖于计算机对生物过程进行模拟。不同的是，在系统生物学中，对整个生物系统进行模拟是为了了解生物的复杂程度，从而进行分析；而在合成生物学中，对工程生物系统进行模拟的目的是为了测试、优化和改进生物功能元件、组件或基因回路，而这同样依赖于系统生物学的分析方法。因此，可以在某种程度上将合成生物学理解为利用系统生物学的某些方法，来建造新的组件、设备和系统。

（三）医学影像

医学影像是指为了医疗或医学研究，对人体或人体某部分，以非侵入方式取得内部组织影像的技术与处理过程。它包含以下两个相对独立的研究方向：医学成像系统和医学图像处理。前者是指图像形成的过程，包括对成像机理、成像设备、成像系统分析等问题的研究；后者是指对已经获得的图像作进一步的处理，其目的是使原来不够清晰的图像复原，或者是为了突出图像中的某些特征信息，或者是对图像做模式分类等。

医学影像中最常用的技术主要为X光成像技术、心血管造影技术、电脑断层扫描技术和超声波扫描技术等。

1. X光成像技术

X射线的波长范围在0.01～10nm，它对物体的穿透力很强，人体构造中密度较高的部分，如骨骼，能吸收较多的X光，所以会在感光底片上留下阴影，也就是说，人体组织密度的不同，会在感光底片上留下深浅不一的阴影。

2. 心血管造影技术

心血管造影术是将造影剂通过心导管快速注入心腔或血管，使心脏和血管腔在X线照射下显影，同时有快速摄片、电视摄影等方法，将心脏和血管腔的显影过程拍摄下来，从显影的结果可以看到含有造影剂的血液流动顺序，以及心脏血管充盈情况，从而了解心脏和血管的生理和解剖的变化，是一种很常见的诊断心脏血管病方法。心血管造影常应用在右心造影、左心造影、肺动脉造影、主动脉造影、冠状动脉造影及肝动脉、肾动脉、脑血管、腹腔动脉、肠系膜动脉造影等多种诊断中。

3. 电脑断层扫描技术

电脑断层扫描是一种结合X光与电脑科技的诊断工具，利用电脑将资料组合成身体横切面的影像，这些横切面的影像可再进一步重组成精细的3D立体影像。电脑断层摄影对于头部、胸部、腹部与脊椎的疾病诊断是很好的工具，许多部位的肿瘤能够借由电脑断层扫描检查来确定位置、大小，对周围组织的侵犯程度亦能提供重要的信息。电脑断层还可以快速诊断出创伤病人身上大脑、肝脏、脾脏、肾脏或其他体内器官的伤害情形。

4. 超声波扫描技术

超声波属于一种声波，也是一种机械波，超声波是频率大于20 000Hz的声波。

医用超声波的应用可分为诊断与治疗两个方面，治疗用的超声波的频率较低，可应用于复健与皮肤美容等用途，而诊断用途的医用超声波则采用较高的频率。因为超声波频率越高，则分辨率越高，但穿透深度也随之降低。皮肤科学的诊断用超声波影像，需极高的分辨率以分辨细微的变化，但探测深度仅需聚焦于表浅的组织，因此多采用高频率的超声波。

医用超声波的基本原理是用超声波探头将电气信号转变成超声波的脉冲，由体表进入组织内部，而超声波在不同的生物组织内前进时，会有不同的速度。若遇到不同的组织界面，会出现明显的反射，造成回声，再由探头接收这个回声，将回声转换回电气信号，完成探测过程，再由电脑进行资料处理，形成医疗人员所见到的信号或图形。

（四）免疫学

免疫即为机体识别“自身”与“非己”抗原，对自身抗原形成天然免疫耐受，对“非己”抗原产生排斥作用的一种生理功能。正常情况下，这种生理功能对机体有益，可产生抗感染、抗肿瘤等维持机体生理平衡和稳定的免疫保护作用。在一定条件下，当免疫功能失调时，也会对机体产生有害的反应和结果，如引发超敏反应、自身免疫病和肿瘤等。免疫学则是研究免疫系统结构和功能的学科。现代的免疫学还与细胞生物学，分子生物学和遗传学等学科相互交叉渗透，成为生命科学和医学具有重要地位的学科。

抗体制备技术、非标记免疫技术、标记免疫技术、免疫组织和细胞的分离技术及流式细胞术等技术都是免疫学研究中最常用及重要的技术。

1. 抗体制备技术

抗体能与来自体外以及自身的抗原进行结合，从而有效清除侵入机体内的微生物，寄生虫等异物。但有时也会对机体造成病理性损害，从而对人体造成危害，所以检测抗体可用于评估人或动物体液免疫功能。此外，抗体在抗原的鉴定、纯化及疾病的诊断、治疗等方面均具有重要意义，所以抗体的制备是免疫学中基础且重要的技术。

2. 标记免疫技术

标记免疫技术是将抗原抗体反应与标记技术相结合，以检测抗原或抗体的一类检验方法。用于标记的示踪物一般为：反射性核素、荧光素、酶、胶体金、化学或生物发光剂等。

根据试验中所用标记物的种类和检测方法不同，标记免疫技术可分为荧光免疫技术、反射免疫技术、酶免疫技术、免疫电镜技术、免疫胶体金技术及发光免疫测定技术等。

3. 免疫组织和细胞的分离技术

免疫细胞泛指所有参与免疫应答及相关的细胞，包括淋巴细胞、树突状细胞、单核—巨噬细胞、粒细胞、肥大细胞和红细胞等。分离和制备免疫细胞是免疫学研究和临床应用中最常用也最基本的核心技术之一。目前免疫细胞亚群乃至微量免疫细胞分离和鉴定技术也都十分成熟并在实验室得到了应用。

4. 流式细胞术

流式细胞术是用流式细胞仪对细胞进行分析和分选的技术。流式细胞术涉及电子、激光、计算机、流体力学和单克隆抗体等多种现代高科技技术。目前，流式细胞术已广泛应用于医药学研究领域，也为微生物感染诊断、自身免疫诊断、组织器官移植、干细胞治疗及血液系统疾病诊断提供了依据。

附录 C

数字经济产业相关技术

数字经济是一种新的社会经济发展形态，也是未来世界经济发展的主流模式。2017 年的政府工作报告首次提出加快促进数字经济的成长，2019 年两会政府再次强调要壮大数字经济，数字经济产业的发展将成为未来世界经济竞争发展的关键。其中，以大数据、云计算、人工智能、区块链为代表的新一代信息技术对数字经济的发展起到了重要的推动作用。本附录选取了人工智能技术作为数字经济产业相关核心技术的重点，介绍了其定义、技术介绍、历史发展和未来趋势。同时，也简单介绍了其他数字经济产业相关技术的定义，包括经济数字化、云计算、大数据、区块链。

一、人工智能

人工智能在经过了半个多世纪的发展之后，呈现出了爆炸性的增长态势。一方面人工智能改变了人们的思维方式和社会运作模式，另一方面也推动着数字经济的进一步发展。随着人工智能技术的发展，不同的技术和产业结合人工智能发展将成为大势所趋，整个经济社会将向智能化进一步深化发展。

（一）定义

人工智能（Artificial Intelligence，AI）作为新兴的信息技术，正在改变着整个经济的产业结构，驱动着数字经济产业的进一步发展。它是计算机科学的一个分支，最早人工智能的概念在 1956 年的美国达特茅斯学会上被提出，标志着人工智能作为一门独立的学科诞生。

目前最常见的关于人工智能的定义有两个，一是美国麻省理工学院教授帕特里克·亨利·温斯顿（Patrick Henry Winston）认为“人工智能是研究如何使机器做过去只有人才能做的智能工作”；二是美国斯坦福大学教授尼尔斯·尼尔森（Nils J. Nilson）定义的人工智能是一门关于如何表达知识、学习知识并运用知识的科学。至今人工智能没有一个统一的定义，但毫无疑问人工智能技术是一门关于知识的技术，旨在创造出一种能像人类甚至超越人类能力的思考和行动的技术系统。

（二）技术介绍

人工智能技术涉及广泛的技术和工具，其关键技术主要有知识获取技术和应用技术。其中，知识获取技术包括搜索技术、群智能算法、机器学习、人工神经网络和深度学习。应用技术包括计算机视觉、自然语言处理、语音处理、专家系统和机器人。

1. 知识获取技术

搜索技术要解决的是如何选择最优方案。人的思维方式本质上就是一个搜索的过程，比如我们在思考传教士和野人的渡河问题，就是在思考如何在设定规则的前提下，从多种尝试中选择一种最优的方法，人工智能的搜索技术要解决的就是此类问题。

群智能算法是人类受到自然界和生物界规律的启发而研究出来的用于求解问题的算法，在自然界中，存在着许多动物群体相互协作的现象，如蚂蚁搬家、蜜蜂筑巢等。群智能算法就是根据这些现象抽取出规则发展出相应的计算模型。

机器学习是指计算机系统拥有跟人一样的学习能力，从而实现人工智能。美国工程院院士汤姆·米歇尔（Tom M. Mitchell）教授将机器学习定义为“利用经验来改善计算机系统自身的性能”。也就是说，计算机系统利用机器学习模型，通过对历史数据（如实验数据）的学习提升自身对新数据的处理能力。人工神经网络是一种机器学习的算法，模仿生物神经元的工作机制，通过互相交叉连接的处理单元实现其目的。而深度学习是目前较为流行的一种机器学习，利用神经网络能够理解和处理更为深入的数据。

2. 应用技术

计算机视觉是指使计算机拥有“看”的能力，也就是说，使机器能够理解图像或者视频，获取人类视觉系统的功能，包括图形或视频的获取、处理和分析等多项功能。

自然语言处理是人工智能中认知智能的核心，它通过对句子、词汇和篇章的分析，理解其中所表示的意思，并在此基础上可以支持一系列其他技术，如跨语言翻译、阅读理解、知识图谱等，从而能进一步应用到其他领域，如新闻、搜索引擎等。

语音处理是指人工智能对语音的处理技术，包括语音识别、语音合成、语音增强、语音转换和情感语音。语音构成的四要素分别是音高、音强、音长、音色，人工智能的语音处理就是通过这四个要素的储存、分析、提取、转换等手段对语音进行处理。

专家系统是指利用专家和熟练技工的知识去解决特定领域问题的技术，以知识推理为核心。

机器人集合了机械、电子、控制、传感器、人工智能等多个学科技术，是人工智能最重要的应用技术之一。它能够完成许多人类的工作，甚至在一些不适宜人类工作的环境，机器人也能够发挥其重要的作用，目前已经在家用服务、医疗、制造业等方面得到了广泛的应用。

（三）未来趋势

打开语音识别、导航根据目的地给出一条最省时便捷的行程路线、外卖软件根据客户的口味推荐餐馆、乘坐高铁时通过的人脸识别等，人工智能已经融入了人们的生活当中。

目前人工智能的发展重点正向着商业化转移，人工智能和传统产业相结合是大势所趋。2017 年 7 月，国务院印发的《新一代人工智能发展规划》明确指出人工智能的发展要坚持研发攻关、产品应用和产业培育“三位一体”，2018 年的世界人工智能大会上，来自专业领域的各个专家和企业家均把人工智能和传统产业的融合作为未来行业的发展重点。商汤科技创始人、香港中文大学教授汤晓鸥指出，AI 并不是单独存在的行业，而是“AI +”，需要将 AI 和传统行业相结合，让人工智能作为传统行业的支撑，从而提高传统行业的生产效率，解放生产力。

此外，人工智能关于脑科学的研究领域将是另一个发展趋势。虽然人工智能技术已经取得了一定的进展，但仍处于初级阶段，对更高层次的人工意识和情绪感知方面的关键技术尚未得到突破。因此，未来人工智能对脑科学的研究将是研究重点，力图使人工智能在分析理解能力和感知情绪环节实现突破。

（四）产业应用

人工智能产业链应用可分为三层结构：基础层、技术层、应用层。

底层是基础层，主要是为人工智能提供数据和算力支持，包括芯片、传感器、数据库和运算平台等软硬件研发。以人工智能芯片为例，它可以用于训练、终端推理和侧端推理。传统的种类有 CPU、GPU、FPGA 等，典型的研发代表公司有英特尔、英伟达、中星微电子、中科寒武纪科技等。另外还有一种类脑芯片，主要有 IBM 和西井科技。

技术层的目的是建立不同算法的模型去支持有效技术的形成，主要是研究各类的感知技术和深度学习技术，这一层级可分为三个方面：算法理论、开发平台和应用技术。算法理论有机器学习算法、类脑算法的研究开发等；开发平台是指基础开源框架（主要领头企业有谷歌和亚马逊）和技术开放平台（主要领头企业有科大讯飞、商汤科技等）；应用技术可以分为四个部分（在语音识别方面比较突出的企业有百度、科大讯飞、微软亚洲研究院等，机器学习和深度学习领域的企业则有金山云、商汤科技等，计算机视觉有微软亚洲研究院、依图科技、商汤科技等企业；语义识别有图灵机器人、智臻智能、ImageQ 等）。

应用层是涉及产品最多、商机最多的，利用技术层的技术发展成可供用户使用的服务和产品，多家企业致力于开发出符合不同用户需求的应用产品。目前，人工智能在多个应用领域均有涉及：智能医疗（疾病预测、医疗影像、药物挖掘、远程问诊）、智能交通（智能驾驶、交通控制、车辆识别、车辆检测）、智能家居（智能照明、智能门锁、家电控制、家庭机器人）、智能金融（贷款评估、智能投顾、智能客服、金融监管）、智慧零售（智能结账、无人商店、智能配货、智能物流）、智能通信（流量调度、网络控制、网络优化、网络异常监测）、智慧教育（作业批改、智能问答、虚拟课堂、远程辅导）等。

二、其他数字经济产业相关技术简介

（一）经济数字化

随着科技创新和产业变革的发展，经济数字化是全球经济发展的大趋势，越来越多的国家意识到经济数字化的重要性，纷纷提出相应的发展战略——如美国的工业互联网、德国的工业4.0、日本的新机器人战略等。经济数字化深刻地改变了经济的发展模式和体系结构。

经济数字化是“互联互通”的社会化，人与人、人与机器、机器与机器之间通过信息连接。在经济数字化时代中，经济的发展不仅仅是数字的应用，还包括体系重构、流程再造等数字化场景。同时信息资源从分散化转向数据共享化、服务方式从单向化转向服务定制化、技术从单一化向数字集成化和自动化发展。通过人工智能、大数据、云计算等创新技术的利用，经济领域的一系列活动通过数字的形式（采集、传输、存储、处理和反馈等）在计算机世界重建，打破了不同行业和不同层级之间数据相互独立的隔绝状态，从而提高了经济运行的整体效率。

（二）云计算

云计算是通过编程模型、虚拟化、数据储存和管理等技术实现的超级计算模式，它将计算分布在大量的分布式计算机上，所有信息和资源通过互联网集中于一个可配置的计算资源共享池中，统一管理和调用。同时云计算也是一种网络服务，用户可以根据自身的需求在远程获取共享的软硬件资源和信息。云计算就如同水电厂一般提供服务，用户不需要自己建造昂贵的设备，只需连上互联网并根据自身的需要付费就能获取到想要的资源（包括网络服务器、存储、应用软件等）。

云计算是一种基于互联网的信息处理方式，其关键技术主要有以下几个：

1. 编程模型

云计算涉及多用户、多任务以及大量的数据，编程模型要能让用户进行简单的编写程序实现其目的，并能高效处理系统可能的并发状况。当前最流行的是有谷歌开发的 MapReduce 的编程模型，是一种简化的分布式编程和高效的调度模型，将数据任务分割成子任务给大量的计算机进行并行处理，可以达到分布式运算的作用。

2. 数据存储技术

云计算由大量服务器组成，它采取分布式存储的方式存储数据，通过将数据储存在不同的物理设备中确保海量数据的高效处理。另外云计算系统也采用了冗余存储的方式，也就是多重备份来保证数据可靠性。目前云计算中广泛使用的是谷歌的 GFS（Google File System）和 Hadoop 团队开发的分布式文件系统（Hadoop Distributed File System，HDFS）。

3. 数据管理技术

数据管理技术是指能够对大量数据进行高效计算、分析和处理的能力。云计算的数据管理技术必须拥有在大量分布式数据中找到特定数据的能力，同时确保数据的安全性和提高数据的访问效率。目前业界比较流行的是谷歌提出的 BigTable 数据管理技术和 Hadoop 团队开发的开源数据管理模块 HBase（Hadoop Database）。

4. 虚拟化技术

虚拟化技术是一种资源管理技术，为云计算服务提供基础架构层面的支持。它是指计算元件在虚拟的软件上运行，而不是在真实的软件上。虚拟化技术通常运用在 CPU、操作系统、服务器等多方面，在云计算中其主要有两种模式的应用：一是将一台计算机虚拟成多台逻辑计算机，这些虚拟计算机有不同的操作系统，可以同时独立地进行工作而互不干扰，满足多个不同用户的需求；二是多个服务器可以虚拟组合成一个更强大的服务器满足用户的特定需求。虚拟化技术可以提高资源的利用率，是云计算的核心技术。

5. 云计算平台管理技术

一个云计算系统中有着大量的服务器（可能高达10万台），而服务器中又同时运行着不同的应用程序，如何高效管理这些服务器成为云计算中很关键的一个技术。云计算平台管理技术可以使不同服务器协同工作，同时满足不同部署模式和不同的场景需求，实现大规模的可靠运营。

（三）大数据

大数据作为数字经济时代最重要的生产要素之一，具有改变整个社会经济的生产方式和产业结构的潜力，对数字经济产业的发展起着重要的作用。大数据引起了广泛的关注，然而至今尚未有一个公认的定义，目前被大家认可的说法主要有以下几种：

维基百科（Wikipedia）认为“大数据是指传统数据处理应用软件不足以处理的大或复杂的数据集，大数据通常包含的数据大小超出传统软件在可接受的时间内处理的能力”。

IT研究与顾问公司高德纳（Gartner）认为大数据是“在单个或多个维度上超越传统信息技术的处理能力的极端信息管理和处理问题”。

美国国家科学基金会定义大数据为“通过科学仪器、传感设备、互联网交易、电子邮件、网络点击流等多种来源生成的大规模、多元化、复杂、长期的分布式数据集”。

目前通常认为大数据可以归纳为4V（Volume、Velocity、Variety、Value），实质上也就是大数据的四个特征：①数据量巨大（Volume），是指相对于现有的计算和存储能力而言，规模巨大；随着技术的发展，数据量将越来越大，且越来越复杂，对大数据处理的要求也会随之提高；②更新频率高（Velocity），是指数据增长和变化的速度快，大数据处理需要对海量数据进行快速处理并快速反馈给用户；③数据种类繁多（Variety），大数据的数据来源种类和格式多种多样，有文字信息、图片、视频以及地理位置等；④价值巨大且价值密度低（Value），网络上的数据大量且繁杂，存在着价值密度低的特性，即大数据需要从大量的数据中抓取出少量但有价值的信息。

大数据的发展离不开计算机技术的发展，具体来说，大数据涉及的技术如下：

1. 数据采集与治理

数据采集是获取数据的重要来源，也是大数据处理的前提。大数据的数据来源多种多样且数量庞大，包括文字、数据库、音频、图片、网页等各类结构化、半结构化和非结构化的数据种类。数据采集针对的就是要获取这些规模大、生成速度快的数据，同时要让这些数据能够协同工作，为大数据处理提供支撑。而数据治理是指数据整理过程的操作，包括数据集成、数据转换和数据清洗。

2. 数据管理

数据管理是指“对数据进行分类、编码、存储、索引和查询，负责数据从落地存储（写）到查询检索（读）”。从最早的运用文件去管理数据，到数据库的使用，再到如今云计算技术的发展，大数据时代多种新型的数据管理系统相应发展，如分布式文件系统、NoSQL（Not only Structured Query Language）数据库、SQLonHadoop 等。这些新技术旨在能够实现低成本、高效率的处理异构海量数据的要求。

3. 数据分析

数据分析是指从大量杂乱无章的数据中提取有用的信息，为人们进行科学的推断和决策提供基础。数据分析的方法包括统计数据分析（如数据的描述性分析和回归分析）、基于机器学习的数据分析（基于数据本身，自动地解决问题的规则和方法）、图的数据分析和自然语言的数据分析。

4. 数据可视化

数据可视化是指将数据处理转化为可交互的图形图像，是大数据处理结果的展示，便于用户对大量的数据进行简化和提炼，从而获取新的发现。数据可视化分为三个步骤：数据处理、视觉编码和可视化生产，在对数据进行处理之后，将数据映射到最终可视化结果上，这个结果可以是图或者是网页等。

5. 数据安全与隐私保护

由于大数据的应用场景在不断延伸，相比于传统的信息安全，数据服务提供商、云平台、虚拟化等新技术和角色的出现给信息安全带来了新的威胁和挑战。为防止关键信息的泄露以及信息数据的滥用，新的安全技术必须得以应用。目前为保障数据安全所采用的技术有以密码学为基础的防护技术，包括数据加密、完整性校验技术、数字签名、公钥基础设施、授权管理基础设施等。

6. 大数据处理平台

随着信息网络技术的发展，数据产生的速度越来越快、数量也越来越多，传统的处理方式已经无法高效地处理这些数据，大数据处理平台技术应运而生。大数据处理平台拥有数据采集与处理、数据管理、数据分析、数据可视化、数据安全与隐私保护的功能，为人们处理和分析数据提供平台和技术支撑。

（四）区块链

区块链技术被认为是继蒸汽机、电力、互联网之后又一个颠覆性的核心技术，其技术的发展极大地推动了数字经济的发展，它采用去中心化的方式去维护数据库的可靠性。目前对于区块链技术尚未有一个统一的定义。根据中本聪（Nakamoto）的叙述："首先时间戳服务通过对区块中数据项加上时间戳进行哈希，并把这一哈希值（类似于数据的身份证）广泛地传播出去，而要得到这个哈希值，就需证明在过去的某个时刻加上时间戳的数据必然存在。每个时间戳包含了先前的时间戳，这样就形成了一条链，并且后面的时间戳都对前一个时间戳进行了增强。"狭义来讲，区块链是一串按时间顺序排列的数据区块组成的链条，通过密码学加密的方式具有可不篡改和不可伪造的特性，同时也是去中心化的共享总账，能够安全储存有时间顺序的、能够验证的数据信息；广义来说，"区块链是利用加密链式区块结构来验证与存储数据、利用分布式节点共识算法来生成和更新数据、利用自动化脚本代码（智能合约）来编程和操作数据的一种全新的去中心化基础架构与分布式计算范式"。所谓去中心化，指的就是交易过程无需可信第三方的作用，区块链作为信任机器，可以减低交易对手风险，提高交易效率。例如人们进行转账的时候需要通过银行，银行作为彼此信任的中介机构，确保交易的顺利进行，而去中心化的就是无需中介银行，直接交易。

区块链能得到落地与快速发展，其基本技术的发展提供了坚实的基础，其中较为关键的基础技术有分布式账本、加密和授权技术、共识机制及智能合约。

1. 分布式账本

分布式账本是指数据库分布于网络的节点上，不需要像中心化的网络那样通过一个中心节点，区块链的每个节点都存储着完整的副本。当账本更新时，所有节点都单独执行新的交易，共识机制决定选择出一个节点的交易为正确副本，然后其他节点根据这个正确副本去进行更新。所有数据区块按照时间顺序连接组成逻辑上的链。

2. 加密和授权技术

区块链通过加密技术实现完整性、公开性、隐私保护、不可篡改、可校验等一系列特征，加密技术是通过算法和密钥对数据进行乱码传送，然后接收方再通过相同或不同的技术手段对数据进行还原解密。其中区块链的哈希值在保证数据安全性方面起着重要作用：除了交易信息，区块链中每个区块都记录着自身以及上一个区块的哈希值，这个哈希值就相当于一个钥匙，如果要篡改其中一个区块数据，那么连带着所有区块都要更改，而且修改还要得到共识算法的验证，这就使得篡改成本极高，从而保证了数据的不可篡改性和安全性。

3. 共识机制

在传统的软件结构中，中心服务器拥有话语权，其他的节点遵从中心服务器信息，而在分布式节点之中，共识机制是构建区块链各个节点之间相互信任的基础，它是一个规则，决定了哪个节点具有代表性，其他所有节点根据共识机制去确认各自的数据，确保了数据的一致性。

4. 智能合约

智能合约是一种计算机协议，区块链中的所有程序都根据事先设好的规则自动完成。根据学者尼克·萨博（Nick Szabo）对智能合约的定义，它是一套以数字形式定义的承诺，所有参与方根据这个承诺去执行协议，交易可以在没有第三方的情况下进行，且过程是可行、单向和不可逆的。

附录 D

新能源产业相关技术

能源是国民经济和社会发展的重要战略物资。相比传统能源，新能源是指更清洁、低碳、高效、安全的新型能源，主要包括氢能、太阳能、风能、新型核能等多种形式。新能源不仅有利于解决和补充世界化石能源供应不足的问题，也有利于改善当前世界能源结构、保护环境，是环境友好型社会的必然选择。新能源产业属于战略型新兴产业，其可持续发展潜力大、带动能力强、知识密集度以及产业关联高，对人类可持续发展具有重大意义。

本附录选取了氢燃料电池电堆技术作为新能源产业相关核心技术的重点，介绍了其定义、技术介绍、历史发展和未来趋势。同时，也简单介绍了其他新能源产业相关技术的定义，包括动力电池控制系统（BMS）技术、风电主控和变频技术、核电站控制系统、薄膜太阳能电池技术。

一、氢燃料电池电堆技术

氢燃料电池是将氢气的化学能直接转换成电能的发电装置，是利用氢能源最理想的方式之一。氢是最早被人类发现的元素之一，位于元素周期表之首，常温常压下为气态，无色、无味、易燃烧。而氢能，是指氢气含有的能量。氢能作为一种能源存储的形式，在能量转换时其产物是水，可实现真正零排放。近年来随着质子交换膜材料的技术突破，可实现达到零排放的高效氢燃料电池开始逐渐应用到燃料电池汽车中。

（一）定义

氢燃料电池电堆是使用氢元素制造成储存能量的电池及电池组，是把化学能直接转化为电能的电化学发电装置。氢燃料电池电堆技术应用广泛，目前应用在汽车、飞机以及航空航天等领域。与传统汽车相比，应用氢燃料电池车能量转化效率高达60%～80%，为内燃机的2～3倍。此外，氢燃料电池车工作的生成物是清洁的水，不产生一氧化碳、二氧化碳，也没有硫和微粒排出。

（二）技术介绍

氢燃料电池电堆技术的发电原理是基于电解水的逆反应，把氢和氧分别供给阳极和阴极，氢通过阳极向外扩散和电解质发生反应后，放出电子通过外部的负载到达阴极。传统的火力发电站，电能转化率低的同时还会排放大量有害物质。相比之下，氢燃料电池发电是将燃料的化学能直接转换为电能，过程中不需要进行燃烧，能量转换率高，而且污染少、噪声小，装置可大可小，非常灵活。而应用氢燃料电池电堆技术的汽车，除了具有能效高、无污染、噪声低等优点外，还具有使用寿命长、启动迅速、比功率大等优势，被认为是最佳的环保交通工具。

氢的化学特性活跃，它可同许多金属或合金化合。氢燃料电池的储电原理如下：某些金属或合金吸收氢之后，形成一种金属氢化物。这些金属氢化物的氢含量很高，甚至高于液氢的密度，并在一定温度条件下会分解，把所吸收的氢释放出来。以上的分解—释放过程让金属氢化物可作为一种良好的贮氢材料，在原理上相当于水电解的“逆”装置。

氢燃料电池动力汽车的重点就是氢燃料电池电堆技术的应用，其供氢系统主要包括氢气制备、氢气存储、供氢通道、燃料电池用气系统的安全控制以及氢气燃料排放。氢燃料电池动力汽车的简易工作原理如下：氢气送到燃料电池的阳极板（负极）后，其氢原子在催化剂（铂）的作用下被分离出氢离子和电子。氢离子穿过质子交换膜，将到达燃料电池阴极板；而电子不能通过质子交换膜，将经外电路到达燃料电池阴极板，从而在外电路中产生电流。电子到达阴极板后，与氧原子和氢离子重新结合为水。其中，供应给阴极板的氧可以从空气中获得，因此只要不断地给阳极板供应氢，则可以持续产生电能。氢燃料电池发出的电，经逆变器、控制器等装置，给电动机供电，再经传动系统、驱动桥等带动车轮转动，就可使车辆在路上行驶。

（三）未来趋势

氢燃料电池汽车作为环保低碳的交通工具，已经得到了全球的关注以及各国政府的重视。2017 年，日本政府发布“氢能源基本战略”，主要目标包括到 2030 年左右实现氢能源发电商用化，以削减碳排放并提高能源自给率。日本“氢能源基本战略”主要目标还包括，未来通过技术革新等手段将氢能源发电成本降低至与液化天然气发电成本相同的水平。为了推广氢能源发电，日本政府还将重点推进可大量生产、运输氢的全球性供应链建设。

美国能源部对外表示，与韩国汽车制造商现代、德国汽车制造商奔驰、日本汽车制造商日产和丰田达成了协议共同推出氢燃料电池动力汽车。在欧洲，荷兰、丹麦、瑞典、法国、英国与德国六国已经达成共同开发推广氢能源汽车的协议，各国将一同建设一个欧洲氢气设施网络，并协调能源传输。英国政府提出，将大力发展氢燃料电池汽车，其计划2030年之前英国氢燃料电池车保有量达到160万辆，并在2050年之前使其市场占有率达到30%～50%。

未来我国的氢燃料电池的发展将呈两大趋势：第一，氢燃料商用车将促进加氢站配套设施在数量上的增长，氢气与燃料电池成本将规模化降低；当加氢站数量增加、氢气和燃料电池成本降低时，又会支撑更多燃料电池汽车；第二，未来氢燃料电池汽车产业集群化程度将进一步深化，并促进全产业链发展，从而进一步降低成本。燃料电池关键零部件、电堆、系统、制氢储氢、检测及整车开发企业，以"产业集群"的形式，目前已在上海、广州、江苏等地快速发展。

（四）产业应用

目前氢燃料电池电堆技术主要应用在汽车、航空航天以及飞机、无人机等产业中。

1. 氢燃料电池汽车

氢燃料电池汽车是真正意义上的零排放、零污染的车，近年来各国都致力于开发并一步步推广氢燃料电池汽车。从长期来看，随着燃料电池电堆系统批量制造，实现关键零部件包括空压机、增湿器批量化生产，燃料电池系统成本可以大幅度下降，最终氢燃料电池汽车成本会降低到传统汽车水平。目前发展氢能源汽车仍面临着诸多问题，如氢能源存储难、加氢站建设难等。

2. 航空航天产业

曾经在航天飞机计划中运行的燃料电池不仅含有腐蚀性的、会渗出的氯化钾，并且还含有制造过程会引起健康问题的石棉。氢燃料电池不论在重量还是续航时间上，都远优于传统燃料电池。每公斤材料运往太空的价格约为150万美元，因此，将氢燃料电池应用在航空飞机上，将大大节省因燃料带来的运输成本。

3. 氢燃料电池飞机的试飞以及无人机的应用

2019年8月，俄罗斯开发的第一架环保且近乎无声的氢气燃料电池飞机在2019莫斯科航展上展出。氢燃料安装在一架俄罗斯Sigma-4飞机的机身内。该飞机翼展9.8m，长6.2m，起飞重量600kg，功率75kW，飞行距离为300km，是由切尔诺贝利化学物理研究所开发。2018 年 9 月，商用的氢燃料电池无人机实现充电时间不到 10min，却可以维持无人机连续飞行超过 2h。而普通的采用锂电池技术的无人机一般只能持续 10 ~ 30min 的短暂飞行时间。2019 年，新型无人机采用更加成熟和性能更加稳定的氢燃料电池作为续航，续航时间可达 273min，约 4h。

二、其他新能源产业相关技术简介

（一）动力电池控制系统技术

动力电池控制系统（Battery Management System，BMS）是一种监控并管理的电池管理技术。BMS 通过对电压、电流、温度以及电荷状态参数的采集和计算，控制电池的充放电过程，从而提升电池使用效率和可靠性，延长电池的使用寿命。BMS 是电池（主要是二次电池）与用户之间的纽带。BMS 可应用于各种电能源工具中，特别是电动汽车。BMS 是电动汽车的核心系统，能够对电动车电池组进行安全监控和有效管理。BMS 透过适当的控制策略，可实现整车最佳的能量流管理，进而延长车辆的行驶里程。未来随着充电装置的普及和环保需求的增长，BMS 将会得到进一步的应用。

BMS 主要由终端模块、中央处理模块和显示模块三大部分组成。BMS 用于监测并指示电池，电容状况（电压、温度、电流、剩余能量），在异常情况下向用户发出报警信号（声光），严重时根据制定的控制策略切断电力传送链路，以保护电池从而延长电池使用寿命。终端模块负责测量电池电压及温度、均衡电池能量，电流采样和荷电状态计算，产生各类报警数据，控制充放电电路；显示模块负责显示电池的数据，给出声光报警，记录数据等。当系统电池总数较少时，中央处理模块可以和终端模块合并组成集成 BMS 以节省成本。在上述硬件和结构基础上，通过软件算法，BMS 实现对智能锂电池的状态进行实时监测。以下是目前 BMS 主要实现的三大功能：

1. 实现动态监测

在电池充放电过程中，BMS 实时采集电动汽车蓄电池组中的每块电池的端电压和温度、充放电电流及电池总电压，防止电池发生过充电或过放电现象。BMS 能及时提供电池状况，发现存在问题的电池，以保持整组电池运行的可靠性和高效性。BMS 的动态监测功能采集的信息可用于剩余电量估计模型实现预测功能。此外，BMS 的动态监测功能采集的数据可用于建立每块电池的使用历史档案，为进一步优化和开发新型充电器、电动机等提供数据，或进行脱机分析系统故障提供依据。

2. 准确估测荷电状态

BMS可准确估测动力电池组的荷电状态，即电池剩余电量，以保证电池组荷电处于合理范围内，预报混合动力汽车储能电池剩余能量或者储能电池荷电状态，以防止由于过充电或过放电对电池造成损伤。

3. 实现电池间的均衡

BMS可实现电池组中各个单体电池都达到均衡一致的充电状态。单体电池是动力电池组中的基本单元。由于生产制造和使用过程的差异性，造成了单体电池存在不一致性。单体电池的不一致性主要表现在单体容量、内阻、自放电率、充放电效率等方面。单体电池的不一致性传导至动力电池组，会给动力电池组容量造成损失，降低动力电池组的使用寿命。BMS的均衡功能可以保证每个单体电池在正常使用时保持相同状态，避免动力电池组中的部分电池过充或过放的情况发生。

（二）风电主控和变频技术

风电主控和变频技术是风力发电中承担着风机监控、自动调节、实现最大风能捕获以及保证良好的电网兼容性等重要任务的技术。风电主控和变频技术主要由监控系统、主控系统、变桨控制系统以及变频系统（变频器）几部分组成。风机主控系统的产品质量和性能优劣直接影响风电机组的发电效率和使用寿命。风力发电机组的主控系统是风电机组的核心控制单元，协调控制变流系统和变桨系统，通过转矩控制、桨距控制来实现风电机组最大功率跟踪和恒功率运行，也用于执行风电机组的故障检测与安全保护。

1. 监控系统

监控系统实现对全风场风机状况的监视与启、停操作，它包括大型监控软件及完善的通信网络。

2. 主控系统

主控系统是风机控制系统的主体，它实现自动启动、自动调向、自动调速、自动并网、自动解列、故障自动停机、自动电缆解绕及自动记录与监控等重要控制、保护功能。它对外的三个主要接口系统就是监控系统、变桨控制系统以及变频系统（变频器），它与监控系统接口完成风机实时数据及统计数据的交换，与变桨控制系统接口完成对叶片的控制，实现最大风能捕获以及恒速运行，与变频系统（变频器）接口实现对有功功率以及无功功率的自动调节。

3. 变桨控制系统

变桨控制系统与主控系统配合，通过对叶片节距角的控制，实现最大风能捕获以及恒速运行，提高了风力发电机组的运行灵活性。目前来看，变桨控制系统的叶片驱动有液压驱动和电机驱动两种方式。电机驱动方式中，又有采用交流电机和直流电机两种不同方案。究竟采用何种方式，主要取决于制造厂家多年来形成的技术路线及传统。

4. 变频系统（变频器）

变频系统（变频器）与主控制系统接口，和发电机、电网连接，直接承担着保证供电品质、提高功率因素，满足电网兼容性标准等重要作用。由于风力发电具有不稳定性和不连续性的特点，在汇入电网时会对电网频率、电压产生较大的冲击，因此需要变频系统进行稳定处理。

从具体功能来看，主控系统及变频系统通常具有以下几种功能：

（1）数据采集与处理功能。数据采集与处理功能提供参与控制和故障检测的相关数据信息采集及处理。数据监视功能采集和生成风速、风向、转速、当前状态、电网参数、发电机参数等数据信息，供主控人机界面或中央监控系统能显示、浏览。

（2）故障检测功能。机组被控对象分单元检测，形成若干能反映本单元状态的状态码，当其中任何一个状态码激活时，主控系统应根据状态码的属性，准确做出相应警告或停机操作。

（3）启动停机功能。一般分为具有手动启动和自动启动功能，可通过主控人机界面或远程监控系统切换，停机系统要求采用多级停机控制流程，风力发电机组状态码激活时，根据状态码对应的停机程序等级，执行相应的停机流程，一般有正常停机、快速停机、紧急停机、安全链停机等。

除此之外，主控系统还具有看门狗功能，以及数据监视、故障检测、启动停机、最大功率跟踪、最大功率跟踪、恒功率运行、偏航解缆、维护模式、安全链系统、低电压穿越、有功功率及无功功率调节、备用电源、智能温度调节、自动液压控制、故障记录、事故追忆、人机交互、通信等功能。

从我国目前的情况来看，风机控制系统的上述各个组成部分的自主配套规模还相当不如人意，到目前为止对国外品牌的依赖仍然较大，仍是风电设备制造业中最薄弱的环节。

（三）核电站控制系统技术

核电站控制系统，又称核电站仪表和控制系统，简称核电站仪控系统，是指对核电厂进行监测、显示、控制和保护的控制系统，是核电厂安全可靠运行的重要组成部分。核电站技术虽然给世界经济和民生带来巨大的价值，但是天灾或人为导致的核泄漏事件引起的巨大环境及生态问题，也让核电站的安全运作成为此项能源技术能否带来可持续性的经济效益的关键。

目前核电站控制系统主要采用第三代核电技术。国内外的核电站控制系统可基本分为三类：①以常规模拟控制组合单元仪表为主；②模拟控制和数字控制混合运用；③一体化数字式控制系统。其中，一体化数字式核电站控制系统主要包括数字化反应堆保护系统、核电厂控制系统、运行和控制中心系统等。

1. 数字化反应堆保护系统

数字化反应堆保护系统是核电站重要的安全系统，其主要功能是监测、接收、处理反应堆现场的工作状况信号及参数。当出现参数超过安全阈值时或信号异常时，数字化反应堆保护系统将自动触发紧急停堆或启动专设安全设施，终止核反应，从而保障反应堆的稳定和可靠运行。

2. 核电厂控制系统

核电厂控制系统的主要功能是在电厂正常运行工况下执行自动控制和监督任务。核电厂控制系统是核电机组的中枢神经系统，在稳态工况下维持机组运行在核电厂设计最佳状态，提高机组的经济性和稳定性；在瞬态工况下保持电厂主要参数在所允许的范围内，避免保护系统的动作，削弱瞬态工况对机组运行和设备的影响，提高机组的安全性。

3. 运行和控制中心系统

运行和控制中心系统包括操作和控制核电厂的所有设施，如主控制室、远距离停堆室、运行支持中心、技术支持中心、就地控制站和应急指挥中心等。为了保证安全功能的分配，在设计反应堆运行和控制系统时需要充分考虑人和机器的特性以及局限性，对核电厂进行安全功能要求分析和功能分配，并进行评估，使得人机接口的设计能够完全支持核电厂任务的执行。在设计过程中要使人因工程系统性的结合到控制室和人机接口的设计中，确保操作人员能够安全有效地对核电厂进行管理和控制。

（四）薄膜太阳能电池技术

薄膜太阳能电池技术就是将一层薄膜制备成太阳能电池，其用硅量极少，具有弱光发电、安装简易、价格低等优势，有较高转化效率，未来有可能替代传统的太阳能电池板。薄膜太阳能电池是一种新型的非晶硅太阳能电池，是一种缓解能源危机的新型光伏原件，可作为新型建筑材料，与建筑完美结合。在国际市场硅原材料持续紧张的背景下，薄膜太阳电池已成为国际光伏市场发展的新趋势和新热点。

薄膜太阳能电池已能实现大面积和大批量连续生产，选择最佳的制作工艺对获得高质量薄膜和高效太阳能电池十分关键。薄膜太阳能电池的制作工艺包括化学溶液工艺、喷墨印刷、丝网印刷、旋转涂布、喷射沉积、真空热蒸发、反应溅射、溅射、脉冲激光沉积有电沉积技术。

弱光发电技术的突破，也是薄膜太阳能技术的关键。传统的晶硅太阳能电池需要在有太阳光、光照条件好的情况下发电效果才理想。而薄膜太阳能电池，不仅是在有太阳光照射的时候能发电，就是在弱光的情况下也能发电，能够很好地解决阴雨天供电问题。此外，薄膜太阳能电池具有很高的柔性：除了可制作成平面外，还具有可挠性，电池膜的厚度很薄，不足 1μm，制作成成品电池板的厚度也不到 20mm，所以很方便安装在建筑物（或构筑物）的墙上，不管是平的墙面或者是弧形墙面（直径不小于 600mm）都可以安装。例如现有的成品长 1 710mm，宽 999mm，功率 230W，不但可以安装在平面上，也可以安装在弧形面上，可以与建（构）筑物相结合，或者是成为建（构）筑物的一部分。

附录 E

新材料产业相关技术

新材料是指新出现的具有优异性能或特殊功能的材料，或是传统材料改进后性能明显提高或产生新功能的材料。新材料的发现、发明和应用推广与技术革命和产业变革密不可分。加快发展新材料，对推动技术创新，支撑产业升级，建设制造强国具有重要战略意义。本附录选取了光刻胶技术作为新材料产业相关核心技术的重点，介绍了其定义、技术介绍、历史发展和未来趋势。同时，也简单介绍了其他新材料产业相关技术的定义，包括 OLED 发光材料技术、溅射靶材技术、材料技术量子点发光材料和新型封装材料。

一、光刻胶技术

光刻胶是一种用于光刻技术的感光材料，主要成分有高分子树脂、色浆、单体、感光引发剂、溶剂以及添加剂。光刻胶技术是半导体加工行业的核心工艺，对芯片的大小起决定性作用。同时，光刻胶技术对于液晶显示器制造等有重要影响。光刻胶在微电子工业中是微细图形加工的关键。近年来大规模和超大规模集成电路的发展，光刻胶是其中不可忽视的重要环节。

（一）定义

光刻胶，又称光致抗蚀剂，是用于光刻技术的一类感光材料，由感光树脂、增感剂和溶剂等成分组成。

光刻是半导体工业中集成电路、印刷电路、生物芯片等制造过程中的关键工艺。光刻加工使用照相复印的方法将光刻掩模上的图形印刷在涂有光致抗蚀剂的薄膜或基材表面，然后进行选择性腐蚀，刻蚀出规定的图形。集成电路制造是把一个电路中所需的晶体管、电阻、电容和电感等元件及布线等各种器件集中在一个极小的面积上。为了实现将大量器件集中到一个小的芯片上的目的，可以用光来“雕刻”出所需要的图形，这就是光刻技术的意义。而光刻胶则是光刻技术中最重要的材料之一。

光刻胶品类繁多，依据不同的方式可以分为许多种。根据化学反应和显影原理可被分为正型光刻胶和负型光刻胶：曝光后再进行溶解的称为正型光刻胶，相反的称之为负型光刻胶。而根据光刻胶的化学结构又可以将光刻胶分为光聚合型、光分解型和光交联型。根据曝光的光源和辐射源不同，光刻胶也可以被分为紫外光刻胶、深紫外光刻胶、电子束光刻胶、X 射线光刻胶、离子束光刻胶等。

（二）技术介绍

光刻胶由感光化合物、基体材料和溶剂组成，感光化合物中通常还包含增感剂。基体材料（约 20%）使用热塑性酚醛树脂，它是控制抗蚀剂的热特性的合成树脂。感光化合物（约 10%）定义了抗蚀剂的光敏性。感光化合物是由分子组成的，如果它暴露在高能辐射下，这些分子会影响抗蚀剂的溶解度。因此，光刻必须发生在环境光具有低能量的地区。溶剂（约 70%）决定了光刻胶的黏度。

光刻胶在紫外线、离子束、电子束、X 射线等的辐射之下，在短时间内就会发生光化学反应，使其溶解性、熔融性或亲和性发生显著变化。只要对辐射的区域进行控制，就可以获得所需形状的保护层。再利用溶剂溶去可溶解部分，通常称之为显影，即可得到所需图形。

光刻胶成像制版过程：首先要在基材上涂上一层感光有机材料。然后在表面放上一个阴图底板掩膜来阻挡光线，这样一来，只有材料所需的图案才会暴露在光线下。最后，一种叫作显影剂的溶剂被涂在表面。在阳性光刻胶的情况下，感光材料会被光降解，显影剂会将暴露在光下的区域溶解掉，留下一层涂层在阴图底板所镂刻图案的放置。在负性光刻胶的情况下，光敏材料通过光增强，显影剂只会溶解没有暴露在光下的区域，在所需图案的区域留下涂层。

通常对于光刻胶的一般要求有：①必须能方便地涂敷以形成连续均匀的薄膜，尽量避免针孔及其他堆积物产生；②对所需光刻的表面必须有良好的黏附能力；③具有足够的感光度，即能达到合适的感光速度；④有良好的分辨率，即所得到图形的线宽和线间距离能满足高精密度的要求；⑤对所用的腐蚀液有良好的抗蚀性；⑥腐蚀后要易于除去胶膜；⑦暗反应小，储存稳定性高。

（三）未来趋势

根据我国电子工业发展战略，到 21 世纪电子工业将成为我国的支柱产业之一，并且近几年随着微流控行业的日益成熟，光刻胶及其配套试剂在我国市场上呈快速增长的态势，是极具生命力的产品，具有良好的市场前景。

目前来看，随着高集成度、超高速、超高频集成电路及元器件的开发，集成电路与集成元器件的特征趋势，其加工尺寸将更加精细化。光刻胶的研究会进一步向电子束光刻胶、X 射线光刻胶、离子束光刻胶等更短曝光波长的方向深入。随着曝光波长变化，光刻胶的组成与结构也不断地变化，使光刻胶的综合性能可以满足精细集成工艺制程的要求。例如，电子束光刻分辨力非常高，能达到 10nm，可以满足高精度的生产需求。在实际的集成电路生产中，尤其是超大规模的集成电路，能通过结合光学投影光刻与电子束光刻，精度要求比较高的部分用电子束曝光来制作，精度要求稍低的部分用光学投影来制作，以兼顾到经济与高效。

但与此同时，光刻胶对环境影响较大，光刻胶产业带来的大量环境污染显然不符合社会对工业生产的需求。因此，如何减小光刻胶的污染问题也是亟待解决的一个研究课题。目前，各企业主要是通过对去除光刻胶的工艺进行不断探究，以减小生产过程中带来的污染问题。

在商业化上，企业的研究方向则是进一步降低高端光刻胶的生产成本，实现高端光刻胶的量化生产。例如，掩模成本随器件特征尺寸的不断减小而迅速上升，为此，人们开始对无掩模光刻技术研究投入巨大的热情。无掩模光刻技术有基于光学的，也有基于带电粒子的。其中基于带电粒子的可以采用原子光刻、离子束光刻、电子束光刻等，离实用化还有很长的距离。

（四）产业应用

1. 印制电路板

光刻胶被广泛应用于印制电路板工业中，光刻胶的使用所产生的图案通过蚀刻化学品的使用来布置印制电路板的线路连接或痕迹。使用的光刻胶类型主要有湿膜光刻胶、干膜光刻胶、阻焊油墨光刻胶等。

2. 液晶显示器（LCD）

在液晶显示器的制造中，图形加工所用的光刻胶多为紫外正型光刻胶，对基板黏附性好，有较高的曝光宽容度和显影宽容度，显影后留膜率高，可以用来得到不同显示图形的液晶显示器。

3. 有机发光二极管（OLED）

光刻胶在有机发光二极管领域的应用原理与在液晶显示器领域的应用相似，主要用来制备不同形状的 OLED 阵列。由于在显示大幅面细腻的彩色图像时，需要具备高达数十万的像素，因而要求 OLED 的加工过程必须运用光刻技术来完成液晶滤色器、像素、电极、障壁、荧光粉点阵等具有高、精、细线条的图形制作。

4. 半导体制造

光刻胶的另一个重要应用是半导体工业，光刻胶是半导体工艺中最核心的材料，直接决定芯片制程。在大规模集成电路的制造过程中，光刻和刻蚀技术是精细线路图形加工中最重要的工艺，决定着芯片的最小特征尺寸。

5. 其他用途

光刻胶还被发现用于生物医学工程、全息术和微机械加工。这些应用主要依赖于光刻胶精细化的加工特点。

二、其他新材料产业相关技术简介

（一）OLED 发光材料技术

有机发光二极管（Organic LED，OLED），是一种电致发光显示面板技术。电致发光是通过加在两电极的电压产生电场，被电场激发的电子碰击发光中心，而引致电子能级的跃迁，变化，复合导致发光的一种物理现象。有机发光二极管是对普通发光二极管（LED）技术和液晶显示（LCD）技术的进一步发展。

OLED 是空穴和电子双注入型发光器件，能将电能直接转化成有机半导体材料分子的光能。相比于传统的阴极射线显像管、LCD、等离子显示器等器件，OLED 显示器既兼顾了已有显示器的优点，又有自己独特的优势。OLED 显示亮度高、对比度高、清晰度高、视角宽、色域宽，能够实现更高品质的图像呈现。与此同时，OLED 超薄超轻、低功耗、低驱动电压、宽温度的特性又能满足设备便携以及适应户外极端环境的需求。此外，OLED 还独具自发光、柔性、发光效率高、响应时间短、透明等特点，为特殊情景下的显示需求提供了更多可能。信息科学与技术的高速发展，使得人们对信息显示器件的要求越来越高，被誉为第三代显示技术的 OLED 材料则契合了这一发展方向。

OLED 的原理是用氧化铟锡（ITO）导电玻璃透明电极和金属电极分别作为器件的阳极和阴极，在一定电压驱动下，电子和空穴分别从阴极和阳极注入电子和空穴传输层，然后分别迁移到发光层，相遇形成激子使发光分子激发，后者经过辐射后发出可见光。辐射光可从 ITO 一侧观察到，金属电极膜同时也起了反射层的作用。

OLED 由基层、阳极、有机层、导电层、发射层、阴极构成。OLED 的发光过程及原理是 OLED 设备的电池或电源在 OLED 两端施加一个电压。然后，电流从阴极流向阳极，并经过有机层。接着，阴极向有机分子发射层输出电子。之后，阳极吸收从有机分子导电层传来的电子。在发射层和导电层的交界处，电子会与空穴结合。电子遇到空穴时，会填充空穴，这一过程发生时，电子会以光子的形式释放能量。最后，OLED 发光。在这个过程中，光的颜色取决于发射层有机物分子的类型。生产商会在同一片 OLED 上放置几种有机薄膜，这样就能构成彩色显示器。光的亮度或强度取决于施加电流的大小，电流越大，光的亮度就越高。

OLED 技术可以分为小分子和高分子两种主要类型，其结构也并不相同。但是，无论是小分子 OLED，还是高分子 OLED 在薄而透明的具有导电性能的 ITO 膜阴极与金属阳极之间都有一个有机发光材料层——这是一种类似于汉堡包的夹心蛋糕式的结构。这个结构层中包括空穴传输层、发光层与电子传输层。

其中，阴阳两极构成的结构是一个标准的晶体二极管的结构，具有单向导电性，适度电压下的电流驱动。OLED 发光本质是电流驱动的。当电力供应至适当电压时，正极空穴与阴极电荷就会在发光层中结合，产生光亮，依其发光层配方不同产生红、绿和蓝三原色，构成基本色彩。

（二）溅射靶材技术

溅射靶材是通过溅射制备薄膜材料的原材料。离子源产生的离子，在真空中经过加速聚集，而形成高速度能的离子束流，轰击靶材表面，离子和靶材表面原子发生动能交换，使靶材表面的原子离开靶材并沉积在基底表面，从而获得所需的薄膜材料。各种类型的薄膜材料无论在半导体集成电路、太阳能光伏、记录介质、平面显示以及工件表面涂层等方面都得到了广泛应用。

溅射靶材根据化学组成不同可分为氧化物、硅化物、碳化物等陶瓷靶材；按应用领域又可分为磁记录靶材、薄膜电阻靶材、表面改性靶材、电极靶材等。

磁控溅射靶材的制备技术方法按生产工艺可分为熔融铸造法和粉末冶金法两大类，在靶材制备过程中，除严格控制材料纯度、致密度、晶粒度以及结晶取向之外，对热处理工艺条件、后续成型加工过程也需加以严格控制，以保证靶材的质量。

1. 熔融铸造法

熔融铸造法是制备磁控溅射靶材的基本方法之一。与粉末冶金法相比，熔融铸造法生产的靶材产品杂质含量低，致密度高。在生产过程中，为保证铸锭中杂质元素含量尽可能低，通常其冶炼和浇注在真空或保护性气氛下进行。但在实际铸造过程中，因为材料组织内部难免存在一定的孔隙率，这些孔隙会导致溅射过程中的微粒飞溅，从而影响溅射薄膜的质量，因此，需要后续热加工和热处理工艺降低其孔隙率。

2. 粉末冶金法

熔融铸造法无法实现难熔金属溅射靶材的制备，对于熔点和密度相差较大的两种或两种以上的金属，采用普通的熔融铸造法，一般也难以获得成分均匀的合金靶材，对于无机非金属靶材、复合靶材，熔融铸造法更是无能为力，而粉末冶金法是解决制备上述靶材制备技术难题的最佳途径。同时，粉末冶金工艺还具有容易获得均匀细晶结构、节约原材料、生产效率高等优点，目前已成为磁控溅射靶材的主要制备方法和研究热点。运用粉末冶金法制备靶材的关键在于：一是选择高纯、超细粉末作为原料；二是选择能实现快速致密化的成形烧结技术，以保证靶材的低孔隙率，并控制晶粒度；三是在制备过程中严格控制杂质元素的引入。

（三）材料技术量子点发光材料

量子点是由有限数目的原子组成，三个维度尺寸均在纳米数量级。量子点一般为球形或类球形，是由半导体材料制成的、稳定直径在 2 ~ 20 nm 的纳米粒子。量子点是在纳米尺度上的原子和分子的集合体，既可由一种半导体材料组成，也可以由两种或两种以上的半导体材料组成。

作为一种新颖的半导体纳米材料，量子点具有许多独特的纳米性质。量子点被光照射后会发出一种特定的颜色，它们发光的颜色取决于纳米颗粒的大小。控制了量子点的大小，就改变了它的能量结构，甚至是化学性质。因此，量子点材料的性能非常好控制。对量子点材料的性能进行改变，可以适应多种产业应用的需求，比如生物荧光标记、太阳能电池、LED、激光器和光纤放大器等。

量子点具有独特的电子性质，介于体半导体和离散分子之间，量子点的发光原理与常规半导体发光原理相近，均是材料中载流子在接受外来能量后，达到激发态，在载流子回复至基态的过程中，会释放能量，这种能量通常以光的形式发射出去。

由于其体积小，量子点中的电子是局限在一个小空间，当半导体纳米晶体的半径小于激子波尔半径，根据泡利不相容原理存在能级的量子化，因此量子点被称为“人造原子”。一般来说，随着晶体尺寸的减小，最高价带和最低导带之间的能量差增大，需要更多的能量来激发。与此同时，当晶体回到基态时释放出更多的能量，导致发出的光从红色变成蓝色。因此，量子点只要改变点的大小，就可以从相同的材料中发出任何颜色的光。此外，由于对纳米晶体尺寸的高度控制，量子点在制造过程中可以被调谐以发出任何颜色的光。

量子点可以根据其组成和结构分为不同的类型。

1. 核型量子点

量子点可以是内部组成均匀的单组分材料，如金属镉、铅或锌的硫族化合物。核型纳米晶体的光致发光和电致发光性能可以通过简单改变晶体尺寸来进行微调。

2. 核壳量子点

量子点的发光特性来自于电子—空穴对（激子衰变）通过辐射途径的重新组合。然而，激子衰变也可以通过非辐射方式发生，从而降低荧光量子产率。提高半导体纳米晶体效率和亮度的方法之一是在其周围生长另一种高禁带半导体材料的外壳。这些由一种材料的小区域嵌入另一种材料的更宽带隙的量子点被称为核壳量子点或核壳半导体纳米晶体。在量子点上涂上壳层可以通过钝化非辐射复合位点来提高量子产率，并使它们更适应各种应用的加工条件。该方法已被广泛研究作为调整量子点的光物理性质的方法。

3. 合金量子点

通过改变晶体大小来调整光学和电子特性的能力已经成为量子点的一个标志。然而，通过改变晶体尺寸来调整其性能在许多有尺寸限制的应用中可能会导致问题出现。多组分量子点提供了另一种在不改变微晶尺寸的情况下调节性能的方法。具有均匀和梯度内部结构的合金半导体量子点，仅通过改变成分和内部结构而不改变晶体大小，就可以调整光学和电子性能。

（四）封装材料

封装材料是指用于将数十万乃至数百万个半导体元器件组装成一个紧凑的封装体，由外界提供电源并与外界进行信息交流的材料，封装材料主要包括基板、布线、框架、层间介质和密封材料。封装材料的基本功能包括电源供给、散热、芯片保护和机械支撑。最早用于封装的材料是陶瓷和金属，随着电路密度和功能的不断提高，对封装技术提出了更多更高的要求，同时也促进了封装材料的发展。

封装技术经过了四代技术的革新，从通孔器件到表面贴装技术再到球栅阵列封装，以及现代的三维电子封装技术和低温焊接技术，封装逐步从传统的面向器件转为面向系统，最终面向用户。封装的功能也将在此基础上被极大地扩展开来。封装技术与微电子技术相互影响，共同发展，使得封装技术成为一门多种学科交叉的热门科技。

1. 表面贴装技术

表面贴装封装的主要特点是引线代替针脚，引线为翼形或丁形，两边或四边引出，节距为1.27～0.4mm，适合于3～300条引线。主要形式为小外形封装、塑料有引线片式载体、塑料四边引线扁平封装、引线陶瓷芯片载体等。它们的主要优点有：引线细、短，间距小，封装密度提高；电气性能提高；体积小，重量轻；易于自动化生产。它所存在的问题是：在封装密度、输入/输出（I/O）数以及电路频率方面还是难以满足集成电路、微处理器发展的需要。

2. 球栅阵列封装和芯片尺寸封装技术

球栅阵列封装，是在封装体基板的底部制作阵列焊球并作为电路的I/O端与印制电路板互连的技术。球栅阵列封装自感或互感效应小，信号传输延迟小，工艺技术操作起来方便快捷，产品制作成功率高。不过球栅阵列封装仍存在一些问题：球栅阵列封装器件和电路板间材料热膨胀系数较难匹配；焊点目测较困难，需用X射线探测；用于小体积集成电路时，成本竞争还不够高。

3. 多芯片组件封装技术

多芯片组件封装，是将两个或以上的大规模集成电路的裸芯片共同封装于同一个外壳内。按基板进行分类有厚膜多芯片组件封装、薄膜多芯片组件封装、陶瓷多芯片组件封装和混合多芯片组件封装。该技术实现了封装的高密度化、小型化和轻量化，可靠性也得到提高。但缺点是多芯片组件封装成本较高，并且由于高集成度而使器件热量集中无法快速扩散，成为阻碍电子技术快速发展的一个主要因素。

4. 三维电子封装技术

三维电子封装是指在不增加封装组件体积的情况下，在竖直层面上叠加两个以上的芯片。近年来，叠层芯片封装逐渐成为封装技术的发展主流。与常规封装技术相比，三维封装尺寸和重量进一步减小，信号传递延迟现象有所改观，并最终达到了高速、高效和高可靠性的工作状态。

5. 低温焊接技术

近年来虽然一直在尽力推广应用无铅焊料，但是由于大部分无铅焊料的熔点都较高，导致无铅焊料在使用时需要消耗更多的能源。另外，废旧产品处理的难度大、成本高也是必须面对的现实。因此，使用低熔点的无铅焊料，实现无铅焊料的低温焊接就显得尤为重要。使用低温焊接技术，可以大大降低连接时的热应力，降低成本，产品废弃后的处理也较容易，有实现循环利用的可能。

附录 F

高端装备制造产业相关技术

高端装备制造业又称先进装备制造业，是指生产制造高技术、高附加值的先进工业设施设备的行业。高端装备主要包括传统产业转型升级和战略性新兴产业发展所需的高技术、高附加值装备。2016 年 11 月，国务院印发《“十三五”国家战略性新兴产业发展规划》，并指出未来五年中国将重点发展八大行业，包括航空航天装备、海洋工程装备及高技术船舶、先进轨道交通装备、高档数控机床、机器人装备、现代农机装备、高性能医疗机械和先进化工成套装备。本附录选取了精密加工技术作为高端装备制造产业相关核心技术的重点，介绍了其定义、技术介绍、历史发展和未来趋势。同时，也简单介绍了其他高端装备制造产业相关技术的定义，包括虚拟仿真设计技术、控制算法技术、精密装配技术、高强度耐磨材料技术、表面热处理技术。

一、精密加工技术

精密和超精密加工技术是机械制造业的重要组成部分之一，它不仅直接影响尖端技术和国防工业的发展，而且还影响机械产品的精度和表面质量，它已成为在国际竞争中取得成功的关键技术之一。随着我国机械制造业的发展，机械产品要求的精度不断提高。另外，人工智能、激光技术等的发展，也为精密和超精密加工技术提供了新的发展契机。

（一）定义

精密加工技术是指加工精度在 0.1 ~ 1μm，加工表面粗糙度值在 0.02 ~ 0.1μm 的加工技术；超精密加工技术是指加工精度高于 0.1μm，加工表面粗糙度值小于 0.01μm 的加工技术。这两种技术都能够对光学、机械、电子等元件进行加工，以提高其精度，降低其表面粗糙度值。

（二）技术介绍

机械加工按照加工精度划分，可以分为一般加工、精密加工、超精密加工。精密加工技术和超精密加工技术都属于先进制造技术的范畴，包括精密加工、超精密加工、微细加工以及纳米加工，它们和制造自动化一起构成了先进制造技术的两大支柱，两者相辅相成，具有密切的关系。

从具体技术来看，精密加工和超精密加工包括微细加工、超微细加工、光整加工、精整加工等加工技术。（超）微细加工是指根据集成电路的要求，制造（超）微小零部件的技术。光整加工是指降低零部件表面的粗糙程度，提高表面平滑性的加工技术。光整加工的方法包括（超）精密研磨等，可以使用在大规模集成电路基片和高精度硬磁盘的加工等。精整加工是相对光整加工而言的，是指在光整加工关注零部件表面性质的基础之上，继续提高加工精度的加工技术。

总体来看，精密/超精密加工技术是一门综合了材料、机械等多学科的集成技术，它和计算机技术、数控技术等构成了一个系统工程，包括人、机器、技术等诸多因素，加工的机理、材料和设备以及人的工艺水平等都影响加工的结果，因此需要各个组成部分的协调，以达到工业制造的要求。目前，精密/超精密加工技术已经被广泛应用在机械制造领域。

（三）未来趋势

随着科学技术的不断发展和进步，精密加工技术的未来发展趋势主要体现在以下五个方面：

1. 精密化

所谓精密加工，其核心主要是对精度的要求，因此提高精密加工的精度是永恒不变的主题。早在21世纪初期，超精密加工的最高精度就已经达到了纳米级别。随着加工技术的不断进步，提高对其精度的要求，争取在目前的技术指标上进行突破，超越纳米甚至是亚纳米级别的界限是未来的发展方向之一。

2. 智能化

通过将人工智能技术与机械制造技术相结合，用计算机模拟人类大脑的活动，自动监测和控制机械制造的整个过程，在受到外界干扰的时候，能够及时、准确地调整参数，从而使整个制造系统达到一种自组织、自适应的状态。智能制造技术的应用将大大提高机械制造的精度和效率，减轻了人力，但同时对操作人员的素质提出了更高的要求。

3. 自动化

随着工业4.0时代的到来，产业界对机械零部件的需求越来越高，对产品质量和生产效率的要求也随之提高，自动化技术可以在一定程度上代替人的工作，在提高生产效率的同时降低生产的成本，提高经济效益。

4. 集成化

精密加工和超精密加工是一个完整的系统工程，包括诸多单元，各个单元相互联系，相辅相成。借助计算机、信息管理等现代技术，对所有单元进行整合优化，实现统一规划设计，将成为后续的发展和改进方向。

5. 绿色化

机械制造在产品制造阶段不可避免产生废料，并且在产品的包装、运输等过程中也可能产生一定的有害物质，如何将机械制造对环境的危害降到最低，处理和利用废弃物以达到资源的最大利用率，创造出最大的经济价值和社会价值，是精密加工技术未来研究和发展的方向之一。

（四）产业应用

高端装备制造产业的精密加工技术在制造产业应用主要体现在以下几个方面：

1. 精密激光加工技术

精密激光加工技术属于一项结合了光学、材料学、机械、电子自动化等学科的高精尖技术，是指利用高强度的激光束实现对机械零部件的热加工，可以加工包括钢材、玻璃、陶瓷等多种材料。使用该技术可以进行激光精密切割、激光精密打孔、激光精密焊接，用于各种材料的制作、电子元器件的连接等，还可以对材料进行打孔、打标等。

2. 精密研磨技术

轴承的制造是我国制造业一项非常重要的内容，而圆柱滚子是轴承一个必不可少的元件。圆柱滚子外圆的精磨和精研是其整个制造流程必要的一环。首先，通过精密研磨技术的使用，可以提高圆柱滚子的加工精度，制造出来的圆柱滚子可以应用在高速机床主轴、航空发动机等诸多领域。其次，精密球也是轴承、导轨的重要部件，精密研磨技术统一被用于精密球表面的研磨，解决了其使用的原材料陶瓷球存在的加工效率低等问题。

3. 精密磨削技术

精密磨削技术主要用于改善制造零部件表面的粗糙度，提高其平滑性。该技术不仅被大量使用在非球面光学零件（例如抛物面镜、双曲面镜等）的制造中，也在军用和民用光电设备制造中广泛使用，如制作摄像机的镜头、医疗仪器等。例如，英国克兰菲尔德大学精密工程研究所研制的超精密金刚石镜面切削机床可以加工最大直径为 1 400mm、最大长度为 600mm 的圆锥镜以用于天体望远镜。

二、其他高端装备制造产业相关技术简介

（一）虚拟仿真设计技术

仿真技术是指在分析一个真实世界的系统相关要素特征及其相互关系基础之上，借助计算机技术和设备以及数学模型和方法构建一个抽象的系统，来对真实世界的系统进行模拟，分析系统在参数和内外部环境条件改变的时候所发生的行为和状态的改变，从而发现系统的运行规律，了解系统的相关性质。

虚拟现实（VR）是一种新型的人机交互系统，它是指利用计算机硬件设备和软件技术在虚拟环境中构建一个模拟的真实世界，使用者借助相关设备感觉身临其境，可以观察该空间内的任何事物，并与其交互，而且能够获得视觉、触觉、听觉、嗅觉等感官反馈。VR 技术也被称为幻境或灵境技术。这里的“虚拟”是指计算机生成的意思，即使用者所处的世界不是真实存在的，而是借助计算机技术所构建的；“现实”是指物理意义或功能意义上的任何环境，可以是真实存在的，也可以是真实不存在但可以通过计算机模拟的。

综上所述，虚拟仿真设计技术是指使用者在一个由虚拟现实技术所构建的环境中操控一个虚拟的系统所进行的仿真，让使用者能够在人机交互环境中进行系统的研发和设计，它能够被应用在航空卫星、轨道交通等高端装备的研发设计中。

虚拟仿真设计技术结合了计算机信息技术、仿真技术、虚拟现实技术等多种技术，主要包括人、虚拟系统和虚拟环境三个组成部分。这里的人是指虚拟仿真系统的使用者。使用者通过计算机生成虚拟环境，对所要进行的产品设计和生产制造活动，进行全面的建模和仿真，使用者可以在虚拟环境中完成研发设计的全过程，获得触觉、视觉等感官反馈，并对产品性能进行全面的模拟试验，实现人与“真实”的系统之间的交互，从而达到产品研发设计的目的。虚拟仿真设计技术的概念模型如图 F-1 所示。

虚拟仿真设计技术具有沉浸性、交互性、构想性三个基本特征。沉浸性是指使用者在虚拟仿真系统中可以获得视觉、听觉、嗅觉、触觉等多种感官反馈，感觉身临其境；交互性是指使用者和虚拟的环境能够相互作用，使用者可以观

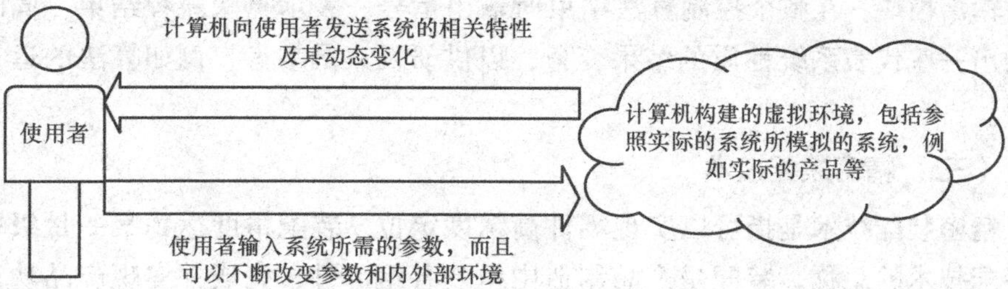

图 F-1　虚拟现实技术的概念模型

察虚拟环境中的事物，并与其进行互动，虚拟环境能对人的操作给予回应，使其获得一定的感官体验，并输出使用者所需的信息；构想性是指虚拟现实所模拟的环境并不一定是现实存在的，它可以是人们对于未来可能出现的情况和环境的想象。

（二）控制算法技术

控制算法技术是指在机械制造和机电一体化等过程中，在分析一个具体的控制系统的工作原理和动态特性的基础上，利用计算机设计算法和建立模型，使人们可以在没有人直接参与的情况下，可以通过外加的设备或装置保证被控对象（可以是机器、设备、生产过程等）的某些工作状态或参数自动地按照既定的规律运行，以生产出符合预期产品的技术。例如，数控机床按照预先设定的程序自动地切削工件，在芯片封装过程中完成自动化植球工序等，就是以控制算法技术为前提的。

控制算法根据算法有无反馈进行分类，可以分为开环和闭环两类。开环是指将初始值输入控制算法之后，当最后输出结果，整个算法就结束了。闭环是指控制算法的输出值会反馈给算法本身，根据判定条件判断算法是否继续，当符合预先给定的条件的时候，算法结束。

一个闭环控制算法系统主要包括输入模块、控制模块、反馈模块、输出模块等组成部分。

输入模块：主要作为整个控制算法所需参数的入口，例如在精密切削过程中的精度要求。

控制模块：根据系统的输入信号对被控制对象进行操控，例如数控机床操控某种工具按照既定路线对工件进行精密切割，以实现某种目标。

反馈模块：对系统的重要参数进行实时监控，产生反馈信号，例如在表面热处理过程中，当温度达到或低于某个临界值，就发出信号，实现对温度的自动控制。

输出模块：在整个控制算法结束时输出信号，表示算法流程结束，同时可以输出一些代表系统性质的结果变量，以供研发人员参考，例如算法的运行时间等。

（三）精密装配技术

精密装配技术是指可以实现零件高精度定位、装配精度达到某一量级的所有装配技术的总称。装配是产品制造中组装各组部件，完成并实现产品功能的重要环节。装配环节需要配套的装配技术和装配工具，而先进的装配技术能提高产品质量、提高生产效率并且有效控制成本。现代精密加工/超精密加工技术及各种各类医疗、数码、航空等精密器件的精密微小型器件产品数量的快速增长，对其零件加工精度和装配要求也不断提高。

从实现方法上来划分，精密装配技术分为依靠熟练操作工在显微视觉系统下的手工作业和依靠精密装配系统的自动化装配。精密装配系统相比于传统的手工作业，具有高效率、高精度的优点。精密装配系统是一个对精密微小零件来进行装配的系统，主要包括微力检测单元、操作手单元、显示视觉检测单元和主控单元四个部分。

1. 微力检测单元

在精密装配的过程中一般采用微力传感器或激光位移传感器来实现对所装配的零件力的控制问题。微力检测单元和位置传感器能帮助解决精密零件的尺寸小、系统作业空间有限、对于装配完的零件位置要求高等一系列问题。

2. 操作手单元

操作手单元的功能就是实现对精密零件的操作，其核心结构是精密夹持构件，作用类似于人的手，目的是实现对精密零件的拾取、移动和放置等动作。在装配作业中，需要将操作手单元集成在运动模块上，依靠运动模块的移动实现夹持构件的运动，从而实现零件的移动搬运过程。在装配操作前需要合理选择适宜的夹钳，在对零件实现稳定夹持的同时还要避免夹持对零件所带来的损坏。

3. 显示视觉检测单元

精密装配过程中零件的夹持和移动，操作手单元需要依靠显示视觉检测单元准确地获取待装配零件和目标零件的精确位置信息。显示视觉检测单元通过采集零件图像并利用图像处理技术获取零件的信息，同时将图像信息转换为操作手所需要的信息，从而操作手才能顺利完成精密装配。基于显示视觉检测单元所反馈的信息可将视觉伺服划分为基于位置的伺服系统和基于图像的位置系统。将显示视觉检测单元和微力传感器相结合，可以实现精密装配过程中对零件的精密控制。

4. 主控单元

主控单元的作用主要是来实现人机交互操作的功能。精密装配系统的操作人员通过主控单元可以实现对其他系统的控制，并实现自动化精密装配的过程。

（四）高强度耐磨材料技术

高强度耐磨材料技术是指生产一系列具有特殊的电、磁、光、声、热、力、化学以及生物功能的新型材料，使材料具有高强度抗磨性能的技术。耐磨材料种类繁多，广泛运用于信息技术、生物技术、能源技术和国防建设等高新技术领域。随着社会的信息化发展，高强度耐磨材料技术是世界各国高端技术发展中战略竞争的热点。随着我国高端装备制造产业的发展和规划，未来高强度磨损材料的研发具有重要的战略意义。

高强度耐磨材料技术主要有耐磨钢铁材料技术、耐磨复合材料技术、耐磨表面技术、新型耐磨材料技术等。

磨损、腐蚀和断裂是材料的三大失效方式。材料磨损是在工业中非常常见且不可忽视的问题，高强度耐磨材料技术的发展和应用能够减少设备或工件磨损导致的经济损失。

1. 耐磨钢铁材料技术

耐磨钢是抗磨损性能好的钢铁材料的统称。耐磨钢种类繁多，大体上可分为高锰钢（奥氏体耐磨锰钢），中、低合金耐磨钢，铬钼硅锰钢，耐气蚀钢，耐磨蚀钢以及特殊耐磨钢等。

2. 耐磨复合材料技术

利用铸造方法，将不同性质的材料铸成一体，将软基材料的高韧性和抗磨材料的高硬度有机结合，达到高强度的耐磨性。主要应用于复合材料的有金属、陶瓷和橡胶，包括陶瓷-金属复合材料、橡胶-陶瓷复合材料，复合钢-橡胶材料，新型的复合材料有钢铁基双液双金属耐磨复合材料、铝基高强度耐磨材料、新型多相铁基耐磨材料等。

3. 耐磨表面技术

耐磨表面技术主要是通过改变零件表面组织结构来提高零件的耐用性和所需的性能（如耐腐蚀、耐磨、耐高温、抗氧化等）。主要耐磨表面技术有表面淬火、渗氮处理、喷涂技术、硬面堆焊、激光熔覆、物理气相沉积、化学气相沉积等。

4. 新型耐磨材料技术

新型耐磨材料技术包括电磁铸造技术、纳米变质剂技术、耐磨复合工艺、高分子材料技术等工艺，关于超细晶粒、微合金化耐磨钢等材料的研究也在不断深入。

（五）表面热处理技术

表面热处理技术是通过对工件的表层进行加热、冷却改变工件的表层组织结构，从而获取表层所需性能的一种金属热处理工艺。表面热处理只对一定深度的材料表层进行强化，而心部基本上保持处理前的性能，因此可以得到高强度、高耐磨性和高韧性三者都比较满意的结果。工作中经常受到摩擦导致受损的工件表面需要有抗磨损能力。工作使用时会经常受到弯曲的工件则需要有抗疲劳能力避免断裂。表面热处理技术中，表面淬火是表面热处理的主要内容，其目的是获得具有高硬度的表面层和有利的内应力分布，从而来提高工件的耐磨性能和抗疲劳性能。

工件的表面热处理，可获得表面高硬度的马氏体组织同时保留心部的韧性和塑性，故能提高工件的性能。与此同时，当工件表面强度高又有有利的内应力时，其抗疲劳能力就强。对一些齿轮、轴类等因使用而容易损耗的零部件，可通过表面热处理，使这些工件表面具有较高的抗磨损能力，大大提高了工件整体的抗疲劳能力。例如对于机床、矿山机械等的齿轮部件经过表面淬火处理后，其耐磨性明显提高。对于汽车后半轴经过高频感应加热淬火后，其抗疲劳能力远高于整体调质者。

最常用的表面热处理工艺有感应加热热处理和火焰淬火，此外还有接触电阻加热淬火、电解加热淬火、激光热处理和电子束热处理等。

表面热处理可以划分为表面淬火和表面化学热处理两大类。

1. 表面淬火

表面淬火是利用快速加热的方式使得零件表面快速达到淬火温度，然后迅速冷却来获得零件的高硬度表层，同时心部保留足够的塑性和韧性。表面淬火根据加热方法不同可分为多种类型，而目前工业上应用最多的为感应加热表面淬火和火焰加热表面淬火。感应加热表面淬火适用于大批量生产，应用较为广泛，但是设备复杂，成本高。而火焰加热表面热处理采用的方法及设备较为简单，不受零件大小或淬火部位的限制，但是淬火质量较难控制，适用于单件小批量生产或者大型工件的表面淬火。

2. 表面化学热处理

表面化学热处理是将工件置于含有活性元素的特定介质中进行加热和保温，使得介质中的原子渗入工件的表层或形成某种化合物覆盖层来改变工件表层的组织和化学成分，从而获得工件所需的性能（如抗氧化性、耐腐蚀性、耐磨性等）。

3. 其他表面热处理

随着工业和科学技术的发展，表面热处理技术也在不断发展和改进。近二三十年也发展了一些其他的表面热处理工艺，比如可控气氛热处理、真空热处理、形变热处理、激光热处理等。

附录 G

海洋产业相关技术

21 世纪是海洋的世纪，海洋产业作为我国战略核心产业之一，其发展在增加我国经济实力和综合实力以及维护我国安全稳定等方面有着不可忽视的重要性。中国共产党第十八次全国代表大会首次提出建设“海洋强国”战略，中国共产党第十九次全国代表大会强调“坚持陆海统筹，加快建设海洋强国”，因此发展海洋产业具有重要的战略意义。本附录选取了海洋立体综合观测技术作为海洋产业相关核心技术的重点，介绍了其定义、技术介绍、历史发展和未来趋势。同时，也简单介绍了其他海洋产业相关技术的定义，包括水下机器人智能控制技术、海工装备核心系统和配套设备技术、深海油气资源开发技术、深水焊接技术。

一、海洋立体综合观测技术

海洋立体综合观测技术是了解海洋的重要技术手段，它通过卫星遥感、雷达、调查船等多种探测手段获取海洋上空、沿岸、海面、海底等综合立体的海洋信息，为海洋产业的发展提供信息基础。海洋立体综合观测技术在多个领域均有广泛应用，包括海洋渔业、海洋能源开发、灾害预警、气象行业、海上管理与执法等。未来随着全球合作的加深，海洋立体综合观测技术将通过信息共享和技术交流得到飞速的发展，同时人工智能、大数据等新兴技术也将带动海洋立体综合观测技术的智能化发展。

（一）定义

海洋立体综合观测技术是指利用各种探测技术去获取关于海洋的多平台集成信息的技术，这些探测技术包括卫星遥感技术、水声和雷达探测技术、水面和水下观测平台技术、传感器技术、无线通信技术和水下组网技术等。该技术通过长时间、实时、同步地对海洋上空、海岸、海面、海底综合立体空间的探测，从而对全球大气以及海洋立体综合环境有更好的了解。

海洋立体综合观测技术是了解和开发海洋的前提基础，其目的是获取观测区域的空中、海上、水下和海底的环境态势与环境信息，包括大气海洋动力环境、海气边界层海洋动力环境、水下海洋动力环境、海洋生态环境和海上电磁传播环境等，在提高海洋资源的利用、促进海洋经济的发展、提高海洋监测能力等方面有着积极的作用。

（二）技术介绍

随着全球对海洋科学的重视和技术的发展，海洋观测技术已经逐渐发展成为综合多个区域、多种观测平台以及“天—空—岸—海”多手段的立体综合观测技术。海洋立体综合观测技术一般可分为天基观测、空基观测、岸基观测和海基观测。

1. 天基观测

天基观测主要是指传感器位于地球大气层以外的针对全海域和大洋的观测技术，主要是指海洋卫星遥感技术，它具有观测范围广、连续、受环境影响小等特点。目前已发射的海洋卫星遥感主要有海洋水色卫星、海洋地形卫星和海洋动力环境卫星三种类型。海洋水色卫星用于观测海洋水色要素，包括水体叶绿素、悬浮颗粒物、有机物浓度等相关信息；海洋地形卫星就是利用雷达高度计探测海洋地形；海洋动力环境卫星用于观测海洋动力环境要素，包括海洋风场、浪场、流场、海表面温度等信息。

2. 空基观测

空基观测是指通过海洋巡航飞机和无人飞机等航空遥感技术去观测海洋相关信息，主要针对的是近海岸带的环境和资源观测、突发性赤潮溢油、海洋污染等事件监测和遥感卫星的模拟校飞等。相对比于卫星遥感技术，空基观测技术在对于周期比较短和尺度小的海洋环境变化更加有优势。

3. 岸基观测

岸基观测主要是指在海岸、石油平台或者岛屿上设站作为观测平台，运用海洋观测仪器（压力式无井验潮仪、空气声学水位仪、自动测风仪、高频地波雷达等设备）对沿海水文气象环境进行观测。其中高频地波雷达由于其独特的性能优势和应用前景，其研发受到了许多国家的重视。高频地波雷达具有作用距离远、全天候、功能多、性价比高等优势，它利用高频电磁波在导电海洋表面绕射传播衰减小的特点，能够探测到海平面以下超视距的移动目标，以及海冰、风场、浪场、流场等海况信息。

4. 海基观测

海基观测根据水体的立体空间可分为海表面、水下和海底三个部分，是海洋环境综合立体观测的重要组成部分。海表面观测是指基于海表面平台载体的观测，主要有船舶观测、锚定浮标和表面漂流浮标等。水下观测是指基于水下载体的测量，有水下滑翔机器人、水下传感器网络。海底观测是指将各类仪器放在海底的观测技术，包括潜标测量、海底爬行器等，主要用于观测海洋生态系统的变化趋势、海底地质地形和包括悬浮泥沙运动的近海动力要素等海洋环境。

（三）未来趋势

1. 海洋综合立体观测的国际信息共享

由于海洋综合立体观测涉及多种检测设备和多种学科，没有哪个国家或地区能够全面绝对领先。海洋的观测是一个事关国际性的事业，只有进一步深化国际合作，实现技术和海洋资源信息的共享，才能实现对海洋环境进一步观测的深入。从20世纪90年代热带大气海洋观测网的组建，1998年美国、日本提出全球海洋观测实验项目“Argo计划”，到如今Argo2020以及联合国教科文组织在2019年发布的《全球海洋观测系统2030战略》，全球性的海洋观测系统的建立是大势所趋，海洋立体观测将走入进一步深化国际合作的阶段。

2. 观测设备和技术智能化

目前海洋观测技术依然存在着许多不足和突破点，随着材料技术、人工智能、大数据等领域的飞速发展，海洋观测装备将更加灵活实用，尤其是智能化程度也将不断提升。由于水下环境恶劣，智能水下机器人成为海洋观测和开发的重要工具，未来智能水下机器人的智能控制技术将进一步发展。

3. 观测深度的进一步加深

当下的观测技术大多集中于近海浅海的应用，深远海观测技术仍需进一步的提高发展。目前国际上能达到最深海域作业的载人潜水器就是我国的“蛟龙号”，下潜深度超过7 000m，美国、日本等越来越多的国家都在研制可在万米水深的海域进行工作的潜水器装备，因此如何利用智能化发展深海观测技术是未来发展的必然趋势。

4. 传感器灵巧化、小型化

传感器是海洋仪器设备的基础，其性能优劣影响着海洋观测仪器和设备技术的好坏。随着信息、新材料、新能源等技术的发展，传感器的发展也将迎来前所未有的突破。如何使传感器运用到不同的场景（空中、陆地、海面、水下等），且提高其耐用性、实用性，将是未来海洋观测技术研究的重点方向。

（四）产业应用

海洋立体综合观测技术在多个产业领域都能够发挥作用，下面以海洋渔业、能源行业、灾害预警、气象行业、海上管理与执法、海上赛事为例说明海洋立体观测技术的产业应用。

1. 海洋渔业

海洋观测技术对于渔业发展作用极大。在水温探测方面，由于鱼类有着最适宜的生存温度范围，而且会随着季节和温度洄游，海面的温度信息可以为渔业生产提供参考信息；在叶绿素浓度探测方面，海洋观测能够提供叶绿素浓度信息，从而推测出浮游生物的年产量，进而为海洋捕获潜力的估算提供有效信息；在流系和漩涡观测方面，可以为确定中心渔场提供有效的指标信息。

2. 能源行业

海洋是重要的能源来源之一，海洋能源包括天然气、海底石油、可燃冰等。海洋观测技术的发展，尤其是海下探测技术的发展，对勘测开发海洋资源有着积极的作用。

3. 灾害预警

海洋立体综合观测技术能够结合观测到的海洋信息提前预警可能出现的灾害，如赤潮爆发、溢油漂移、台风等海洋灾害。我国在2017年的时候，通过卫星遥感对海洋高分辨率精细化的观测数据，反演出浒苔生物量以及未来一周的漂移路径和覆盖范围，让有关单位可以提前打捞拦截，减低了灾害程度。

4. 气象行业

海洋是全球气候系统中的一个重要环节，因此海洋观测在气象系统中至关重要。多种观测平台和观测技术能够提供海上气象要素信息，卫星遥感能够测量出空气中的水汽并提供云图；岛屿和油气平台站可以测量出气压、温度、风速等资料；海洋水文观测设备还能测量海流、海浪等参数，这些资料能够提高气象预测的准确率。

5. 海上管理与执法

海洋立体综合观测技术能够实时对海上情况进行监测，如渔船的非法捕捞、非法排污等情况，是海上执法部门强有力的工作助手。以往如果要防范海上违法情况，只能靠海上巡航队，具有范围小、成本高等缺点。而如今通过雷达、卫星等海洋监测手段，能够实时对海洋情况进行跟踪。2019 年，温州海上救援中心凭借近海雷达网对逃逸的肇事船舶进行追踪，并成功抓获逃逸船只。

6. 海上赛事

海洋观测技术能够对海流风场相关信息实行准确的预测和实时监控，从而保证海上赛事的顺利举行。2008 年北京奥运会，高频地波雷达观测系统给帆船运动提供可靠的保障，雷达观测的数据能够预测海上表层海流场的动态，确保赛事的顺利进行。

二、其他海洋产业相关技术简介

（一）水下机器人智能控制技术

由于深海环境的复杂性，人们先后研究出不同的潜水器协助人类在水下的活动。从载人潜水器到无人潜水器，也就是水下机器人，意味着人类在探测和开发海洋资源中跨出了关键的一步。相比于陆上机器人，水下机器人需要在海洋环境中克服水压、水流动力等带来的问题。智能控制技术被运用到水下机器人的运动控制中，水下机器人智能控制技术使水下机器人在复杂的海洋环境中，在受到各种可能的海水运动干扰的情况下能够通过自主学习获得适应环境的能力，从而能够在水下作业时自主决策并完成任务。

智能控制技术是结合知识—反馈，形成感知—交互，在不确定的环境下以目标为导向进行规划、决策、联想，产生有效、有目的的行为的控制系统。由于智能控制系统面临着高度复杂和不确定性的被控系统环境，智能控制技术应该具备以下特点：学习能力强（具备对环境或者任务过程的未知信息进行学习并进一步改善自身性能的能力）、适应性强（具有适应环境变化、动力学特征变化和运动条件变化的能力）、容错性强（能够对故障进行诊断修复的功能）、鲁棒性强（面对环境干扰和不确定因素能保持稳定的性能）、实时性和组织性强（具备自行组织和协调能力，一定条件下有自主裁决能力）。

目前通常采用的智能控制方法有模糊控制、神经网络控制、专家系统控制、PID（Proportion Integral Differential）控制、自适应控制等。各个智能控制方法均有其相适的应用情境及优缺点。以模糊控制为例，模糊控制是基于模糊数学原理的一种仿人的智能控制方式，模仿了人类的控制经验和策略。它不依赖于精确的数学模型，使用模糊数学来实现控制，能够运用在不确定性较高的环境中，抗干扰能力强，响应速度快。但模糊控制也存在着一定的缺点，如可能产生稳态误差、需要反复调整误差和误差变化率的动态范围、缺乏自主学习的能力和不适用于安全性要求较高的系统。而PID控制则更适用于线性系统中的控制，它要达到良好的效果需要有控制对象的精确数学模型，相对比较简单且应用广泛。然而由于水下机器人所面对的环境和工作要求都较为复杂，很难获取精确的数学模型。因此一般认为PID控制不适合水下机器人的控制，不过在初期调试阶段，可以根据过去的经验调试参数实现PID控制系统对水下机器人的控制。

如今由于技术的发展，陆续出现了多种控制系统相结合的方式，如模糊自适应PID控制、神经网络PID控制等，这些不同控制系统结合的方法能够同时发挥不同算法的优点，提高控制性能。

（二）海洋工程装备核心系统和配套设备技术

海洋工程装备核心系统和配套设备技术，是指用于海洋资源（特别是海洋油气资源）勘探、开采、加工、储运、管理、后勤服务等方面的海洋工程平台和作业船的配套系统和设备，具有高技术、高投入、高产出、高附加值、高风险的特点，是先进制造、信息、新材料等高新技术的综合体，产业辐射能力强，对国民经济带动大。

海洋工程装备核心系统和配套设备技术主要包括以下四个大类：

1. 动力系统类系统及设备技术

动力系统类系统及设备技术包括船用推进装置、发电机、电站、电力推进装置等电动及传动装置，如推进船用低中速柴油机、船用双燃料/纯气体发动机、高压共轨燃油喷射系统、智能化电控系统、排气再循环系统、排烟脱硝装置等柴油机关键部件和系统。

2. 机电控制设备

机电控制设备包括如甲板机械、舱室设备、通信导航等配套设备。甲板机械即船舶甲板机械，是装在船舶甲板上的机械设备，是船舶的重要组成部分。甲板机械是为了保证船舶正常航行及船舶停靠码头、装卸货物、上下旅客所需要的机械设备和装置。舱室是指船舶上提供船员及乘客工作居住的环境，其主要设备包括舱室内部的结构防火和绝缘装备、壁板与门窗、卫生系统等。通信导航设备主要包括三类：①全球海上遇险与安全系统包括通信设备，包括搜救雷达应答，国际海事卫星船舶地球站等。②通导设备及航海雷达，包括航海自动雷达标绘仪，全球定位系统接收及差分全球定位系统接收机等；③船舶保安报警系统，包括海事卫星电话，船舶卫星站等。

3. 海洋工程装备专用设备

海洋工程装备专用设备包括钻井系统、动力定位系统、单点系泊系统、水下铺管系统等海洋工程专用系统设备。以动力定位系统为例，它是一种死循环的控制系统，采用推力器来提供抵抗风、浪、流等作用在船上的环境力，从而使船尽可能地保持在海平面上要求的位置上，其定位成本不会随着水深增加而增加，并且操作也比较方便。

4. 水下生产系统及关键设备

水下生产系统及关键设备包括水下采油井口、采油树、管汇、跨接管、海底管线和立管等水下生产系统技术与关键水下产品及控制系统技术。

（三）深海油气资源开发技术

深海油气资源开发技术是指在为开发石油天然气资源，在深水海域展开勘探、钻井、采油、集输等一系列过程及作业环节中应用的技术、系统及装备，又统称深海油气平台。深海油气平台从海底抽上来的油气将通过导管架外设置的管道输送到天然气平台，在海上进行油、气分离，去除杂质、水分，产出天然气等资源。

深海油气资源开发技术是随着人类对油气资源开发利用的深化，油气勘探开发从陆地转入海洋，特别是转入深海中进行而产生的技术。在海上进行油气钻井施工时，几百吨重的钻机要有足够的支撑和放置的空间，同时还要提供钻井人员生活居住的环境。此外，深海油气资源开发技术需要解决及应对海上气候的多变、海上风浪和海底暗流的破坏等系统环境因素，以保障海上钻井装置的稳定性和安全性。

深水油气开发平台主要有固定式钻井平台、坐底式钻井平台、自升式钻井平台、半潜式钻井平台（含钻井船）。其中，自升式钻井平台是可以自行升降的钻井平台，主要组成包括：主船体、生活区、悬臂梁、钻井包和升降单元等部分。升降单元是平台的主要构成部分，同时也是主船体建造、安装以及调试的难点，并在自升式平台的建造和使用中发现了很多问题，桩腿、固桩架、升降装置和控制系统组成的升降系统，近年来成为生产制造方和使用方的重点关心的主要内容。

（四）深水焊接技术

随着我国工业的不断发展，对海洋资源的开发需求和海上工程的建设需求也在不断地增加，因此水下焊接技术的重要性日益凸显。水下焊接技术是一种能够在复杂的水下环境中进行工程焊接的技术，保证了水下施工工程的顺利进行，适用于海上救捞、海洋能源开发等海洋工程和大型水下设施的施工过程。根据世界开发海上油田能力反应的概念，300m 以内的为浅水区域，300 ~

1 500m深度的范围为深水，超过 1 500m 则为超深水区域。深水区域存在着水下可见度低、水压高等问题，因此深水焊接技术是一种研究如何能在深水区域中克服可能出现的种种问题去进行工程焊接的技术。

根据应用场景，海洋工程连接技术分为水下和陆上两种技术，其中深水焊接技术属于水下连接技术。如图 G-1 所示，水下连接技术有提升修复、电弧焊接、固相焊接、激光焊接等多种技术，虽然世界上各个国家都在研究不同种类的水下焊接技术，但目前应用比较成熟的就只有电弧焊技术，电弧焊技术可分为湿法焊接、局部干法焊接和干法焊接三种，具体的优缺点见表 G-1。

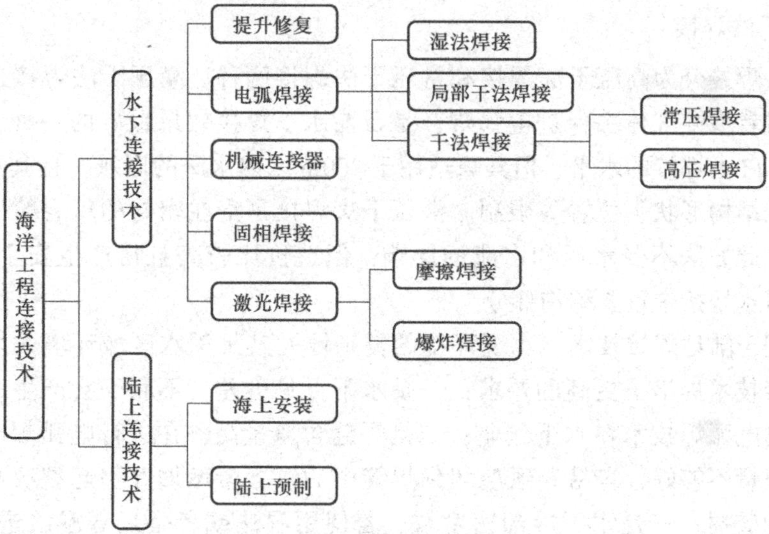

图 G-1　海洋工程连接技术

表 G-1　电弧焊接各焊接技术的优缺点

焊接技术		优　点	缺　点
湿法焊接		成本低、操作简单	焊接效果差、对焊条、水下药芯焊接接头要求高
局部干法焊接		灵活简单、焊接质量高	技术不成熟
干法焊接	常压	焊接效果好	只适用于浅水区、受工程结构和位置的限制
	高压	不受水压水流影响	造价高、安全问题

1. 湿法焊接

湿法焊接是指作业人员直接在水下焊接，并不将周边的水排开的方法。湿法焊接可使用专用的水下焊条或者自保护药芯焊丝进行焊接，在焊接过程中电弧是通过焊材燃烧的气体和气泡进行保护，其优点在于成本低廉、操作简单。缺点则是焊接效果较差，对焊条、水下药芯以及焊接接头要求较高，而目前难以得到好的焊接接头。

2. 局部干法焊接

局部干法焊接结合了干法焊接和湿法焊接的优势，它利用气体将局部的工作区域的水排开，在局部的干气室内进行焊接。相对而言这种方法比较灵活简单，又能获取质量较高的焊缝。局部干法焊接目前应用并不广泛，是当下研究的重点。

3. 干法焊接

干法焊接分为高压干法焊接和常压干法焊接两种。高压干法焊接通过焊条电弧焊或者惰性气体去保护电弧焊，是目前水下焊接效果最好的一种，其焊缝能够达到陆上焊接的水平，但其只适用于300m以内水深的区域，且其高压气室受到工程结构形状、位置等限制。常压干法焊接是指在密封的压力舱中进行焊接工作，此方法不受水压和水流的影响，但造价比较高且易产生安全性问题，多用于深水焊接中重要结构部分。

不同于陆地焊接技术，水下环境的复杂性尤其是深水区域环境的复杂性对深水焊接技术提出了更高的要求：一是水下可见度差，不利于会产生大量气泡和烟雾的电弧焊技术在水下作业；二是焊缝含氢量高，在进行电弧焊时，若焊接接头质量不够好，容易导致溶解到焊缝中的氢含量增加并引起裂纹甚至是焊接结构的破损；三是水下冷却速度快，若使用湿法或者是局部湿法进行焊接，由于焊接部件直接暴露在水中，容易产生高硬度淬硬组织；四是水下压力大，在高压环境下，电弧弧柱变细、焊道宽度变窄、焊缝高度增加和导电介质密度增加等情况会大大增加电离难度，从而减低电弧的稳定性，增加飞溅和烟尘；五是连续作业难实现，由于水下环境的复杂和恶劣性，只能采取断续焊接的方式，因此容易产生焊缝不连续的情况。

参考文献

[1] CB insights. Tech Trends To Watch In 2019 [R/OL]. (2019-02-04) [2019-08-21]. https://www.cbinsights.com/research/14-tech-trends-2019/.

[2] Deloitte Insights. Tech Trends 2019: Beyond the digital frontier [R/OL]. (2018-08-23) [2019-08-26]. https://www2.deloitte.com/insights/us/en/focus/tech-trends.html.

[3] GLASER F. Pervasive Decentralisation of Digital Infrastructure: A Framework for Blockchain enabled System and Use Case Analysis [EB/OL]. (2017-06-09) [2019-08-21]. https://scholarspace.manoa.hawaii.edu/bitstream/10125/41339/1/paper0190.pdf.

[4] GP. Bullhound, Technology Predictions 2019: Trends & Innovations shaping the global tech sector [R/OL]. (2019-08-01) [2019-08-21] http://www.gpbullhound.com/research/technology-predictions-2019/.

[5] International Energy Agency. The Future of Hydrogen Seizing today' s opportunities [EB/OL]. (2019-06-14) [2019-08-30]. https://www.iea.org/publications/reports/thefutureofhydrogen/.

[6] KASEY P. Gartner Top 10 strategic technology trends for 2019 [R/OL]. (2018-10-15) [2019-08-15]. https://www.gartner.com/smarterwithgartner/gartner-top-10-strategic-technology-trends-for-2019/.

[7] MIT Technology Review. 10 Breakthrough technologies 2018 [M/OL]. (2018-03) [2019-08-15]. https://www.technologyreview.com/lists/technologies/2018/.

[8] Reed Electronics Research. Yearbook of World Electronics Data 2017 [EB/OL]. http://www.rer.co.uk/index.php? route=product/category&path=20_59.

[9] 阿里巴巴达摩院．达摩院 2019 十大科技趋势 [J]. 软件和集成电路，2019 (2): 32-33.

[10] 艾骏，曾晓雁，刘建国．一种耐高温紫外正型光刻胶及光刻工艺 [J]. 科学通报，2016 (6): 610-615.

[11] 白文亭．2017 年中国新能源重点细分行业发展现状、新能源行业发展趋势及投资前景分析 [J]. 电气时代，2017 (2): 34-38.

[12] 包东智．IPv6 优势及其发展 [J]. 现代通信，2003 (4): 21-23.

[13] 本刊编辑部．新材料之花 绽放南粤 [J]. 广东科技，2018，27 (11): 7.

[14] 操秀英．我国新型显示行业进入发展关键期 [EB/OL]. (2019-05-23). [2019-8-22]. http://www.sohu.com/a/315993962_369297.

[15] 曹胡加．核壳量子点合成与性能表征 [D]. 杭州：浙江大学，2015.

[16] 陈国飞，李有春，贾建明．500kV 变电站智能化改造模式研究［J］．山东电力技术，2011（6）：27-31.

[17] 陈洪滨，李军，马舒庆，等．海洋气象观测技术研发进展［J］．科技导报，2019，37（6）：91-97.

[18] 陈佳圭．中国大百科全书·电工与电子技术［M］．北京：中国大百科全书出版社，2012.

[19] 陈建国．风机控制系统发展现状及展望［J］．自动化博览，2009，26（10）：16-18.

[20] 陈建军，杨庆山，贺丰收．溅射靶材的种类、应用、制备及发展趋势［J］．湖南有色金属，2006（4）：38-41，76.

[21] 陈柳钦．加快发展和振兴我国高端装备制造业［J］．郑州航空工业管理学院学报，2011，29（4）：19-27.

[22] 陈少兵．香港产业转型升级的特点与反思［J］．广东社会科学，2017（6）：90-96，250.

[23] 陈秀惠．区块链的未来会成为又一个“互联网+”吗？［J］．计算机与网络，2018，44（17）：36-37.

[24] 陈英，许威，马洪伟，等．水下焊接技术研究现状和发展趋势［J］．焊管，2014，37（5）：29-34.

[25] 陈远志，张卫国．粤港澳大湾区科技金融生态体系的构建与对策研究［J］．城市观察，2019（3）：20-35.

[26] 成亮．风电厂升压站智能监控系统技术方案探讨［J］．科技情报开发与经济，2011，21（27）：193-195.

[27] 成志杰．中国海洋战略的概念内涵与战略设计［J］．亚太安全与海洋研究，2017（6）：26-41，122.

[28] 程俊峰，卢庆云，陈琴苓，等．国内生物产业发展环境与对策［J］．广东农业科学，2014（7）：223-227.

[29] 程楠，朱明皓，姜斯韵．战略性新兴产业发展趋势——高端装备制造业［J］．电器工业，2014（5）：44-51.

[30] 储志强．国内外磁控溅射靶材的现状及发展趋势［J］．金属材料与冶金工程，2011，39（4）：44-49.

[31] 戴丽荣，戴舒．云计算综述［J］．西安航空学院学报，2013，31（3）：68-71.

[32] 戴市群．国家集成电路产业投资基金正式设立［J］．工具技术，2014（10）：15.

[33] 戴学怡，徐欣怡．广州市制造业与物流业协调发展分析［J］．科技经济导刊，2019，27（6）：9-10.

[34] 邓锋，胡锋，吴开明．低合金高强度耐磨钢的发展与应用［J］．金属材料与冶金工程，2016（2）：29-35.

[35] 邓玉林，李勤．生物医学工程［M］．北京：科学出版社，2012.

[36] 丁杰．自升式平台升降系统建造与调试工艺研究［D］．哈尔滨：哈尔滨工程大学，2015.

[37] 董鹏，王昊，谢峰波．我国智能汽车的现状和解决对策及未来发展趋势［J］．重型汽车，2018（1）：3-6.

[38] 杜久林，毕国强，骆清铭，等．脑科学研究新技术［J］．中国科学院院刊，2016，31（7）：783-792.

[39] 端木彬．单县生物质能电厂并网对菏泽电网的影响分析［C］//山东电机工程学会．山东电机工程学会第四届供电专业学术交流会论文集．济南：山东电机工程学会：山东省科学技术协会，2007：5.

[40] 段世德，徐璇．科技金融支撑战略性新兴产业发展研究［J］．科技进步与对策，2011（14）：66-69.

[41] 方明，王爱琴，谢敬佩，等．电子封装材料的研究现状及发展［J］．热加工工艺，2011，40（4）：84-87.

[42] 方巍，文学志，潘吴斌，等．云计算：概念、技术及应用研究综述［J］．南京信息工程大学学报（自然科学版），2012，4（4）：351-361.

[43] 符晓玲，商云龙，崔纳新．电动汽车电池管理系统研究现状及发展趋势［J］．电力电子技术，2011，45（12）：27-30，89.

[44] 傅建平．新技术在电子政务中的创新应用及对中国的启示［J］．行政管理改革，2019（5）：59-64.

[45] 甘建蓉．表面热处理的常见缺陷及补救办法［J］．热加工工艺（热处理版），2006，35（6）：59-60.

[46] 高端装备制造业正在成各国重点发展方向［J］．机械，2014，41（9）：81.

[47] 高宏伟，王晓英，党海丽．国际金融科技监管实践及对我国的启示［J］．西部金融，2018（2）：22-26.

[48] 龚天平．LORA 技术实现远距离、低功耗无线数据传输［J］．电子世界，2016（10）：115.

[49] 官邦贵，刘颂豪，章毛连，等．激光精密加工技术应用现状及发展趋势［J］．激光与红外，2010，40（3）：229-232.

[50] 桂芳．浅谈钢的表面热处理［J］．科技展望，2016，26（1）：64.

[51] 郭雷．深化科研管理体制改革十分迫切［J］．中国科技奖励，2010（8）：7-8.

[52] 郭师绪．朱军：大刀阔斧重铸企业新辉煌——新煜新材料（泰州）有限公司借助资本破茧蝶变［J］．新产经，2019（6）：24-27.

[53] 钟书华．物联网演义（二）——《ITU 互联网报告 2005：物联网》［J］．物联网技术，2012，2（6）：87-89.

[54] 国家发展和改革委员会创新和高技术发展司，工业和信息化部原材料工业司，中国材料研究学会．中国新材料产业发展年度报告（2018）［M］．北京：化学工业出版

社，2019.

[55] 国家发展和改革委员会高技术产业司，中国生物工程学会．中国生物产业发展报告2017［R］．北京：化学工业出版社，2018.

[56] 国家海洋局．中华人民共和国海洋行业标准　海洋经济统计分类与代码：HY/T 052—1999［S］．北京：中国标准出版社，1999.

[57] 国家能源局．2018 年我国核电安全状况良好［EB/OL］．（2019-01-24）［2019-08-21］．http：//www.nea.gov.cn/2019-01/24/c_137771122.htm.

[58] 国务院发展研究中心产业经济研究部．第三次工业革命中国产业的历史性机遇［M］．北京：中国发展出版社，2014.

[59] 韩辉，杨扬．2018 年我国战略性新兴产业发展态势浅析［J］．信息通信技术与政策，2019（6）：49-51.

[60] 韩璇，刘亚敏．区块链技术中的共识机制研究［J］．信息网络安全，2017（9）：147-152.

[61] 何常春．"两化"融合下的新材料产业发展之路［J］．新材料产业，2015（7）：17-19.

[62] 何继业．我国战略性新兴产业金融支持体系构建论略［J］．山东社会科学，2016（11）：160-164.

[63] 何黎明．推动物流业向更高水平迈进——我国物流业 2016 年发展回顾与 2017 年展望［J］．中国物流与采购，2017（4）：29-34.

[64] 何如喜．中国风能产业发展现状及对策研究［J］．中国新技术新产品，2008（10）：84.

[65] 侯刚．广西新能源汽车发展 SWOT 分析［J］．装备制造技术，2011（8）：1-5.

[66] 侯玮，彭海波，许祖彦．新一代显示技术——激光全色显示［J］．科学，2006（2）：32-35.

[67] 胡贝．基于 VR 技术的产品造型设计研究［J］．现代电子技术，2019，42（3）：127-130.

[68] 胡江，孙国臣，张加军，等．由"震网"病毒事件浅议核电站信息安全现状及监管［J］．核科学与工程，2015，（1）：181-185.

[69] 胡晶．工业互联网、工业 4.0 和"两化"深度融合的比较研究［J］．学术交流，2015（1）：151-158.

[70] 胡顺义，罗育英．粤港澳大湾区建设背景下中山传统产业转型升级策略研究［J］．科技和产业，2019（2）：30-34.

[71] 胡伟，余莹莹．安徽省装备制造业发展的现状及对策研究［J］．中国制造业信息化，2012，41（9）：14-16，19.

[72] 黄文辉．深圳市新材料产业政策研究［D］．南昌：南昌大学，2017.

[73] 黄堰．智能电网中大数据可视化技术的研究［D］．北京：华北电力大学，2018.

[74] 黄英豪．努力建设粤港澳现代服务业特区［J］．中国产业，2010（3）：30-31.

[75] 惠利．新时代背景下我国装备制造业发展对策研究［J］．西部论坛，2018，28（5）：50-61.
[76] 霍冉，吴雨萱，杨煜．石墨烯电子器件的研究进展［J］．应用化学，2019，36（3）：245-258.
[77] 简金辉，焦锋．超精密加工技术研究现状及发展趋势［J］．机械研究与应用，2009，22（1）：4-8.
[78] 姜春萌．自主水下机器人智能控制与参数优化技术研究［D］．哈尔滨：哈尔滨工程大学，2018.
[79] 姜允申．量子毒理学研究进展［J］．实用预防医学，2016，23（4）：385-386.
[80] 金永中，刘东亮，陈建．溅射靶材的制备及应用研究［J］．四川理工学院学报（自然科学版），2005（3）：22-24.
[81] 兰凤崇，郭慧，黄维军，等．锂离子动力电池专利信息分析［J］．科技管理研究，2015（14）：126-130，147.
[82] 李北辰．当“万物皆显示”时代来临，中国的新型显示产业会受制于人吗？［J］．大数据时代，2019（5）：45-49.
[83] 李成威．促进结构减排的宏观低碳产业政策思路低碳产业政策［M］．上海：立信会计出版社，2014.
[84] 李德毅，于剑，中国人工智能学会．人工智能导论［M］．北京：中国科学技术出版社，2018.
[85] 李方正．推动未来的动力——新能源［J］．青海科技，2014（5）：48-49.
[86] 李辉．关于新能源发电项目投资管理工作的思考［J］．科技经济导刊，2019，27（16）：221.
[87] 李杰，周兴华，唐秋华，等．水下滑翔机器人研究进展及应用［J］．海洋测绘，2012，32（1）：80-82.
[88] 李俊生．“一带一路”战略推动海洋经济发展的路径探索［J］．产业与科技论坛，2015，14（8）：24-25.
[89] 李礼．发展我国战略性新兴产业的路径及其对策研究［J］．铜陵学院学报，2012，11（2）：21-23.
[90] 李牧．微电子封装技术的发展与展望［J］．半导体杂志，2000（2）：32-36.
[91] 李平，何海浪．5G 移动通信的关键技术及发展趋势分析［J］．科技风，2019，372（4）：68.
[92] 李琪．中国海洋产业经济发展中的问题与对策［J］．经济师，2019（4）：10-11.
[93] 李启虎．不忘初心，再创辉煌：声呐技术助推海洋强国梦［J］．中国科学院院刊，2019，34（3）：253-263.
[94] 李青．光刻胶在光电产品中的应用及发展简述［J］．半导体行业，2006（2）：46-47.
[95] 李双建，徐丛春．日本海洋规划的发展及我国的借鉴［J］．海洋开发与管理，2006，23

(1): 25-28.

[96] 李铜基. 航空遥感在海洋环境监测中的作用 [J]. 海洋技术学报, 2000 (c00): 37-38.

[97] 李卫, 王洪发, 周平安, 等. 耐磨材料与磨损技术新进展——21 世纪全国耐磨材料大会述评 [J]. 铸造, 2001 (1): 7-13.

[98] 李卫. 中国铸造耐磨材料的发展——兼介中国铸造耐磨材料产业技术路线图 [J]. 铸造, 2012, 61 (9): 967-984.

[99] 李文军. 我国战略性新兴产业发展的研究 (上) [J]. 中国科技投资, 2012 (13): 34-38.

[100] 李永振. 燃料电池技术研究进展及产业化 [C] //石油大学重质油国家重点实验室. 第九届全国化学工艺学术年会论文集. 北京: 石油大学重质油国家重点实验室, 2005: 1606-1612.

[101] 李玉梅, 纪文婷. 长三角地区高端装备制造业发展现状及对策分析 [J]. 现代商业, 2017 (18): 44-46.

[102] 李远景, 薛鹏. 中国高端装备制造业的发展现状及路径选择 [J]. 现代商贸工业, 2018, 39 (27): 181-185.

[103] 李远景, 薛鹏. 中国高端装备制造业的结构特征和瓶颈突破 [J]. 经济师, 2018 (8): 16-17, 21.

[104] 李祯祺, 徐萍, 刘斌. 中国工业生物技术行业现状分析与发展前景 [J]. 生物产业技术, 2017 (6): 7-16.

[105] 梁刚. 基于免疫机制的入侵检测系统 [D]. 成都: 电子科技大学, 2014.

[106] 梁景凯, 曲延滨著. 智能控制技术 [M]. 哈尔滨: 哈尔滨工业大学出版社, 2016.

[107] 梁智昊, 许守任. "十三五" 新一代信息技术产业发展策略研究 [J]. 中国工程科学, 2016, 18 (4): 32-37.

[108] 廖显辉. 基于健康管理的可穿戴式智能设备发展桎梏及未来路径 [J]. 体育科技文献通报, 2019, 27 (5): 139-140.

[109] 林先扬. 粤港澳大湾区城市群经济外向拓展及其空间支持系统构建 [J]. 岭南学刊, 2017 (4): 25-32.

[110] 林香红, 高健, 何广顺, 等. 英国海洋经济与海洋政策研究 [J]. 海洋开发与管理, 2014 (11): 110-114.

[111] 林香红, 高健, 王占坤. 金融危机后世界海洋经济发展现状及特点研究综述 [J]. 科技管理研究, 2015, 35 (23): 119-125.

[112] 刘国乐, 何建波, 李瑜. Xen 与 KVM 虚拟化技术原理及安全风险 [J]. 保密科学技术, 2015 (4): 24-30.

[113] 刘海波. 下一代互联网发展趋势初探 [J]. 科技展望, 2017, 27 (15): 9.

[114] 刘坚, 钟财富. 我国氢能发展现状与前景展望 [J]. 中国能源, 2019, 41 (2): 32-36.

[115] 刘检华，孙清超，程晖，等. 机电产品装配技术的研究现状、技术内涵及发展趋势 [J]. 机械工程学报，2018（54）：2-28.

[116] 刘明. 量子点图象显示关键技术的研究与实现 [J]. 通信与广播电视，2017（1）：22-32.

[117] 刘其鹏，纪祥娟，刘涛等. 水溶性 CdTeS 合金量子点的室温光照合成与表征 [J]. 合成材料老化与应用，2018，47（3）：79-86.

[118] 刘天才. 壳核型量子点的合成及其生物应用 [D]. 武汉：华中科技大学，2006.

[119] 刘向丽，李雅茹. 中国与贸易强国高端装备制造业国际竞争力比较及提升策略 [J]. 海外投资与出口信贷，2018（5）：32-39.

[120] 刘笑阳. 海洋强国战略研究 [D]. 北京：中共中央党校，2016.

[121] 卢静，欧阳航，李勇，等. 国内外耐磨材料与技术的研究及其发展现状 [J]. 材料科学，2018，8（9）：928-938.

[122] 鲁幼勤，汪贵生，许涛. 耐磨材料的现状和展望 [C] //中国金属学会耐磨材料学术委员会，全国耐磨材料大会. 北京：中国金属学会耐磨材料学术委员会，2009：19-23.

[123] 陆爱明. 面向高端制造装备的高速精密定位平台控制技术研究 [D]. 合肥：合肥工业大学，2013.

[124] 罗军锋，冯兴利. 区块链的技术综述以及在高校信息化的应用探索 [J]. 电脑知识与技术，2019，15（6）：77-78，84.

[125] 罗兴婷. 我国海洋生物医药产业创新系统构建及运行机制研究 [D]. 湛江：广东海洋大学，2018.

[126] 罗续业. 论海洋观测技术装备在我国海洋强国建设中的战略地位 [J]. 海洋开发与管理，2014，31（3）：37-38.

[127] 吕小青. 深海石油钻井装备发展史及发展趋势分析 [J]. 科技创新与应用，2017（18）：108.

[128] 马春辉. 再造香港制造业 [J]. 小康，2019（10）：38-39.

[129] 马昆林，刘潇潇，杨祯. 海洋探测传感器的发展及前景展望 [J]. 电子技术与软件工程，2014（9）：261.

[130] 马宇坤，戴俊. 海洋立体环境综合观测系统的设计与实现 [J]. 雷达与对抗，2015，35（2）：5-7，37.

[131] 毛茅. 基于聚苯乙烯修饰的表面功能化 CdSe/ZnS 荧光量子点微球的制备及其应用研究 [D]. 南京：河海大学，2013.

[132] 孟胜利. 英国生物技术产业的最新进展 [J]. 生物技术世界，2008，5（12）：5-9.

[133] 牟雪江. 中哈能源合作：枝繁叶茂——中哈油气合作 20 年成为惠及两国人民的互利共赢典范 [J]. 中国石油企业，2017（6）：32-36.

[134] 倪玮. 基于软光刻的短距离光互连研究 [D]. 杭州：浙江大学，2009.

[135] 聂俊杰. 燃料电池在航空领域的应用与发展 [J]. 国际航空，2010（8）：78-79.

[136] 宁晓静．基于技术经济范式的湖北省数字经济发展研究［D］．武汉：华中科技大学，2018.
[137] 潘邻．表面改性热处理技术进展［C］//全国热处理学会．第三届中国热处理活动周暨第六次全国热处理生产技术改造会议论文专辑．西安：全国热处理学会，2005：57-63.
[138] 蒲慕明．脑科学的未来［J］．心理学通讯，2019，2（2）：80-83.
[139] 蒲慕明．脑科学研究的三大发展方向［J］．中国科学院院刊，2019，34（7）：807-813.
[140] 钱涵佳，王宜怀，彭涛，等．轻量级窄带物联网应用系统中高效可验证加密方案［J］．计算机研究与发展，2019，56（5）：1112-1122.
[141] 乔更新，魏青，陈亮．量子点 LED 技术的发展趋势及其对未来照明的影响［J］．中国照明电器，2015（10）：7-11.
[142] 秦伟．海工盛宴开启［J］．装备制造，2012（5）：36-41.
[143] 清华大学经济管理学院互联网发展与治理研究中心，领英．粤港澳大湾区数字经济与人才发展研究报告［R/OL］．（2019-02-26）［2019-08-31］．http：//mis. sem. tsinghua. edu. cn/ueditor/jsp/upload/file/20190226/1551148170211032606. pdf.
[144] 闪增郁，张智，彭锦，等．对中医现代化及其发展战略的思考［J］．中国中医基础医学杂志，2005（6）：408-409.
[145] 邵志刚，衣宝廉．氢能与燃料电池发展现状及展望［J］．中国科学院院刊．2019，34（4）：469-477.
[146] 生物产业技术编辑部．推动生物催化技术发展加快精细化学品绿色制造产业化进程—访浙江大学杨立荣教授［J］．生物产业技术，2016，（5）：54-56.
[147] 时锋，张佳，王智，等．多种原料路线的乙醇生产工艺［J］．酿酒科技，2019（4）：48-54，60.
[148] 史觊，蒋明瑜，郑健超，等．核电站仪表与控制（I&C）系统数字化关键技术研究现状［J］．测控技术，2004（2）：29-32.
[149] 史小波．集成电路制造工艺［M］北京：电子工业出版社，2007.
[150] 宋炳林．美国海洋经济发展的经验及对我国的启示［J］．吉林工商学院学报，2012（1）：50-52.
[151] 宋凯．我国合成生物技术产业发展战略及政策分析［D］．武汉：武汉理工大学，2013.
[152] 宋坤．海洋环境监测系统运行综合保障技术研究与实现［D］．天津：天津大学，2009.
[153] 宋书贤．氢燃料汽车与氢燃料电池汽车［J］．汽车工业研究，2001（5）：21-23.
[154] 柯蒂加拉．薄膜太阳能电池材料［M］．北京：中国三峡出版社，2017.
[155] 孙柏林．“新常态”下的装备制造业［J］．自动化技术与应用，2015，34（5）：1-7，23.

[156] 孙保伟，张文君，向望华，等．一种分析视频眼镜图像清晰度的新方法［J］．光学仪器，2017，39（1）：18-25.

[157] 孙鸿凌．OLED 再现重大技术分歧，中国能否借印刷显示打破国外垄断？［EB/OL］．（2016-05-10）［2018-08-31］．http：//www. cncelab. com/article-8077-1. html.

[158] 孙金友．计算机发展简史［J］．学周刊，2014（13）：234.

[159] 孙久荣．脑科学导论［M］．北京：北京大学出版社，2001.

[160] 孙明伟，李寅，高福．从人类基因组到人造生命：克雷格·文特尔领跑生物科学［J］．生物工程报，2010，26（6）：697-706.

[161] 孙世芳，周超男．2018 数字经济大会报告［M］．北京：经济日报出版社，2019.

[162] 覃丽芳．国内外生物产业发展的基本状况及经验借鉴［J］．创新，2011（2）：66-70，127.

[163] 谭立忠，方芳．3D 打印技术及其在航空航天领域的应用［J］．战术导弹技术，2016（4）：1-7.

[164] 谭铁牛．人工智能的历史、现状和未来［J］．奋斗，2019，585（5）：10.

[165] 唐承华．基于虚拟现实技术船舶姿态与航线仿真系统设计与实现［D］．厦门：厦门大学，2008.

[166] 腾讯研究院．中国“互联网＋”指数报告（2018）［R/OL］．（2018-04-11）［2019-08-21］．https：//www. tisi. org/5025.

[167] 田宇．水下机器人智能运动控制技术研究［D］．哈尔滨：哈尔滨工程大学，2007.

[168] 仝战营，毛景魁，戚新波．基于 TRIZ 的液晶显示技术进化过程研究［J］．创新科技，2012（3）：28-29.

[169] 佟军民，胡松，余国彬．下一代光刻技术［J］．电子工业专用设备，2005，34（11）：27-33.

[170] 屠海令，张世荣，李腾飞．我国新材料产业发展战略研究［J］．中国工程科学，2016，18（4）：90-100.

[171] 汪世华，等．抗体技术［M］．北京：科学出版社，2018.

[172] 汪小勇．海洋卫星遥感技术在海洋开发与管理中的应用［J］．消费导刊，2011（1）：115-116.

[173] 王滨盐．表面改性技术的进展与前景［J］．国外机车车辆工艺，2018，311（3）：5-9.

[174] 王冰，侍崇诗，黄明宇，等．燃料电池供氢系统的研究进展［J］．现代化工，2018（1）：35-39.

[175] 王成华，陈鑫，卜刚．集成电路设计基础［M］．北京：北京航空航天大学出版社，2011.

[176] 王定亚，丁莉萍．海洋钻井平台技术现状与发展趋势［J］．石油机械，2010，38（4）：69-72.

[177] 王福禄．风电主控系统国产化发展研究［J］．装备机械，2013（2）：6-10.

[178] 王健超．激光显示技术概述［C］//上海市激光学会，江苏省光学学会，浙江省光学学会，安徽省光学学会．长三角地区科技论坛激光分论坛暨上海市激光学会2011年学术年会论文集．上海：上海市激光学会，江苏省光学学会，浙江省光学学会，安徽省光学学会，2011：181.
[179] 王敬华，赵清华．德国政府促进创新创业的主要政策和举措［J］．全球科技经济瞭望，2016，31（7）：15-21.
[180] 王君．中国海洋经济产业的发展历程、特征［J］．环球市场，2018（9）：1-3.
[181] 王毛路，李莉莉．区块链行业创新应用概述［J］．软件和集成电路，2018（11）：38-42.
[182] 王敏峰．基因测序技术在食品检测领域的应用［J］．粮食流通技术，2018（22）：99-101.
[183] 王璞．江西省新材料产业成长与发展研究［D］．南昌：江西师范大学，2011.
[184] 王炜，包卫东，张茂军，等．虚拟仿真系统导论［M］．长沙：国防科技大学出版社，2007.
[185] 王晓宇．核电厂控制系统试验在线性能评价系统［D］．大连：大连理工大学，2017.
[186] 王兴艳，李丹．美国新材料产业支撑体系研究及启示［J］．特区经济，2015（9）：59-60.
[187] 王学锋．软交换与商业网的互通组建［J］．无线互联科技，2014（7）：182.
[188] 王雪辰．"一带一路"背景下科技金融支撑战略性新兴产业发展研究［J］．经济研究导刊，2019（18）：85-89.
[189] 王艳辉，吴迪镛，迟建，等．氢能及制氢的应用技术现状及发展趋势［J］．化工进展，2001，20（1）：6-8.
[190] 王永林，蒋欢，黄怡婧．企业标准的应用研究［J］．纺织检测与标准，2018，4（4）：1-4.
[191] 王喆．硅基薄膜太阳能电池研究进展［J］．科技视界，2018（22）：34-35.
[192] 王志良，石志国．物联网工程导论［M］．西安：西安电子科技大学出版社，2016
[193] 魏海峰．核电站反应堆保护系统研究［D］．保定：华北电力大学，2013.
[194] 魏星．氢燃料电池［J］．中国科技术语，2019，21（2）：81.
[195] 吴金星．TFT-LCD驱动芯片MIPI高速接口电路的设计与研究［D］．西安：西安电子科技大学．2018.
[196] 吴磊，宋红伟．水下焊接技术的现状及发展趋势［J］．管道技术与设备，2012（2）：37-39.
[197] 吴雄斌，李伦，杨子杰，等．高频地波雷达现状与发展趋势［C］//中国电子学会．第十届全国电波传播学术讨论年会论文集．武汉：中国电子学会电波传播分会，247-256，2009.
[198] 项军伟，郭建，邓明旭．基于虚拟现实技术的塔机倾翻事故分析方法研究［J］．建设

机械技术与管理，2011，24（6）：114-116.
[199] 肖钢，陈远明．发展氢能产业，推进能源生产和消费革命［J］．国际人才交流，2019（2）：15-16.
[200] 肖九梅．氢燃料电池汽车及其电池现状［J］．电力电子，2013（3）：50-54.
[201] 熊燕，陈大明，杨琛，等．合成生物学发展现状与前景［J］．生命科学，2011，23（9）：826-837.
[202] 徐丙垠，李天友，薛永端，等．智能配电网讲座　第一讲　智能配电网概述［J］．供用电，2009，26（3）：81-84.
[203] 徐嘉蕾，李悦铮．日本海洋经济经营管理模式、特点及启示［J］．海洋开发与管理，2010，27（9）：67-69.
[204] 徐坤刚．旋转电弧水下焊接工艺的研究［D］．南昌：南昌大学，2009.
[205] 徐胜，张宁．世界海洋经济发展分析［J］．中国海洋经济，2018（2）：203-224.
[206] 薛雨康．社会创造性的微观发生过程：基于虚拟仿真技术的研究［D］．武汉：华中师范大学，2018.
[207] 晏刚，周俊．水下机器人智能控制技术研究综述［J］．电子世界，2013（24）：21-22.
[208] 杨方，白翠粉．如何把握从智能电网到能源互联网的机遇［J］．能源，2016（12）：84-86.
[209] 杨高臣．论生物技术成果转化的制度回应［J］．南京工业大学学报（社会科学版），2015，14（3）：63-70.
[210] 杨健，王涌天，唐宋元，等．DSA血管三维重建技术分析与展望［J］．中国生物医学工程学报，2015（6）：655-661，667.
[211] 杨金森．关注蔚蓝色的国土——我国海洋的价值和战略地位［J］．中国民族，2005（5）：28-29.
[212] 杨宇，靳映霞，王登科，等．半导体量子点集成有机发光二极管的光光转换器进展［J］．红外技术，2013，35（10）：599-606，649.
[213] 杨子杨．工信部装备工业司解读《高端装备制造业“十二五”发展规划》［J］．中国科技投资，2012（13）：13-15.
[214] 姚蔚峰，袁巨龙，钟美鹏，等．圆柱滚子外圆精密加工技术综述［J］．中国机械工程，2019，30（10）：1195-1206.
[215] 叶安章．关于国内航行海船船员舱室设备要求的思考和建议［J］．中国船检，2017（6）：66-68.
[216] 殷实．美国生物技术产业带给我们的反思［J］．河北农业科学，2010，14（1）：125-126.
[217] 殷为华，常丽霞．国内外海洋产业发展趋势与上海面临的挑战及应对［J］．世界地理研究，2011，20（4）：104-112.
[218] 尹军祥，李瑞国．日本生物产业发展现状与趋势分析［J］．中国生物工程杂志，

2010，30（8）：131-135.
[219] 佘理富，汤晓安，刘雨．信息显示技术［M］．北京：电子工业出版社，2004.
[220] 俞建荣，张奕林，蒋力培．水下焊接技术及其进展［J］．焊接技术，2001（4）：2-4.
[221] 袁伟伟．浅谈钢的表面热处理方法［J］．河北能源职业技术学院学报，2005，5（2）：59-61.
[222] 袁勇，王飞跃．区块链技术发展现状与展望［J］．自动化学报，2016，42（4）：481-494.
[223] 袁哲俊，王先逵．精密和超精密加工技术［M］．北京：机械工业出版社，2016.
[224] 臧蕊．数字经济产业发展对产业结构优化升级的影响研究［D］．北京：北京邮电大学，2019.
[225] 张建华．精密与特种加工技术［M］．北京：机械工业出版社，2003.
[226] 张建勋，古志民，郑超．云计算研究进展综述［J］．计算机应用研究，2010，27（2）：429-433.
[227] 张今，施维等．合成生物学与合成酶学［M］．北京：科学出版社，2012.
[228] 张兰芳．WXJJⅡ型精密装配系统研制及精度分析［D］．大连：大连理工大学，2015.
[229] 张孟．普京演讲中政治隐喻的概念整合分析［D］．大连：大连外国语大学，2019.
[230] 张沈伟，邱罡．中国海洋装备业迅速崛起［J］．中国经贸，2011（9）：86-87.
[231] 张沈伟．看中国海工装备业，谁领风骚［J］．中国经贸，2011（10）：74-77.
[232] 张偲，权锡鉴．我国海洋工程装备制造业发展的瓶颈与升级路径［J］．经济纵横，2016（8）：95-100.
[233] 张婷．NO. 5 新能源：真正取之不尽——“阳光魔垫”灵感何来［J］．大学生，2012（13）：46-47.
[234] 张为民，唐剑峰，罗治国，等．云计算：深刻改变未来［M］．北京：科学出版社，2009.
[235] 张尧学，胡春明，中国电子学会，大数据导论［M］．北京：机械工业出版社，2018.
[236] 张一轩．国际能源互联网推进历程与启示［J］．上海节能，2017（6），334-338
[237] 张翼，薛齐文，王云峰．微电子封装的发展历史和新动态［J］．机械工程与自动化，2016（1）：215-216，221.
[238] 张翼．硅通孔焊点热疲劳寿命估算及不确定性研究［D］．大连：大连交通大学，2015.
[239] 张志勤．欧盟先进材料技术的研发现状及发展趋势［J］．全球科技经济瞭望，2013，28（10）：24-30.
[240] 张智慧．甲基丙烯酸酯光刻胶的制备及在滤光膜中的应用［D］．南京：东南大学，2007.
[241] 章丽萍．基于产业创新的工程科技人才培养研究［M］．杭州：浙江大学出版社，2013.

[242] 赵成阳，魏杰．光刻胶发展概述［J］．信息记录材料，2015，16（5）：42-49.

[243] 赵加强．中国太阳能光伏发电发展的法律政策问题——以政策工具优化为视角［J］．上海交通大学学报（哲学社会科学版），2014，22（6）：26-34.

[244] 赵靳生．船舶通导设备的管理［J］．科技传播，2014，6（5）：40-41.

[245] 赵文会，李阮，付强．能源互联网下可再生能源项目规划研究［J］．电网与清洁能源，2018，34（2）：147-163.

[246] 赵志高，杨建民，王磊，等．动力定位系统发展状况及研究方法［J］．海洋工程，2002（1）：91-97.

[247] 郑金红．I-Line 光刻胶材料的研究进展［J］．影像科学与光化学，2012（2）：81-90.

[248] 郑卫红，王艳领，李贺来，等．风电机组主控测试系统研究［J］．电子设计工程，2018，26（11）：140-144.

[249] 郑志平，陈得新．薄膜太阳能电池在灯桩上的应用探讨［J］．珠江水运，2019（1）：108-109.

[250] 智研咨询．2018 年中国 OLED 行业发展前景分析［EB/OL］．（2018-02-23）［2019-08-21］．http：//www. chyxx. com/industry/201802/613566. html.

[251] 中国 21 世纪议程管理中心，国家海洋技术中心．海洋高技术进展 2009［M］．北京：海洋出版社，2010.

[252] 中国大百科全书出版社编辑部．中国大百科全书・机械工程［M］．北京：中国大百科全书出版社，1987.

[253] 中国工程科技发展战略研究院．2019 中国战略性新兴产业发展报告［R］．北京：科学出版社，2019.

[254] 中国神经科学学会"神经科学方面预测及技术路线图研究"项目组．脑科学发展态势及技术预见［J］．科学导报，2018，36（10）：6-13.

[255] 中国生物技术发展中心等．基因组学方法［M］．北京：科学出版社，2012.

[256] 中国信息通信研究院．G20 国家数字经济发展研究报告（2018 年）［R/OL］．（2018-12-19）［2019-08-31］．http：//www. caict. ac. cn/kxyj/qwfb/bps/201812/P020181219311367546218. pdf.

[257] 中国信息通信研究院．中国数字经济发展白皮书（2017 年）［R/OL］．（2019-04-17）［2019-08-31］．http：//www. caict. ac. cn/kxyj/qwfb/bps/201707/t20170713_2197395. htm.

[258] 中国信息通信研究院．中国数字经济发展与就业白皮书（2019 年）［R/OL］．（2019-04-18）［2019-08-21］．http：//www. caict. ac. cn/kxyj/qwfb/bps/201904/P020190417344468720243. pdf.

[259] 中国制造强国建设战略咨询委员会，中国制造 2025 蓝皮书（2017）［M］．北京：电子工业出版社，2017.

[260] 仲冠丞．下一代光刻技术［J］．科技与企业，2015（13）：210.

[261] 周芬芬，袁巨龙，姚蔚峰，等．精密球超精密加工技术的研究进展［J］．中国机械工程，2019（13）：1528-1539.

[262] 周静．氢的制取及氢能的利用［J］．河北化工，2009，32（4）：27-28.

[263] 周俊．先进制造技术［M］．北京：清华大学出版社，2014.
[264] 朱巍，陈慧慧，田思媛，等．人工智能：从科学梦到新蓝海［J］．科技进步与对策，2016，33（21）：66-70.
[265] 卓政昌．全球首台百万千瓦水电机组转轮完工［J］．铸造，2019，68（2）：215.
[266] 自然资源部．2018 年中国海洋经济统计公报［R/OL］．（2019-04-11）［2019-08-21］．http：//gi. mlr. gov. cn/201904/t20190411_2404774. htm.
[267] 邹杰平．大规模光伏发电对电力系统影响分析［J］．通讯世界，2019，26（6）：222-223.